KB219289

에듀윌과 함께 시작하면,
당신도 합격할 수 있습니다!

오랜 직장 생활을 마감하며 찾아온 앞날에 대한 막연한 두려움
에듀윌만 믿고 공부해 합격의 길에 올라선 50대 은퇴자

출산한지 얼마 안돼 독박 육아를 하며 시작한 도전!
새벽 2~3시까지 공부해 8개월 만에 동차 합격한 아기엄마

만년 가구기사 보조로 5년 넘게 일하다, 달리는 차 안에서도
포기하지 않고 공부해 이제는 새로운 일을 찾게 된 합격생

누구나 합격할 수 있습니다.
시작하겠다는 '다짐' 하나면 충분합니다.

마지막 페이지를 덮으면,

에듀윌과 함께
공인중개사 합격이 시작됩니다.

eduwill

15년간 베스트셀러 1위 에듀윌 공인중개사 교재

탄탄한 이론 학습! 기초입문서/기본서/핵심요약집

기초입문서(2종)　　　　　　　기본서(6종)　　　　　　　1차 핵심요약집+기출팩(1종)

출제경향 파악, 실전 엿보기! 단원별/회차별 기출문제집

단원별 기출문제집(6종)　　　　　　　회차별 기출문제집(2종)

다양한 문제로 합격점수 완성! 기출응용 예상문제집/실전모의고사

기출응용 예상문제집(6종)　　　　　　　실전모의고사(2종)

합격을 위한 비법 대공개! 합격서

이영방 합격서
부동산학개론

심정욱 합격서
민법 및 민사특별법

임선정 합격서
공인중개사법령 및 중개실무

김민석 합격서
부동산공시법

한영규 합격서
부동산세법

오시훈 합격서
부동산공법

신대운 합격서
쉬운민법

취약점 보완에 최적화! 저자별 부교재

임선정 그림 암기법
공인중개사법령 및 중개실무

오시훈 키워드 암기장
부동산공법

심정욱 합격패스 암기노트
민법 및 민사특별법

심정욱 핵심체크 OX
민법 및 민사특별법

시험 전, 이론&문제 한 권으로 완벽 정리! 필살키

이영방 필살키

심정욱 필살키

임선정 필살키

오시훈 필살키

김민석 필살키

한영규 필살키

신대운 필살키

더 많은
공인중개사 교재

eduwill

공인중개사,
에듀윌을 선택해야 하는 이유

9년간 아무도 깨지 못한 기록
합격자 수 1위

합격을 위한 최강 라인업
1타 교수진

공인중개사

합격만 해도 연 최대 300만원 지급
에듀윌 앰배서더

업계 최대 규모의 전국구 네트워크
동문회

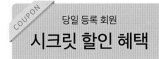

합격자 수 1위 에듀윌
7만 건이 넘는 후기

고○희 합격생

부알못, 육아맘도 딱 1년 만에 합격했어요.

저는 부동산에 관심이 전혀 없는 '부알못'이었는데, 부동산에 관심이 많은 남편의 권유로 공부를 시작했습니다. 남편 지인들이 에듀윌을 통해 많이 합격했고, '합격자 수 1위'라는 광고가 좋아 에듀윌을 선택하게 되었습니다. 교수님들이 커리큘럼대로만 하면 된다고 해서 믿고 따라갔는데 정말 반복 학습이 되더라고요. 아이 둘을 키우다 보니 낮에는 시간을 낼 수 없어서 밤에만 공부하는 게 쉽지 않아 포기하고 싶을 때도 있었지만 '에듀윌 지식인'을 통해 합격하신 선배님들과 함께 공부하는 동기들의 위로가 큰 힘이 되었습니다.

이○용 합격생

군복무 중에 에듀윌 커리큘럼만 믿고 공부해 합격

에듀윌이 합격자가 많기도 하고, 교수님이 많아 제가 원하는 강의를 고를 수 있는 점이 좋았습니다. 또, 커리큘럼이 잘 짜여 있어서 잘 따라만 가면 공부를 잘 할 수 있을 것 같아 에듀윌을 선택했습니다. 에듀윌의 커리큘럼대로 꾸준히 따라갔던 게 저만의 합격 비결인 것 같습니다.

안○원 합격생

5개월 만에 동차 합격, 낸 돈 그대로 돌려받았죠!

저는 야쿠르트 프레시매니저를 하다 60세에 도전하여 합격했습니다. 심화 과정부터 시작하다 보니 기본이 부족했는데, 교수님들이 하라는 대로 기본 과정과 책을 더 보면서 정리하며 따라갔던 게 주효했던 것 같습니다. 합격 후 100만 원 가까이 되는 큰 돈을 환급받아 남편이 주택관리사 공부를 한다고 해서 뒷받침해 줄 생각입니다. 저는 소공(소속 공인중개사)으로 활동을 하고 싶은 포부가 있어 최대 규모의 에듀윌 동문회 활동도 기대가 됩니다.

다음 합격의 주인공은 당신입니다!

더 많은
합격 비법

에듀윌이
너를
지지할게
ENERGY

시작하라.

그 자체가 천재성이고,
힘이며, 마력이다.

– 요한 볼프강 폰 괴테(Johann Wolfgang von Goethe)

2025
에듀윌 공인중개사
오시훈 키워드 암기장
부동산공법

머리말

반복의 끝은 곧 합격입니다!

부동산공법은 방대한 양 때문에 많은 수험생들이 어렵게 느끼는 경향이 있고, 특히 휘발성 또한 강하기 때문에 수험생 입장에서는 공부하기에 매우 힘든 과목에 속합니다. 또한, 최근 시험에서는 간단한 지문보다 법조문 그대로의 긴 지문이 출제되는 경향을 보이고 있으므로, 그것에 대한 대책 없이는 평균점수를 받는 것도 힘든 과목입니다.

그래서 부동산공법 시험을 제대로 준비하기 위한 대책으로, 정답이 되는 핵심 키워드를 연습할 수 있는 암기장을 출간하게 되었습니다.

이 책에는 15개년 기출문제를 면밀히 분석하여 난이도를 조절하기 위한 문제는 제외하고 시험에 자주 출제되는 기출지문 위주로만 수록함으로써 군더더기 없는 학습이 가능하도록 하였습니다. 또한, 어디에서든 자주 보면서 기출지문을 익힐 수 있도록 휴대하기 편한 소책자로 출간하였으며, 15일마다 학습을 완성하며 쉽게 반복할 수 있도록 구성하였습니다.

이 책을 통해서 여러분은 곧 물방울이 바위를 뚫을 수 있는 기적을 만나게 되실 것입니다.
이 책으로 계속 반복학습을 하다 보면, 결국에는 합격에 도달할 것입니다.
늘 응원하겠습니다.

저자 **오시훈**

이 책의 구성

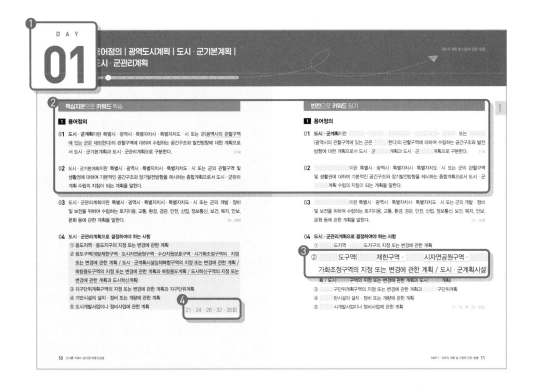

❶ 매일매일 일정 분량을 꾸준히 학습할 수 있는 15일 완성의 DAY별 구성

❷ 핵심 키워드를 '지문'으로 학습하고, '빈칸넣기'로 암기할 수 있도록 좌·우 대칭으로 기출지문 수록

❸ 15개년 기출문제를 분석한 결과를 바탕으로 각 지문에서 정답에 가장 많이 영향을 주는 핵심 키워드, 두문자를 빈칸으로 수록

  * 일부 기출지문은 개정된 법령 및 출제경향을 반영하여 수정하였습니다.

❹ 각 지문별 출제경향을 확인할 수 있는 기출회차 표시

차례

국토의 계획 및 이용에 관한 법률

핵심지문으로 키워드 학습

1 용어정의

01 도시 · 군계획이란 특별시 · 광역시 · 특별자치시 · 특별자치도 · 시 또는 군(광역시의 관할구역
에 있는 군은 제외한다)의 관할구역에 대하여 수립하는 공간구조와 발전방향에 대한 계획으로
서 도시 · 군기본계획과 도시 · 군관리계획으로 구분한다.   21회

02 도시 · 군기본계획이란 특별시 · 광역시 · 특별자치시 · 특별자치도 · 시 또는 군의 관할구역 및
생활권에 대하여 기본적인 공간구조와 장기발전방향을 제시하는 종합계획으로서 도시 · 군관리
계획 수립의 지침이 되는 계획을 말한다.

03 도시 · 군관리계획이란 특별시 · 광역시 · 특별자치시 · 특별자치도 · 시 또는 군의 개발 · 정비
및 보전을 위하여 수립하는 토지이용, 교통, 환경, 경관, 안전, 산업, 정보통신, 보건, 복지, 안보,
문화 등에 관한 계획을 말한다.   24 · 26회

04 도시 · 군관리계획으로 결정하여야 하는 사항
① 용도지역 · 용도지구의 지정 또는 변경에 관한 계획
② 용도구역(개발제한구역 · 도시자연공원구역 · 수산자원보호구역 · 시가화조정구역의 지정
또는 변경에 관한 계획 / 도시 · 군계획시설입체복합구역의 지정 또는 변경에 관한 계획 /
복합용도구역의 지정 또는 변경에 관한 계획과 복합용도계획 / 도시혁신구역의 지정 또는
변경에 관한 계획과 도시혁신계획)
③ 지구단위계획구역의 지정 또는 변경에 관한 계획과 지구단위계획
④ 기반시설의 설치 · 정비 또는 개량에 관한 계획
⑤ 도시개발사업이나 정비사업에 관한 계획   21 · 24 · 26 · 32 · 35회

빈칸으로 키워드 암기

1 용어정의

01 **도시 · 군계획**이란 ＿＿＿ · ＿＿＿ · ＿＿＿ · ＿＿＿ 또는
(광역시의 관할구역에 있는 군은 ＿＿＿ 한다)의 관할구역에 대하여 수립하는 공간구조와 발전
방향에 대한 계획으로서 도시 · 군 ＿＿＿ 계획과 도시 · 군 ＿＿＿ 계획으로 구분한다.   21회

02 ＿＿＿ 이란 특별시 · 광역시 · 특별자치시 · 특별자치도 · 시 또는 군의 관할구역
및 생활권에 대하여 기본적인 공간구조와 장기발전방향을 제시하는 종합계획으로서 도시 · 군
＿＿＿ 계획 수립의 지침이 되는 계획을 말한다.

03 ＿＿＿ 이란 특별시 · 광역시 · 특별자치시 · 특별자치도 · 시 또는 군의 개발 · 정비
및 보전을 위하여 수립하는 토지이용, 교통, 환경, 경관, 안전, 산업, 정보통신, 보건, 복지, 안보,
문화 등에 관한 계획을 말한다.   24 · 26회

04 **도시 · 군관리계획으로 결정하여야 하는 사항**
① ＿＿＿ 도지역 · ＿＿＿ 도지구의 지정 또는 변경에 관한 계획
② ＿＿＿ 도구역(＿＿＿ 제한구역 · ＿＿＿ 시자연공원구역 · ＿＿＿ 산자원보호구역 ·
＿＿＿ 가화조정구역의 지정 또는 변경에 관한 계획 / 도시 · 군계획시설 ＿＿＿ 체복합구역의 지정
또는 변경에 관한 계획 / ＿＿＿ 용도구역의 지정 또는 변경에 관한 계획과 ＿＿＿ 용도계
획 / 도시 ＿＿＿ 구역의 지정 또는 변경에 관한 계획과 도시 ＿＿＿ 계획)
③ ＿＿＿ 구단위계획구역의 지정 또는 변경에 관한 계획과 ＿＿＿ 구단위계획
④ ＿＿＿ 반시설의 설치 · 정비 또는 개량에 관한 계획
⑤ ＿＿＿ 시개발사업이나 정비사업에 관한 계획   21 · 24 · 26 · 32 · 35회

05 용도지역

① 토지의 이용 및 건축물의 용도, 건폐율, 용적률, 높이 등을 제한함으로써 토지를 경제적 · 효율적으로 이용하고 공공복리의 증진을 도모하기 위하여 서로 중복되지 **아니**하게 도시 · 군관리계획으로 결정하는 지역을 말한다.

② **도시지역(주거지역, 상업지역, 공업지역, 녹지지역)**, 관리지역, **농림지역, 자연환경보전지**역으로 분류한다.

06 용도지구란 토지의 이용 및 건축물의 용도 · 건폐율 · 용적률 · 높이 등에 대한 **용도지역**의 제한을 강화하거나 완화하여 적용함으로써 **용도지역**의 기능을 증진시키고 경관 · 안전 등을 도모하기 위하여 도시 · **군관리**계획으로 결정하는 지역을 말한다.　　　　　　　　　30회

07 용도구역이란 토지의 이용 및 건축물의 용도 · 건폐율 · 용적률 · 높이 등에 대한 **용도지역** 및 **용도지구**의 제한을 강화하거나 완화하여 따로 정함으로써 시가지의 무질서한 확산방지, 계획적이고 단계적인 토지이용의 도모, 혁신적이고 복합적인 토지활용의 촉진, 토지이용의 종합적 조정 · 관리 등을 위하여 도시 · **군관리**계획으로 결정하는 지역을 말한다.

08 복합용도계획이란 주거 · 상업 · 산업 · 교육 · 문화 · 의료 등 다양한 도시기능이 융복합된 공간의 조성을 목적으로 복합용도구역에서의 건축물의 용도별 구성비율 및 건폐율 · 용적률 · 높이 등의 제한에 관한 사항을 따로 정하기 위하여 **공간재구조화계획**으로 결정하는 도시 · 군관리계획을 말한다.

09 도시혁신계획이란 창의적이고 혁신적인 도시공간의 개발을 목적으로 도시혁신구역에서의 토지의 이용 및 건축물의 용도 · 건폐율 · 용적률 · 높이 등의 제한에 관한 사항을 따로 정하기 위하여 **공간재구조화계획**으로 결정하는 도시 · 군관리계획을 말한다.

10 지구단위계획이란 도시 · 군계획 수립 대상지역의 **일부**에 대하여 토지이용을 합리화하고 그 기능을 증진시키며 미관을 개선하고 양호한 환경을 확보하며, 그 지역을 체계적 · 계획적으로 관리하기 위하여 수립하는 도시 · **군관리**계획을 말한다.　　　　　　　30회

11 공공시설이란 **행정청**이 설치하는 시설로서 주차장, 저수지, 공공필요성이 인정되는 체육시설 중 운동장, 장사시설 중 화장장 · 공동묘지 · 봉안시설을 말한다.　　　　　　　35회

05 용도지역

① 토지의 이용 및 건축물의 용도, 건폐율, 용적률, 높이 등을 제한함으로써 토지를 경제적 · 효율적으로 이용하고 공공복리의 증진을 도모하기 위하여 서로 중복되지 　　　하게 도시 · 군　　　계획으로 결정하는 지역을 말한다.

② 　　　시지역(　　거지역, 　　업지역, 　　업지역, 　　　지지역), 　　리지역, 　　림지역, 　　　연환경보전지역으로 분류한다.

06 용도지구란 토지의 이용 및 건축물의 용도 · 건폐율 · 용적률 · 높이 등에 대한 　　　의 제한을 강화하거나 완화하여 적용함으로써 　　　의 기능을 증진시키고 경관 · 안전 등을 도모하기 위하여 도시 · 군　　　계획으로 결정하는 지역을 말한다. _{30회}

07 용도구역이란 토지의 이용 및 건축물의 용도 · 건폐율 · 용적률 · 높이 등에 대한 　　　및 　　　의 제한을 강화하거나 완화하여 따로 정함으로써 시가지의 무질서한 확산방지, 계획적이고 단계적인 토지이용의 도모, 혁신적이고 복합적인 토지활용의 촉진, 토지이용의 종합적 조정 · 관리 등을 위하여 도시 · 군　　　계획으로 결정하는 지역을 말한다.

08 복합용도계획이란 주거 · 상업 · 산업 · 교육 · 문화 · 의료 등 다양한 도시기능이 융복합된 공간의 조성을 목적으로 복합용도구역에서의 건축물의 용도별 구성비율 및 건폐율 · 용적률 · 높이 등의 제한에 관한 사항을 따로 정하기 위하여 　　　으로 결정하는 도시 · 군관리계획을 말한다.

09 도시혁신계획이란 창의적이고 혁신적인 도시공간의 개발을 목적으로 도시혁신구역에서의 토지의 이용 및 건축물의 용도 · 건폐율 · 용적률 · 높이 등의 제한에 관한 사항을 따로 정하기 위하여 　　　으로 결정하는 도시 · 군관리계획을 말한다.

**10 　　　**이란 도시 · 군계획 수립 대상지역의 　　　에 대하여 토지이용을 합리화하고 그 기능을 증진시키며 미관을 개선하고 양호한 환경을 확보하며, 그 지역을 체계적 · 계획적으로 관리하기 위하여 수립하는 도시 · 군　　　계획을 말한다. _{30회}

11 공공시설이란 　　　이 설치하는 시설로서 주차장, 저수지, 공공필요성이 인정되는 체육시설 중 운동장, 장사시설 중 화장장 · 공동묘지 · 봉안시설을 말한다. _{35회}

12 기반시설의 종류

① **유통 · 공급시설**: 방송 · 통신시설, 공동구, 시장

② **방재시설**: 하천, 유수지, 저수지

③ **보건위생시설**: 도축장, 장사시설, 종합의료시설

④ **교통시설**: 도로(자전거전용도로, 보행자전용도로, 고가도로 등), 주차장, 자동차정류장(~터미널, ~차고지, ~휴게소, ~환승센터), 궤도, 차량검사 및 면허시설

⑤ **환경기초시설**: 하수도, 빗물저장 및 이용시설, 폐차장, 폐기물처리 및 재활용시설

⑥ **공공 · 문화체육시설**: 학교, 연구시설, 사회복지시설, 청소년수련시설

⑦ **공간시설**: 광장, 공원, 녹지, 유원지, 공공공지   25 · 26 · 27 · 28 · 32 · 35회

13 **도시 · 군계획시설**이란 기반시설 중 도시 · 군관리계획으로 결정된 시설을 말하고, **도시 · 군계획시설사업**이란 도시 · 군계획시설을 설치 · 정비 또는 개량하는 사업을 말한다.   21 · 32회

14 **도시 · 군계획사업**이란 도시 · 군관리계획을 시행하기 위한 '**도시 · 군계획시설사업** /「도시개발법」에 따른 **도시개발**사업 /「도시 및 주거환경정비법」에 따른 **정비사업**'을 말한다.   29회

15 계획의 우선순위

① 광역도시계획 및 도시 · 군계획은 **국가계획**에 부합되어야 하며, 광역도시계획 또는 도시 · 군계획의 내용이 국가계획의 내용과 다를 때에는 **국가계획**의 내용이 우선한다.

② 광역도시계획이 수립되어 있는 지역에 대하여 수립하는 도시 · 군기본계획은 그 **광역도시계획**에 부합되어야 하며, 동일 지역에 대하여 수립된 광역도시계획의 내용과 도시 · 군기본계획의 내용이 다를 때에는 **광역도시계획**의 내용이 우선한다.   22 · 24 · 26 · 32 · 35회

2 광역도시계획

01 **광역계획권 지정**: **국토교통부장관** 또는 **도지사**는 둘 이상의 특별시 · 광역시 · 특별자치시 · 특별자치도 · 시 또는 군의 공간구조 및 기능을 상호 연계시키고 환경을 보전하며 광역시설을 체계적으로 정비하기 위하여 필요한 경우에는 인접한 둘 이상의 특별시 · 광역시 · 특별자치시 · 특별자치도 · 시 또는 군의 관할구역 전부 또는 일부를 광역계획권으로 지정할 수 있다.   27 · 28회

12 **기반시설의 종류**

① _____ 시설: 방송 · 통신시설, 공동구, 시장

② _____ 시설: 하천, 유수지, 저수지

③ _____ 시설: 도축장, 장사시설, 종합의료시설

④ _____ 시설: 도로(자전거전용도로, 보행자전용도로, 고가도로 등), 주차장, 자동차정류장(~터미널, ~차고지, ~휴게소, ~환승센터), 궤도, 차량검사 및 면허시설

⑤ _____ 시설: 하수도, 빗물저장 및 이용시설, 폐차장, 폐기물처리 및 재활용시설

⑥ _____ 시설: 학교, 연구시설, 사회복지시설, 청소년수련시설

⑦ _____ 시설: 광장, 공원, 녹지, 유원지, 공공공지   25 · 26 · 27 · 28 · 32 · 35회

13 _____ 이란 기반시설 중 도시 · 군관리계획으로 결정된 시설을 말하고, **도시 · 군계획시설사업**이란 _____ 시설을 설치 · 정비 또는 개량하는 사업을 말한다.   21 · 32회

14 **도시 · 군계획사업**이란 도시 · 군관리계획을 시행하기 위한 '도시 · 군계획 _____ 사업 / 「도시개발법」에 따른 _____ 사업 / 「도시 및 주거환경정비법」에 따른 _____ 사업'을 말한다.   29회

15 **계획의 우선순위**

① 광역도시계획 및 도시 · 군계획은 _____ 계획에 부합되어야 하며, 광역도시계획 또는 도시 · 군계획의 내용이 국가계획의 내용과 다를 때에는 _____ 계획의 내용이 우선한다.

② 광역도시계획이 수립되어 있는 지역에 대하여 수립하는 도시 · 군기본계획은 그 _____ 계획에 부합되어야 하며, 동일 지역에 대하여 수립된 광역도시계획의 내용과 도시 · 군기본계획의 내용이 다를 때에는 _____ 계획의 내용이 우선한다.   22 · 24 · 26 · 32 · 35회

2 **광역도시계획**

01 **광역계획권 지정**: _____ 또는 _____ 는 둘 이상의 특별시 · 광역시 · 특별자치시 · 특별자치도 · 시 또는 군의 공간구조 및 기능을 상호 연계시키고 환경을 보전하며 광역시설을 체계적으로 정비하기 위하여 필요한 경우에는 인접한 둘 이상의 특별시 · 광역시 · 특별자치시 · 특별자치도 · 시 또는 군의 관할구역 _____ 또는 _____ 를 광역계획권으로 지정할 수 있다.   27 · 28회

02 광역계획권 지정권자

① 광역계획권이 둘 이상의 특별시 · 광역시 · 특별자치시 · 도 또는 특별자치도(시 · 도)의 관할구역에 걸쳐 있는 경우에는 **국토교통부장관**이 지정하며, 광역계획권이 도의 관할구역에 속하여 있는 경우에는 **도지사**가 광역계획권을 지정한다.

② 중앙행정기관의 장, 시 · 도지사, 시장 또는 군수는 국토교통부장관이나 도지사에게 광역계획권의 지정 또는 변경을 요청할 수 **있다**. 26 · 29 · 32 · 33회

03 광역계획권 지정절차

① 국토교통부장관은 광역계획권을 지정하거나 변경하려면 관계 시 · 도지사, 시장 또는 군수의 의견을 들은 후 **중앙도시계획위원회**의 심의를 거쳐야 한다.

② 도지사가 광역계획권을 지정하거나 변경하려면 관계 중앙행정기관의 장, 관계 시 · 도지사, 시장 또는 군수의 의견을 들은 후 **지방도시계획위원회**의 심의를 거쳐야 한다. 27 · 28 · 33회

04 광역도시계획 수립(변경) 절차(기초조사)

① 광역도시계획은 수립단위가 정해져 있지 **않다**.

② 국토교통부장관, 시 · 도지사, 시장 또는 군수는 광역도시계획(도시 · 군기본계획도 동일)을 수립하거나 변경하려면 미리 인구, 경제, 사회, 문화, 토지이용, 환경, 교통, 주택, 그 밖에 기후 · 지형 · 자원 · 생태 중 자연적 여건, 기반시설 및 주거수준의 현황과 전망 중 그 광역도시계획의 수립 또는 변경에 필요한 사항을 조사하거나 측량(기초조사)**하여야** 한다.

③ 국토교통부장관, 시 · 도지사, 시장 또는 군수가 기초조사정보체계를 구축한 경우에는 등록된 정보의 현황을 5년마다 확인하고 변동사항을 반영하여야 한다. 32회

05 광역도시계획 수립(변경) 절차(공청회)

① 국토교통부장관, 시 · 도지사, 시장 또는 군수는 광역도시계획(도시 · 군기본계획도 동일)을 수립하거나 변경하려면 미리 공청회를 열어 주민과 관계 전문가 등으로부터 의견을 들어야 한다(**생략할 수 없다**).

② 공청회는 광역계획권 단위로 개최하되, 필요한 경우에는 광역계획권을 여러 개의 지역으로 구분하여 개최할 수 있다.

③ 시 · 도지사, 시장 또는 군수는 광역도시계획을 수립하거나 변경하려면 미리 관계 **시 · 도, 시 또는 군**의 의회와 관계 시장 또는 군수의 의견을 들어야 한다. 26 · 28 · 29 · 31회

02 광역계획권 지정권자

① 광역계획권이 둘 이상의 특별시 · 광역시 · 특별자치시 · 도 또는 특별자치도(시 · 도)의 관할 구역에 걸쳐 있는 경우에는 _____이 지정하며, 광역계획권이 도의 관할구역에 속 하여 있는 경우에는 _____가 광역계획권을 지정한다.

② 중앙행정기관의 장, 시 · 도지사, 시장 또는 군수는 국토교통부장관이나 도지사에게 광역계 획권의 지정 또는 변경을 요청할 수 ____. 26 · 29 · 32 · 33회

03 광역계획권 지정절차

① 국토교통부장관은 광역계획권을 지정하거나 변경하려면 관계 시 · 도지사, 시장 또는 군수의 의견을 들은 후 ____ 도시계획위원회의 심의를 거쳐야 한다.

② 도지사가 광역계획권을 지정하거나 변경하려면 관계 중앙행정기관의 장, 관계 시 · 도지사, 시장 또는 군수의 의견을 들은 후 ____ 도시계획위원회의 심의를 거쳐야 한다.

27 · 28 · 33회

04 광역도시계획 수립(변경) 절차(기초조사)

① 광역도시계획은 수립단위가 정해져 있지 ____.

② 국토교통부장관, 시 · 도지사, 시장 또는 군수는 광역도시계획(도시 · 군기본계획도 ____) 을 수립하거나 변경하려면 미리 인구, 경제, 사회, 문화, 토지이용, 환경, 교통, 주택, 그 밖에 기후 · 지형 · 자원 · 생태 중 자연적 여건, 기반시설 및 주거수준의 현황과 전망 중 그 광역 도시계획의 수립 또는 변경에 필요한 사항을 조사하거나 측량(기초조사) ____ 한다.

③ 국토교통부장관, 시 · 도지사, 시장 또는 군수가 기초조사정보체계를 구축한 경우에는 등록 된 정보의 현황을 ____ 년마다 확인하고 변동사항을 반영하여야 한다. 32회

05 광역도시계획 수립(변경) 절차(공청회)

① 국토교통부장관, 시 · 도지사, 시장 또는 군수는 광역도시계획(도시 · 군기본계획도 ____) 을 수립하거나 변경하려면 미리 공청회를 열어 주민과 관계 전문가 등으로부터 의견을 들어 야 한다(생략할 수 ____).

② 공청회는 광역계획권 단위로 개최하되, 필요한 경우에는 광역계획권을 여러 개의 지역으로 구분하여 개최할 수 ____.

③ 시 · 도지사, 시장 또는 군수는 광역도시계획을 수립하거나 변경하려면 미리 관계 ____, ____ 또는 ____의 의회와 관계 시장 또는 군수의 의견을 들어야 한다. 26 · 28 · 29 · 31회

06 광역도시계획 수립(변경)권자

① 광역도시계획의 수립기준은 **국토교통부장관**이 정한다.

② 광역계획권이 같은 도의 관할구역에 속한 경우에는 관할 **시장 · 군수가 공동**으로 광역도시계획을 수립하여야 하고, 광역계획권이 둘 이상의 시 · 도의 관할구역에 걸쳐 있는 경우에는 관할 **시 · 도지사가 공동**으로 광역도시계획을 수립하여야 한다.

③ 광역계획권을 지정한 날부터 **3년**이 지날 때까지 관할 시장 또는 군수로부터 광역도시계획의 승인 신청이 없는 경우에는 관할 **도지사**가 광역도시계획을 수립하여야 한다.

④ 국가계획과 관련된 광역도시계획의 수립이 필요한 경우나 광역계획권을 지정한 날부터 **3년**이 지날 때까지 관할 시 · 도지사로부터 광역도시계획의 승인 신청이 없는 경우에는 **국토교통부장관**이 광역도시계획을 수립하여야 한다.　26 · 28 · 29 · 31 · 32회

07 광역도시계획 수립(변경)권자

① **국토교통부장관**은 시 · 도지사가 요청하는 경우와 그 밖에 필요하다고 인정되는 경우에는 관할 시 · 도지사와 **공동**으로 광역도시계획을 수립할 수 있다.

② **도지사**는 시장 또는 군수가 요청하는 경우와 그 밖에 필요하다고 인정하는 경우에는 관할 시장 또는 군수와 **공동**으로 광역도시계획을 수립할 수 있다.

③ 시장 또는 군수가 협의를 거쳐 요청하는 경우에는 **도지사**가 **단독**으로 광역도시계획을 수립할 수 있다.　26 · 28 · 29 · 31 · 32회

08 광역도시계획 조정

① 광역도시계획을 공동으로 수립하는 시 · 도지사는 그 내용에 관하여 서로 협의가 되지 아니하면 공동이나 단독으로 **국토교통부장관**에게 조정을 신청할 수 있다.

② 국토교통부장관은 조정의 신청을 받거나 직접 조정하려는 경우에는 **중앙**도시계획위원회의 심의를 거쳐 광역도시계획의 내용을 조정하여야 한다.　26 · 31회

09 광역도시계획 승인권자

① 시 · 도지사는 광역도시계획을 수립하거나 변경하려면 **국토교통부장관**의 승인을 받아야 하지만, 법 제1조 1항에 따라 도지사가 수립하는 광역도시계획은 그러하지 **아니**하다.

② 시장 또는 군수는 광역도시계획을 수립하거나 변경하려면 **도지사**의 승인을 받아야 한다.　27 · 28회

06 광역도시계획 수립(변경)권자

① 광역도시계획의 수립기준은 [   ]이 정한다.

② 광역계획권이 같은 도의 관할구역에 속한 경우에는 관할 [   ] · [   ]가 [   ]으로 광역도시계획을 수립하여야 하고, 광역계획권이 둘 이상의 시 · 도의 관할구역에 걸쳐 있는 경우에는 관할 [   ]가 [   ]으로 광역도시계획을 수립하여야 한다.

③ 광역계획권을 지정한 날부터 [   ]년이 지날 때까지 관할 시장 또는 군수로부터 광역도시계획의 승인 신청이 없는 경우에는 관할 [   ]가 광역도시계획을 수립하여야 한다.

④ 국가계획과 관련된 광역도시계획의 수립이 필요한 경우나 광역계획권을 지정한 날부터 [   ]년이 지날 때까지 관할 시 · 도지사로부터 광역도시계획의 승인 신청이 없는 경우에는 [   ]이 광역도시계획을 수립하여야 한다.   26 · 28 · 29 · 31 · 32회

07 광역도시계획 수립(변경)권자

① [   ]은 시 · 도지사가 요청하는 경우와 그 밖에 필요하다고 인정되는 경우에는 관할 시 · 도지사와 [   ]으로 광역도시계획을 수립할 수 있다.

② [   ]는 시장 또는 군수가 요청하는 경우와 그 밖에 필요하다고 인정하는 경우에는 관할 시장 또는 군수와 [   ]으로 광역도시계획을 수립할 수 있다.

③ 시장 또는 군수가 협의를 거쳐 요청하는 경우에는 [   ]가 [   ]으로 광역도시계획을 수립할 수 있다.   26 · 28 · 29 · 31 · 32회

08 광역도시계획 조정

① 광역도시계획을 공동으로 수립하는 시 · 도지사는 그 내용에 관하여 서로 협의가 되지 아니하면 공동이나 단독으로 [   ]에게 조정을 신청할 수 있다.

② 국토교통부장관은 조정의 신청을 받거나 직접 조정하려는 경우에는 [   ] 도시계획위원회의 심의를 거쳐 광역도시계획의 내용을 조정하여야 한다.   26 · 31회

09 광역도시계획 승인권자

① 시 · 도지사는 광역도시계획을 수립하거나 변경하려면 [   ]의 승인을 받아야 하지만, 법 제1조 1항에 따라 도지사가 수립하는 광역도시계획은 그러하지 [   ]하다.

② 시장 또는 군수는 광역도시계획을 수립하거나 변경하려면 [   ]의 승인을 받아야 한다.

27 · 28회

10 광역도시계획 공고 · 열람: 광역도시계획을 수립한 때에 국토교통부장관에게 관계 서류를 받은 **시 · 도지사**는 그 내용을 해당 시 · 도의 공보와 인터넷 홈페이지에 게재하는 방법에 의하여 공고하고, 도지사에게 관계 서류를 받은 **시장 · 군수**는 그 내용을 시 · 군의 공보와 인터넷 홈페이지에 게재하는 방법에 의하여 공고하고 일반인이 관계 서류를 **30일** 이상 열람할 수 있도록 하여야 한다. 　　　　　　　　　　　　　　　　　　　　　　　　　　　　　　31회

③ 도시 · 군기본계획

01 도시 · 군기본계획 **수립내용**에는 기후변화 대응 및 에너지절약에 관한 사항 등에 대한 정책방향이 포함되어야 **하며**, 도시 · 군기본계획의 수립기준 등은 **국토교통부장관**이 정한다. 　　　32회

02 도시 · 군기본계획 수립권자
　① 원칙: **도시 · 군 관할구역의 장**(특별시장 · 광역시장 · 특별자치시장 · 특별자치도지사 · 시장 또는 군수)은 관할구역에 대하여 도시 · 군기본계획을 수립하여야 한다.
　② 예외: '**수도권에 속하지 아니**하고 광역시와 경계를 같이하지 **아니**한 시 또는 군으로서 인구 **10만명 이하**인 시 또는 군 / 관할구역 **전부**에 대하여 광역도시계획이 수립되어 있는 시 또는 군으로서 당해 광역도시계획에 도시 · 군기본계획에 포함될 사항이 모두 포함되어 있는 시 또는 군'은 도시 · 군기본계획을 수립하지 아니할 수 있다.
　③ 생활권계획 수립의 특례: 도시 · 군기본계획의 수립권자가 생활권계획을 따로 수립한 때에는 해당 계획이 수립된 생활권에 대해서는 도시 · **군기본**계획이 수립된 것으로 본다.
　　　　　　　　　　　　　　　　　　　　　　　　　　　　　　24 · 35회

03 도시 · 군기본계획 수립
　① 특별시장 · 광역시장 · 특별자치시장 · 특별자치도지사 · 시장 또는 군수는 지역여건상 필요하다고 인정되면 인접한 특별시 · 광역시 · 특별자치시 · 특별자치도 · 시 또는 군의 관할구역 **전부** 또는 **일부**를 포함하여 도시 · 군기본계획을 수립할 수 **있으며**, 미리 그 특별시장 · 광역시장 · 특별자치시장 · 특별자치도지사 · 시장 또는 군수와 **협의**하여야 한다.
　② 도시 · 군기본계획 입안일부터 **5년** 이내에 토지적성평가를 실시한 경우 등 대통령령으로 정하는 경우에는 토지적성평가 또는 재해취약성분석을 하지 **아니**할 수 있다.
　③ 특별시장 · 광역시장 · 특별자치시장 · 특별자치도지사 · 시장 또는 군수는 도시 · 군기본계획을 수립하거나 변경하려면 미리 그 특별시 · 광역시 · 특별자치시 · 특별자치도 · 시 또는 군 의회의 의견을 들어야 **한다**. 　　　　　　　　　　　　　24 · 27 · 31회

10 **광역도시계획 공고 · 열람**: 광역도시계획을 수립한 때에 국토교통부장관에게 관계 서류를 받은 ░░░░░░░ 는 그 내용을 해당 시 · 도의 공보와 인터넷 홈페이지에 게재하는 방법에 의하여 공고하고, 도지사에게 관계 서류를 받은 ░░░░░░ 는 그 내용을 시 · 군의 공보와 인터넷 홈페이지에 게재하는 방법에 의하여 공고하고 일반인이 관계 서류를 ░░░ 일 이상 열람할 수 있도록 하여야 한다.　　　　　　　　　31회

3 도시 · 군기본계획

01 **도시 · 군기본계획 수립내용**에는 기후변화 대응 및 에너지절약에 관한 사항 등에 대한 정책방향이 포함되어야 ░░░, 도시 · 군기본계획의 수립기준 등은 ░░░░░░░ 이 정한다.　32회

02 **도시 · 군기본계획 수립권자**
　① 원칙: ░░░░░░░░░░░ (특별시장 · 광역시장 · 특별자치시장 · 특별자치도지사 · 시장 또는 군수)은 관할구역에 대하여 도시 · 군기본계획을 수립하여야 한다.
　② 예외: '수도권에 속하지 ░░░ 하고 광역시와 경계를 같이하지 ░░░ 한 시 또는 군으로서 인구 ░░░ 명 ░░░ 인 시 또는 군 / 관할구역 ░░░ 에 대하여 광역도시계획이 수립되어 있는 시 또는 군으로서 당해 광역도시계획에 도시 · 군기본계획에 포함될 사항이 모두 포함되어 있는 시 또는 군'은 도시 · 군기본계획을 수립하지 아니할 수 있다.
　③ 생활권계획 수립의 특례: 도시 · 군기본계획의 수립권자가 생활권계획을 따로 수립한 때에는 해당 계획이 수립된 생활권에 대해서는 도시 · 군 ░░░ 계획이 수립된 것으로 본다.
　　　　　　　　　24 · 35회

03 **도시 · 군기본계획 수립**
　① 특별시장 · 광역시장 · 특별자치시장 · 특별자치도지사 · 시장 또는 군수는 지역여건상 필요하다고 인정되면 인접한 특별시 · 광역시 · 특별자치시 · 특별자치도 · 시 또는 군의 관할구역 ░░░ 또는 ░░░ 를 포함하여 도시 · 군기본계획을 수립할 수 ░░░, 미리 그 특별시장 · 광역시장 · 특별자치시장 · 특별자치도지사 · 시장 또는 군수와 ░░░ 하여야 한다.
　② 도시 · 군기본계획 입안일부터 ░░░ 년 이내에 토지적성평가를 실시한 경우 등 대통령령으로 정하는 경우에는 토지적성평가 또는 재해취약성분석을 하지 ░░░ 할 수 있다.
　③ 특별시장 · 광역시장 · 특별자치시장 · 특별자치도지사 · 시장 또는 군수는 도시 · 군기본계획을 수립하거나 변경하려면 미리 그 특별시 · 광역시 · 특별자치시 · 특별자치도 · 시 또는 군 의회의 의견을 들어야 ░░░.　　　　　24 · 27 · 31회

04 도시 · 군기본계획 타당성 검토: 특별시장 · 광역시장 · 특별자치시장 · 특별자치도지사 · 시장 또는 군수는 **5년**마다 관할구역의 도시 · 군기본계획(도시 · 군관리계획도 **동일**)에 대하여 그 타당 성을 전반적으로 재검토하여 정비하여야 한다.   22 · 27 · 31 · 32회

05 도시 · 군기본계획 확정: 특별시장 · 광역시장 · 특별자치시장 또는 특별자치도지사는 도시 · 군 기본계획을 수립하거나 변경하려면 관계 행정기관의 장과 협의한 후 지방도시계획위원회의 심 의를 거쳐서 국토교통부장관에게 승인받지 **않고, 직접** 확정한다.   22 · 24 · 32회

06 도시 · 군기본계획 승인: 시장 또는 군수는 도시 · 군기본계획을 수립하거나 변경하려면 기초조 사결과 등의 서류를 도시 · 군기본계획안에 첨부하여 **도지사**의 승인을 받아야 하며, **도지사**는 도시 · 군기본계획을 승인하려면 관계 **행정기관**의 장과 협의한 후 지방도시계획위원회의 심의 를 거쳐야 한다.   22 · 31 · 33 · 35회

4 도시 · 군관리계획

01 도시 · 군관리계획 입안권자(원칙)
① 도시 · 군관리계획의 입안권자인 **도시 · 군 관할구역의 장**(특별시장 · 광역시장 · 특별자치 시장 · 특별자치도지사 · 시장 또는 군수)은 관할구역에 대하여 도시 · 군관리계획을 입안 하여야 한다.
② 인접한 특별시 · 광역시 · 특별자치시 · 특별자치도 · 시 또는 군의 관할구역에 대한 도시 · 군관리계획은 관계 도시 · 군 관할구역의 장이 협의하여 **공동**으로 입안하거나 입안할 자를 정한다.   32회

02 도시 · 군관리계획 입안권자(예외): 다음의 어느 하나에 해당하는 경우에는 **국토교통부장관**이 직접 또는 관계 중앙행정기관의 장의 요청에 의하여 도시 · 군관리계획을 입안할 수 있으며, 이 경우 관할 시 · 도지사 및 시장 · 군수의 의견을 들어야 한다.
① 국가계획과 관련된 경우
② 둘 이상의 시 · 도에 걸쳐 지정되는 용도지역 · 용도지구 또는 용도구역과 둘 이상의 시 · 도에 걸쳐 이루어지는 사업의 계획 중 도시 · 군관리계획으로 결정하여야 할 사항이 있는 경우
    22 · 29 · 32회

04 도시·군기본계획 타당성 검토: 특별시장·광역시장·특별자치시장·특별자치도지사·시장 또는 군수는 _____ 년마다 관할구역의 도시·군기본계획(도시·군관리계획도 _____)에 대하여 그 타당성을 전반적으로 재검토하여 정비하여야 한다. 22·27·31·32회

05 도시·군기본계획 확정: 특별시장·광역시장·특별자치시장 또는 특별자치도지사는 도시·군기본계획을 수립하거나 변경하려면 관계 행정기관의 장과 협의한 후 지방도시계획위원회의 심의를 거쳐서 국토교통부장관에게 승인받지 _____, _____ 확정한다. 22·24·32회

06 도시·군기본계획 승인: 시장 또는 군수는 도시·군기본계획을 수립하거나 변경하려면 기초조사결과 등의 서류를 도시·군기본계획안에 첨부하여 _____ 의 승인을 받아야 하며, _____ 는 도시·군기본계획을 승인하려면 관계 _____ 의 장과 협의한 후 지방도시계획위원회의 심의를 거쳐야 한다. 22·31·33·35회

4 도시·군관리계획

01 도시·군관리계획 입안권자(원칙)
① 도시·군관리계획의 입안권자인 _____ (특별시장·광역시장·특별자치시장·특별자치도지사·시장 또는 군수)은 관할구역에 대하여 도시·군관리계획을 입안하여야 한다.
② 인접한 특별시·광역시·특별자치시·특별자치도·시 또는 군의 관할구역에 대한 도시·군관리계획은 관계 도시·군 관할구역의 장이 협의하여 _____ 으로 입안하거나 입안할 자를 정한다. 32회

02 도시·군관리계획 입안권자(예외): 다음의 어느 하나에 해당하는 경우에는 _____ 이 직접 또는 관계 중앙행정기관의 장의 요청에 의하여 도시·군관리계획을 입안할 수 있으며, 이 경우 관할 시·도지사 및 시장·군수의 의견을 들어야 한다.
① 국가계획과 관련된 경우
② 둘 이상의 시·도에 걸쳐 지정되는 용도지역·용도지구 또는 용도구역과 둘 이상의 시·도에 걸쳐 이루어지는 사업의 계획 중 도시·군관리계획으로 결정하여야 할 사항이 있는 경우 22·29·32회

03 **입안제안 대상**: 주민(이해관계자를 포함)은 다음의 사항에 대하여 도시 · **군관리**계획을 입안할
수 있는 자에게 입안을 제안할 수 있다. 이 경우 제안서에는 도시 · 군관리계획도서와 계획설명
서를 첨부하여야 한다.

① **용도지구** 중 해당 용도지구에 따른 건축물이나 그 밖의 시설의 용도 · 종류 및 규모 등의 제
한을 지구단위계획으로 대체하기 위한 용도지구

② 자연녹지지역, 계획관리지역 또는 생산관리지역에 **산업** · 유통개발진흥지구의 지정 및 변
경에 관한 사항

③ **기반시설**의 설치 · 정비 또는 개량에 관한 사항

④ **지**구단위계획구역의 지정 및 변경과 지구단위계획의 수립 및 변경에 관한 사항

⑤ 도시 · 군계획시설**입체**복합구역의 지정 및 변경과 도시 · 군계획시설입체복합구역의 건축
제한 · 건폐율 · 용적률 · 높이 등에 관한 사항   22 · 24 · 26 · 30 · 32 · 34 · 35회

04 **입안제안 시 동의**: 도시 · 군관리계획의 입안을 제안하려는 자는 다음의 구분에 따라 토지소유
자의 동의를 받아야 한다. 이 경우 동의 대상 토지면적에서 국 · 공유지는 **제외**한다.

① 기반시설의 설치 · 정비 또는 개량에 관한 사항, 도시 · 군계획시설입체복합구역의 지정 및
변경과 도시 · 군계획시설입체복합구역의 건축제한 · 건폐율 · 용적률 · 높이 등에 관한 사
항: 대상 토지면적의 **4/5** 이상

② 그 외 나머지 제안사항: 대상 토지면적의 **2/3** 이상   29 · 30회

05 **도시 · 군관리계획 입안제안 결과 통보**

① 도시 · 군관리계획 입안의 제안을 받은 국토교통부장관, 시 · 도지사, 시장 또는 군수는 제안
일부터 **45일** 이내에 도시 · 군관리계획 입안에의 반영 여부를 제안자에게 통보하여야 한다.
다만, 부득이한 사정이 있는 경우에는 1회에 한하여 **30일**을 연장할 수 있다.

② 도시 · 군관리계획의 입안을 제안받은 자는 제안자와 협의하여 제안된 도시 · 군관리계획
의 입안 및 결정에 필요한 비용의 **전부** 또는 일부를 제안자에게 부담시킬 수 **있다.**

22 · 23 · 28 · 30회

06 **도시 · 군관리계획을 입안하는 경우**에는 광역도시계획의 수립을 위한 기초조사를 준용하지만,
대통령령으로 정하는 경미한 사항(도시지역의 **축소**에 따른 용도지역 · 용도지구 · 용도구역
또는 지구단위계획구역의 변경인 경우 등)을 입안하는 경우에는 기초조사를 생략할 수 **있다.**

28회

03 **입안제안 대상**: 주민(이해관계자를 포함)은 다음의 사항에 대하여 도시·군　　　계획을 입안할 수 있는 자에게 입안을 제안할 수 있다. 이 경우 제안서에는 도시·군관리계획도서와 계획설명서를 첨부하여야 한다.

　　① 　　　　도지구 중 해당 용도지구에 따른 건축물이나 그 밖의 시설의 용도·종류 및 규모 등의 제한을 지구단위계획으로 대체하기 위한 용도지구

　　② 자연녹지지역, 계획관리지역 또는 생산관리지역에 　　　　업·유통개발진흥지구의 지정 및 변경에 관한 사항

　　③ 　　　　반시설의 설치·정비 또는 개량에 관한 사항

　　④ 　　　　구단위계획구역의 지정 및 변경과 지구단위계획의 수립 및 변경에 관한 사항

　　⑤ 도시·군계획시설　　　복합구역의 지정 및 변경과 도시·군계획시설입체복합구역의 건축제한·건폐율·용적률·높이 등에 관한 사항　　　　　　　　22·24·26·30·32·34·35회

04 **입안제안 시 동의**: 도시·군관리계획의 입안을 제안하려는 자는 다음의 구분에 따라 토지소유자의 동의를 받아야 한다. 이 경우 동의 대상 토지면적에서 국·공유지는 　　　　한다.

　　① 기반시설의 설치·정비 또는 개량에 관한 사항, 도시·군계획시설입체복합구역의 지정 및 변경과 도시·군계획시설입체복합구역의 건축제한·건폐율·용적률·높이 등에 관한 사항: 대상 토지면적의 　　　　　　이상

　　② 그 외 나머지 제안사항: 대상 토지면적의 　　　　　　이상　　　　　　　　　　29·30회

05 **도시·군관리계획 입안제안 결과 통보**

　　① 도시·군관리계획 입안의 제안을 받은 국토교통부장관, 시·도지사, 시장 또는 군수는 제안일부터 　　　　일 이내에 도시·군관리계획 입안에의 반영 여부를 제안자에게 통보하여야 한다. 다만, 부득이한 사정이 있는 경우에는 　　　　회에 한하여 　　　　일을 연장할 수 있다.

　　② 도시·군관리계획의 입안을 제안받은 자는 제안자와 협의하여 제안된 도시·군관리계획의 입안 및 결정에 필요한 비용의 　　　　또는 　　　　를 제안자에게 부담시킬 수 　　　　.　　　　　　　　　　　　　　　　　22·23·28·30회

06 **도시·군관리계획을 입안하는 경우**에는 광역도시계획의 수립을 위한 기초조사를 준용하지만, 대통령령으로 정하는 경미한 사항(도시지역의 　　　　에 따른 용도지역·용도지구·용도구역 또는 지구단위계획구역의 변경인 경우 등)을 입안하는 경우에는 기초조사를 생략할 수 　　　　.

28회

DAY 01

07 도시·군관리계획 입안절차 시 기초조사(환경성 검토, 토지적성평가, 재해취약성분석)를 실시하지 아니할 수 있는 공통적 요건은 다음 중 어느 하나에 해당하는 경우이다.

① 해당 지구단위계획구역이 **도심지**(상업지역과 상업지역에 연접한 지역)에 위치하는 경우

② 해당 지구단위계획구역 안의 나대지면적이 구역면적의 **2%**에 **미달**하는 경우

③ 해당 지구단위계획구역 또는 도시·군계획시설부지가 다른 법률에 따라 지역·지구 등으로 지정되거나 개발계획이 수립된 경우

④ 해당 지구단위계획구역의 지정목적이 해당 구역을 정비 또는 관리하고자 하는 경우로서 지구단위계획의 내용에 너비 **12m** 이상 도로의 설치계획이 **없는** 경우

⑤ 기존의 용도지구를 폐지하고 지구단위계획을 수립 또는 변경하여 그 용도지구에 따른 건축물이나 그 밖의 시설의 용도·종류 및 규모 등 제한을 그대로 **대체**하려는 경우

⑥ 해당 도시·군계획시설의 결정을 **해제**하려는 경우   22·27회

08 도시·군관리계획 입안절차 시 토지적성평가만 실시하지 아니할 수 있는 요건은 다음 중 어느 하나에 해당하는 경우이다.

① 도시·군관리계획 입안일부터 **5년** 이내에 토지적성평가를 실시한 경우

② 주거지역·공업지역 또는 상업지역에 **도시·군관리계획을 입안**하는 경우

③ 「도시개발법」에 따른 **도시개발사업**의 경우

④ 지구단위계획구역 또는 도시·군계획시설부지에서 **도시·군관리계획을 입안**하는 경우

⑤ 개발제한구역 안에 설치하는 **기반시설**   22·26·27회

09 도시·군관리계획 입안 시 주민의견청취

① 원칙: 국토교통부장관, 시·도지사, 시장 또는 군수는 도시·군관리계획을 입안할 때에는 주민의 의견을 들어야 **하며**, 그 의견이 타당하다고 인정되면 도시·군관리계획안에 반영하여야 **한다.**

② 예외: 국방상 또는 국가안전보장상 기밀을 지켜야 할 필요가 있는 사항이거나 대통령령으로 정하는 경미한 사항인 경우(도시지역의 **축소**에 따른 용도지역·용도지구·용도구역 또는 지구단위계획구역의 변경인 경우)에는 생략할 수 **있다.**   24·26회

10 도시·군관리계획 입안 시 **지방의회 의견청취**: 국토교통부장관, 시·도지사, 시장 또는 군수는 도시·군관리계획을 입안하려면 대통령령으로 정하는 사항에 대하여 해당 지방의회의 의견을 들어야 **한다.**   22·23회

07 도시 · 군관리계획 입안절차 시 기초조사(환경성 검토, 토지적성평가, 재해취약성분석)를 실시
하지 아니할 수 있는 **공통적 요건**은 다음 중 어느 하나에 해당하는 경우이다.
① 해당 지구단위계획구역이 ＿＿＿＿＿＿(상업지역과 상업지역에 연접한 지역)에 위치하는 경우
② 해당 지구단위계획구역 안의 나대지면적이 구역면적의 ＿＿＿%에 ＿＿＿하는 경우
③ 해당 지구단위계획구역 또는 도시 · 군계획시설부지가 다른 법률에 따라 지역 · 지구 등으로
지정되거나 개발계획이 수립된 경우
④ 해당 지구단위계획구역의 지정목적이 해당 구역을 정비 또는 관리하고자 하는 경우로서 지
구단위계획의 내용에 너비 ＿＿＿m 이상 도로의 설치계획이 ＿＿＿경우
⑤ 기존의 용도지구를 폐지하고 지구단위계획을 수립 또는 변경하여 그 용도지구에 따른 건축물
이나 그 밖의 시설의 용도 · 종류 및 규모 등 제한을 그대로 ＿＿＿하려는 경우
⑥ 해당 도시 · 군계획시설의 결정을 ＿＿＿하려는 경우   22 · 27회

08 도시 · 군관리계획 입안절차 시 **토지적성평가만 실시하지 아니할 수 있는 요건**은 다음 중 어느
하나에 해당하는 경우이다.
① 도시 · 군관리계획 입안일부터 ＿＿＿년 이내에 토지적성평가를 실시한 경우
② 주거지역 · 공업지역 또는 상업지역에 ＿＿＿을 ＿＿＿하는 경우
③ 「도시개발법」에 따른 ＿＿＿의 경우
④ 지구단위계획구역 또는 도시 · 군계획시설부지에서 ＿＿＿을 ＿＿＿하는 경우
⑤ 개발제한구역 안에 설치하는 ＿＿＿   22 · 26 · 27회

09 도시 · 군관리계획 입안 시 **주민의견청취**
① 원칙: 국토교통부장관, 시 · 도지사, 시장 또는 군수는 도시 · 군관리계획을 입안할 때에는
주민의 의견을 들어야 ＿＿＿, 그 의견이 타당하다고 인정되면 도시 · 군관리계획안에 반영
하여야 ＿＿＿.
② 예외: 국방상 또는 국가안전보장상 기밀을 지켜야 할 필요가 있는 사항이거나 대통령령으로
정하는 경미한 사항인 경우(도시지역의 ＿＿＿에 따른 용도지역 · 용도지구 · 용도구역 또
는 지구단위계획구역의 변경인 경우)에는 생략할 수 ＿＿＿.   24 · 26회

10 도시 · 군관리계획 입안 시 **지방의회 의견청취**: 국토교통부장관, 시 · 도지사, 시장 또는 군수는
도시 · 군관리계획을 입안하려면 대통령령으로 정하는 사항에 대하여 해당 지방의회의 의견을
들어야 ＿＿＿.   22 · 23회

11 도시 · 군관리계획 결정권자(원칙)

① 도시 · 군관리계획은 **시 · 도지사**가 직접 또는 시장 · 군수의 신청에 따라 결정한다.

② 인구 50만 이상의 대도시의 경우에는 **대도시 시장**이 직접 결정한다.

③ 시장 또는 군수가 입안한 지구단위계획구역의 지정 · 변경과 지구단위계획의 수립 · 변경에 관한 도시 · 군관리계획 및 지구단위계획으로 대체하는 용도지구 폐지에 관한 도시 · 군관리계획은 **시장** 또는 **군수**가 직접 결정한다. 24 · 25 · 28 · 29 · 31 · 35회

12 도시 · 군관리계획 결정권자(예외)

① '국토교통부장관이 입안한 도시 · 군관리계획 / 국가계획과 연계되는 시가화조정구역의 지정 및 변경에 관한 도시 · 군관리계획 / 개발제한구역의 지정 및 변경에 관한 도시 · 군관리계획'은 **국토교통부장관**이 결정한다.

② 수산자원보호구역의 지정 및 변경에 관한 도시 · 군관리계획은 **해양수산부장관**이 결정한다. 24 · 25 · 28 · 29 · 31회

13 도시 · 군관리계획 결정절차

① 시 · 도지사는 도시 · 군관리계획을 결정하려면 관계 **행정**기관의 장과 미리 협의하여야 하며, 국토교통부장관(수산자원보호구역의 경우 해양수산부장관)이 도시 · 군관리계획을 결정하려면 관계 **중앙행정**기관의 장과 미리 협의하여야 **한다.**

② 시 · 도지사는 국가계획과 관련되어 국토교통부장관이 입안하여 결정한 도시 · 군관리계획을 변경하려면 미리 국토교통부장관과 협의하여야 **한다.**

③ 시 · 도지사가 지구단위계획이나 지구단위계획으로 대체하는 용도지구 폐지에 관한 사항을 결정하려면 「건축법」에 따라 시 · 도에 두는 건축위원회와 도시계획위원회가 **공동**으로 하는 심의를 거쳐야 **한다.**

④ 국토교통부장관이나 시 · 도지사는 관계 중앙행정기관의 장의 요청이 **있을 때만** 국방상 또는 국가안전보장상 기밀을 지켜야 할 필요가 있다고 인정되면 그 도시 · 군관리계획의 전부 또는 일부에 대하여 협의 및 심의절차를 생략할 수 **있다.** 31 · 35회

11 도시 · 군관리계획 결정권자(원칙)

① 도시 · 군관리계획은   가 직접 또는 시장 · 군수의 신청에 따라 결정한다.

② 인구 50만 이상의 대도시의 경우에는   이 직접 결정한다.

③ 시장 또는 군수가 입안한 지구단위계획구역의 지정 · 변경과 지구단위계획의 수립 · 변경에 관한 도시 · 군관리계획 및 지구단위계획으로 대체하는 용도지구 폐지에 관한 도시 · 군관리계획은   또는   가 직접 결정한다.   24 · 25 · 28 · 29 · 31 · 35회

12 도시 · 군관리계획 결정권자(예외)

① '국토교통부장관이 입안한 도시 · 군관리계획 / 국가계획과 연계되는 시가화조정구역의 지정 및 변경에 관한 도시 · 군관리계획 / 개발제한구역의 지정 및 변경에 관한 도시 · 군관리계획'은   이 결정한다.

② 수산자원보호구역의 지정 및 변경에 관한 도시 · 군관리계획은   이 결정한다.

24 · 25 · 28 · 29 · 31회

13 도시 · 군관리계획 결정절차

① 시 · 도지사는 도시 · 군관리계획을 결정하려면 관계   기관의 장과 미리 협의하여야 하며, 국토교통부장관(수산자원보호구역의 경우 해양수산부장관)이 도시 · 군관리계획을 결정하려면 관계   기관의 장과 미리 협의하여야   .

② 시 · 도지사는 국가계획과 관련되어 국토교통부장관이 입안하여 결정한 도시 · 군관리계획을 변경하려면 미리 국토교통부장관과 협의하여야   .

③ 시 · 도지사가 지구단위계획이나 지구단위계획으로 대체하는 용도지구 폐지에 관한 사항을 결정하려면 「건축법」에 따라 시 · 도에 두는 건축위원회와 도시계획위원회가   으로 하는 심의를 거쳐야   .

④ 국토교통부장관이나 시 · 도지사는 관계 중앙행정기관의 장의 요청이   국방상 또는 국가안전보장상 기밀을 지켜야 할 필요가 있다고 인정되면 그 도시 · 군관리계획의 전부 또는 일부에 대하여 협의 및 심의절차를 생략할 수   .   31 · 35회

14 도시 · 군관리계획결정의 효력

① 도시 · 군관리계획결정의 효력은 **지형도면**을 고시한 **날**부터 발생한다.

② 국토교통부장관이 도시 · 군관리계획을 직접 입안한 경우에는 **국토교통부장관**이 지형도면을 작성할 수 있다.

③ 도시 · 군관리계획결정 당시 이미 사업이나 공사에 착수한 자는 그 도시 · 군관리계획결정과 관계**없이** 그 사업이나 공사를 계속할 수 **있다.**

④ **수산자원보호구역**이나 **시**가화조정구역의 지정에 관한 도시 · 군관리계획결정이 있는 경우에는 그 결정 고시일부터 3월 이내에 특별시장 · 광역시장 · 특별자치시장 · 특별자치도지사 · 시장 또는 군수에게 **신고**하고 그 사업이나 공사를 계속할 수 있다.

23 · 24 · 26 · 28 · 31 · 32 · 35회

15 국토교통부장관, 시 · 도지사, 시장 또는 군수는 도시 · 군관리계획을 조속히 입안하여야 할 필요가 있다고 인정되면 광역도시계획이나 도시 · 군기본계획을 수립할 때에 도시 · 군관리계획을 **함께 입안할 수 있다.**

26 · 35회

14 도시 · 군관리계획결정의 효력

① 도시 · 군관리계획결정의 효력은   을 고시   부터 발생한다.

② 국토교통부장관이 도시 · 군관리계획을 직접 입안한 경우에는   이 지형도면 을 작성할 수 있다.

③ 도시 · 군관리계획결정 당시 이미 사업이나 공사에 착수한 자는 그 도시 · 군관리계획결정과 관계   그 사업이나 공사를 계속할 수   .

④   산자원보호구역이나   가화조정구역의 지정에 관한 도시 · 군관리계획결정 이 있는 경우에는 그 결정 고시일부터 3월 이내에 특별시장 · 광역시장 · 특별자치시장 · 특별자치도지사 · 시장 또는 군수에게   하고 그 사업이나 공사를 계속할 수 있다.

23 · 24 · 26 · 28 · 31 · 32 · 35회

15 국토교통부장관, 시 · 도지사, 시장 또는 군수는 도시 · 군관리계획을 조속히 입안하여야 할 필 요가 있다고 인정되면 광역도시계획이나 도시 · 군기본계획을 수립할 때에 도시 · 군관리계획을   입안할 수   .

26 · 35회

핵심지문으로 키워드 학습

5 용도지역

01 용도지역의 지정

① **용도지역**은 중복되게 지정할 수 **없으나**, 용도지구 · 용도구역은 중복되게 지정할 수 **있고**, 용도지역에 용도지구 · 용도구역이 중첩하여 지정될 수 **있다**.

② **용도지역 결정권자**인 **국토교통부장관, 시 · 도지사** 또는 **대도시 시장**은 용도지역의 지정 또는 변경을 도시 · 군관리계획으로 결정한다. 용도지역을 다시 세부 용도지역으로 나누어 지정할 때도 도시 · 군관리계획으로 결정할 수 있다.

21 · 28 · 35회

02 용도지역의 세분 중 주요 내용

① **제2종 전용주거지역**은 공동주택 중심의 양호한 주거환경을 보호하기 위하여 필요한 지역을 말한다.

② **제1종 일반주거지역**은 저층주택을 중심으로 편리한 주거환경을 조성하기 위하여 필요한 지역을 말한다.

③ **일반공업지역**은 환경을 저해하지 아니하는 공업의 배치를 위하여 필요한 지역을 말한다.

④ **준공업지역**은 경공업 그 밖의 공업을 수용하되, 주거기능 · 상업기능 및 업무기능의 보완이 필요한 지역을 말한다.

24 · 26회

03 공유수면매립지 용도지역의 지정

① 공유수면(바다만 해당)의 매립목적이 그 매립구역과 이웃하고 있는 용도지역의 내용과 같으면 도시 · 군관리계획의 입안 및 결정 절차 **없이** 그 매립준공구역은 그 매립의 준공인가일부터 이와 **이웃**하고 있는 용도지역으로 지정된 것으로 본다.

② 공유수면의 매립목적이 그 매립구역과 이웃하고 있는 용도지역의 내용과 다른 경우 및 그 매립구역이 둘 이상의 용도지역에 걸쳐 있거나 이웃하고 있는 경우 그 매립구역이 속할 용도지역은 **도시 · 군관리계획결정**으로 지정하여야 한다.

24 · 33 · 35회

빈칸으로 키워드 암기

5 용도지역

01 용도지역의 지정

① **용도지역**은 중복되게 지정할 수   , 용도지구 · 용도구역은 중복되게 지정할 수   , 용도지역에 용도지구 · 용도구역이 중첩하여 지정될 수   .

② **용도지역 결정권자**인   ,   또는   은 용도지역의 지정 또는 변경을 도시 · 군   계획으로 결정한다. 용도지역을 다시 세부 용도지역으로 나누어 지정할 때도 도시 · 군   계획으로 결정할 수   .   21 · 28 · 35회

02 용도지역의 세분 중 주요 내용

①   은 공동주택 중심의 양호한 주거환경을 보호하기 위하여 필요한 지역을 말한다.

②   은 저층주택을 중심으로 편리한 주거환경을 조성하기 위하여 필요한 지역을 말한다.

③   은 환경을 저해하지 아니하는 공업의 배치를 위하여 필요한 지역을 말한다.

④   은 경공업 그 밖의 공업을 수용하되, 주거기능 · 상업기능 및 업무기능의 보완이 필요한 지역을 말한다.   24 · 26회

03 공유수면매립지 용도지역의 지정

① 공유수면(바다만 해당)의 매립목적이 그 매립구역과 이웃하고 있는 용도지역의 내용과 같으면 도시 · 군관리계획의 입안 및 결정 절차   그 매립준공구역은 그 매립의 준공인가 일부터 이와   하고 있는 용도지역으로 지정된 것으로   .

② 공유수면의 매립목적이 그 매립구역과 이웃하고 있는 용도지역의 내용과 다른 경우 및 그 매립구역이 둘 이상의 용도지역에 걸쳐 있거나 이웃하고 있는 경우 그 매립구역이 속할 용도지역은   결정으로 지정하여야 한다.   24 · 33 · 35회

04 **도시지역으로 결정 · 고시의제:** 다음의 어느 하나의 구역 등으로 지정 · 고시된 지역은 도시지역
으로 결정 · 고시된 것으로 본다.

  ① **어항구역**으로서 **도시지역**에 연접한 공유수면

  ② **항만구역**으로서 **도시지역**에 연접한 공유수면

  ③ **국가산업단지**, 일반산업단지 및 도시첨단산업단지 ⇨ 농공단지는 **제외**

  ④ **전원**개발사업구역 및 예정구역 ⇨ 수력발전소 또는 송 · 변전설비만을 설치하기 위한 전원
    개발사업구역 및 예정구역은 **제외**

  ⑤ **택지개발지구**
33회

05 도시지역으로 결정 · 고시된 것으로 보는 구역 · 단지 · 지구 등이 해제되는 경우(<u>개발사업의 완</u>
<u>료로 해제되는 경우는 **제외**</u>)「국토의 계획 및 이용에 관한 법률」또는 다른 법률에서 그 구역 등
이 어떤 용도지역에 해당되는지를 따로 정하고 있지 아니한 경우에는 이를 지정하기 이전의 용
도지역으로 환원된 것으로 **본다.**
26회

06 관리지역에서「농지법」에 따른 농업진흥지역으로 지정 · 고시된 지역은「국토의 계획 및 이용에
관한 법률」에 따른 **농림지역**으로 결정 · 고시된 것으로 본다. 관리지역의 산림 중「산지관리법」
에 따라 보전산지로 지정 · 고시된 지역은 그 고시에서 구분하는 바에 따라 **농림지역** 또는 **자연
환경보전**지역으로 결정 · 고시된 것으로 본다.
26 · 35회

07 **건축제한**

  ① <u>단독주택을 건축할 수 없는 용도지역:</u> 유통상업지역, 전용공업지역

  ② <u>아파트를 건축할 수 없는 용도지역:</u> 제1종 전용주거지역 · 제1종 일반주거지역, 유통상
    업지역, **전용공업지역, 자연환경보전지역**, 일반공업지역, 녹지지역 · 관리지역 · 농림지역

  ③ <u>일반음식점을 건축할 수 없는 용도지역:</u> 제1종 · 제2종 **전용주거지역**
22 · 23 · 29회

04 도시지역으로 결정 · 고시의제: 다음의 어느 하나의 구역 등으로 지정 · 고시된 지역은 도시지역으로 결정 · 고시된 것으로 본다.

① ⬜⬜⬜ 항구역으로서 ⬜⬜⬜ 지역에 연접한 공유수면

② ⬜⬜⬜ 만구역으로서 ⬜⬜⬜ 지역에 연접한 공유수면

③ 국가 ⬜⬜⬜ 업단지, 일반산업단지 및 도시첨단산업단지 ⇨ 농공단지는 ⬜⬜⬜

④ ⬜⬜⬜ 개발사업구역 및 예정구역 ⇨ 수력발전소 또는 송 · 변전설비만을 설치하기 위한 전원개발사업구역 및 예정구역은 ⬜⬜⬜

⑤ ⬜⬜⬜ 개발지구

33회

05 도시지역으로 결정 · 고시된 것으로 보는 구역 · 단지 · 지구 등이 해제되는 경우(개발사업의 완료로 해제되는 경우는 ⬜⬜⬜) 「국토의 계획 및 이용에 관한 법률」 또는 다른 법률에서 그 구역 등이 어떤 용도지역에 해당되는지를 따로 정하고 있지 아니한 경우에는 이를 지정하기 이전의 용도지역으로 환원된 것으로 ⬜⬜⬜.

26회

06 관리지역에서 「농지법」에 따른 농업진흥지역으로 지정 · 고시된 지역은 「국토의 계획 및 이용에 관한 법률」에 따른 ⬜⬜⬜ 지역으로 결정 · 고시된 것으로 본다. 관리지역의 산림 중 「산지관리법」에 따라 보전산지로 지정 · 고시된 지역은 그 고시에서 구분하는 바에 따라 ⬜⬜⬜ 지역 또는 ⬜⬜⬜ 지역으로 결정 · 고시된 것으로 본다.

26 · 35회

07 건축제한

① 단독주택을 건축할 수 없는 용도지역: ⬜⬜⬜ 통상업지역, ⬜⬜⬜ 용공업지역

② 아파트를 건축할 수 없는 용도지역: 제 ⬜⬜⬜ 종 전용주거지역 · 제 ⬜⬜⬜ 종 일반주거지역, ⬜⬜⬜ 통상업지역, ⬜⬜⬜ 용공업지역, ⬜⬜⬜ 연환경보전지역, ⬜⬜⬜ 반 ⬜⬜⬜ 업지역, ⬜⬜⬜ 지지역 · ⬜⬜⬜ 리지역 · ⬜⬜⬜ 림지역

③ 일반음식점을 건축할 수 없는 용도지역: 제1종 · 제2종 ⬜⬜⬜ 지역

22 · 23 · 29회

6 용도지역의 건폐율 · 용적률 최대한도

01 건폐율의 최대한도

① 농림지역 · 자연환경보전지역 · 보전녹지지역 · 생산녹지지역 · 자연녹지지역 · 보전관리지역 · 생산관리지역: 20%

② 계획관리지역: 40%

③ 제1종 전용주거지역 · 제2종 전용주거지역: 50%

제1종 일반주거지역 · 제2종 일반주거지역: 60%

제3종 일반주거지역: 50%

준주거지역: 70%

④ 전용공업지역 · 일반공업지역 · 준공업지역: 70%

⑤ 근린상업지역: 70%

유통상업지역 · 일반상업지역: 80%

중심상업지역: 90%　　　　　　　　　　　　　　　　24 · 27회

02 도시 · 군계획조례에 따른 건폐율의 최대한도는 공업지역에 있는 「산업입지 및 개발에 관한 법률」에 따른 국가산업단지 · 도시첨단산업단지 · 일반산업단지 및 준산업단지 80% 이하 > 농공단지 70% 이하 > 자연녹지지역에 지정된 개발진흥지구 30% 이하이다.　　　29회

03 용적률의 최대한도

① 농림지역 · 자연환경보전지역 · 보전관리지역 · 생산관리지역 · 보전녹지지역: 80%

② 계획관리지역 · 생산녹지지역 · 자연녹지지역: 100%

③ 제1종 전용주거지역: 100%　　　제2종 전용주거지역: 150%

제1종 일반주거지역: 200%　　　제2종 일반주거지역: 250%

제3종 일반주거지역: 300%　　　준주거지역: 500%

④ 전용공업지역: 300%　　　　　일반공업지역: 350%

준공업지역: 400%

⑤ 근린상업지역: 900%　　　　　유통상업지역: 1,100%

일반상업지역: 1,300%　　　　중심상업지역: 1,500%　　22 · 25 · 28 · 30 · 32 · 33회

04 도시지역, 관리지역, 농림지역 또는 자연환경보전지역으로 용도가 지정되지 아니한 지역에 대하여는 건폐율과 용적률의 규정을 적용할 때에 **자연환경보전**지역에 관한 규정을 적용한다.

22회

6 용도지역의 건폐율 · 용적률 최대한도

01 건폐율의 최대한도

① 농림지역 · 자연환경보전지역 · 보전녹지지역 · 생산녹지지역 · 자연녹지지역 · 보전관리지역 · 생산관리지역: %

② 계획관리지역: %

③ 제1종 전용주거지역 · 제2종 전용주거지역: %

   제1종 일반주거지역 · 제2종 일반주거지역: %

   제3종 일반주거지역: %

   준주거지역: %

④ 전용공업지역 · 일반공업지역 · 준공업지역: %

⑤ 근린상업지역: %

   유통상업지역 · 일반상업지역: %

   중심상업지역: %   24 · 27회

02 도시 · 군계획조례에 따른 건폐율의 최대한도는 공업지역에 있는 「산업입지 및 개발에 관한 법률」에 따른 국가산업단지 · 도시첨단산업단지 · 일반산업단지 및 준산업단지   % 이하 > 농공단지   % 이하 > 자연녹지지역에 지정된 개발진흥지구   % 이하이다.   29회

03 용적률의 최대한도

① 농림지역 · 자연환경보전지역 · 보전관리지역 · 생산관리지역 · 보전녹지지역: %

② 계획관리지역 · 생산녹지지역 · 자연녹지지역: %

③ 제1종 전용주거지역: %   제2종 전용주거지역: %

   제1종 일반주거지역: %   제2종 일반주거지역: %

   제3종 일반주거지역: %   준주거지역: %

④ 전용공업지역: %   일반공업지역: %

   준공업지역: %

⑤ 근린상업지역: %   유통상업지역: %

   일반상업지역: %   중심상업지역: %   22 · 25 · 28 · 30 · 32 · 33회

04 도시지역, 관리지역, 농림지역 또는 자연환경보전지역으로 용도가 지정되지 아니한 지역에 대하여는 건폐율과 용적률의 규정을 적용할 때에   지역에 관한 규정을 적용한다.

                                         22회

DAY 02

05 도시지역이 세부용도지역으로 지정되지 아니한 경우에는 용도지역의 건축물의 제한 등, 건폐율, 용적률의 규정을 적용함에 있어서 **보전녹지**지역에 관한 규정을 적용하고, **관리지역**이 세부용도지역으로 지정되지 아니한 경우에는 용도지역의 건축물의 제한 등, 건폐율, 용적률의 규정을 적용함에 있어서 **보전관리**지역에 관한 규정을 적용한다.   21 · 22 · 24 · 26회

7 용도지구

01 용도지구의 세분

① 방재지구: **자연방재지구**, **시가지방재지구**

② 취락지구: 집단취락지구, **자연취락지구**

③ 개발진흥지구: 복합개발진흥지구, 특정개발진흥지구, 산업 · 유통개발진흥지구, 주거개발진흥지구, **관광 · 휴양개발진흥지구**

④ 보호지구: 역사문화환경보호지구, **중요시설물보호지구**, 생태계보호지구

⑤ 경관지구: **자연경관지구**, **시가지경관지구**, **특화경관지구**   30 · 35회

02 용도지구의 종류

① 쾌적한 환경 조성 및 토지의 효율적 이용을 위하여 건축물 높이의 최고한도를 규제할 필요가 있는 지구인 **고도지구**

② 주거 및 교육환경 보호나 청소년 보호 등의 목적으로 오염물질 배출시설, 청소년 유해시설 등 특정시설의 입지를 제한할 필요가 있는 지구인 **특정용도제한지구**

③ 지역의 토지이용상황, 개발 수요 및 주변 여건 등을 고려하여 효율적이고 복합적인 토지이용을 도모하기 위하여 특정시설의 입지를 완화할 필요가 있는 지구인 **복합용도지구**   25회

03 경관지구 종류에 따른 정의

① **자연경관지구**는 산지 · 구릉지 등 자연경관을 보호하거나 유지하기 위하여 필요한 지구를 말한다.

② **시가지경관지구**는 지역 내 주거지, 중심지 등 시가지의 경관을 보호 또는 유지하거나 형성하기 위하여 필요한 지구를 말한다.

③ **특화경관지구**는 지역 내 주요 수계의 수변 또는 문화적 보존가치가 큰 건축물 주변의 경관 등 특별한 경관을 보호 또는 유지하거나 형성하기 위하여 필요한 지구를 말한다.   25회

05 **도시지역**이 세부용도지역으로 지정되지 아니한 경우에는 용도지역의 건축물의 제한 등, 건폐율, 용적률의 규정을 적용함에 있어서 [   ] 지역에 관한 규정을 적용하고, **관리지역**이 세부용도지역으로 지정되지 아니한 경우에는 용도지역의 건축물의 제한 등, 건폐율, 용적률의 규정을 적용함에 있어서 [   ] 지역에 관한 규정을 적용한다. 21 · 22 · 24 · 26회

7 용도지구

01 용도지구의 세분

① 방재지구: [   ] 방재지구, [   ] 지방재지구
② 취락지구: [   ] 단취락지구, [   ] 연취락지구
③ 개발진흥지구: [   ] 개발진흥지구, [   ] 정개발진흥지구, [   ] 업 · 유통개발진흥지구, [   ] 거개발진흥지구, [   ] · 휴양개발진흥지구
④ 보호지구: [   ] 사문화환경보호지구, [   ] 요시설물보호지구, [   ] 태계보호지구
⑤ 경관지구: [   ] 경관지구, [   ] 지경관지구, [   ] 경관지구 30 · 35회

02 용도지구의 종류

① 쾌적한 환경 조성 및 토지의 효율적 이용을 위하여 건축물 높이의 최고한도를 규제할 필요가 있는 지구인 [   ] 지구
② 주거 및 교육환경 보호나 청소년 보호 등의 목적으로 오염물질 배출시설, 청소년 유해시설 등 특정시설의 입지를 제한할 필요가 있는 지구인 [   ] 지구
③ 지역의 토지이용상황, 개발 수요 및 주변 여건 등을 고려하여 효율적이고 복합적인 토지이용을 도모하기 위하여 특정시설의 입지를 완화할 필요가 있는 지구인 [   ] 지구 25회

03 경관지구 종류에 따른 정의

① [   ] 경관지구는 산지 · 구릉지 등 자연경관을 보호하거나 유지하기 위하여 필요한 지구를 말한다.
② [   ] 경관지구는 지역 내 주거지, 중심지 등 시가지의 경관을 보호 또는 유지하거나 형성하기 위하여 필요한 지구를 말한다.
③ [   ] 경관지구는 지역 내 주요 수계의 수변 또는 문화적 보존가치가 큰 건축물 주변의 경관 등 특별한 경관을 보호 또는 유지하거나 형성하기 위하여 필요한 지구를 말한다. 25회

04 보호지구 종류에 따른 정의

① **역사문화환경보호지구**는 국가유산 · 전통사찰 등 역사 · 문화적으로 보존가치가 큰 시설 및 지역의 보호와 보존을 위하여 필요한 지구를 말한다.

② **중요시설물보호지구**는 중요시설물의 보호와 기능의 유지 및 증진 등을 위하여 필요한 지구를 말한다.

25회

05 방재지구 종류에 따른 정의

① **자연방재지구**는 토지의 이용도가 낮은 해안변, 하천변, 급경사지 주변 등의 지역으로서 건축제한 등을 통하여 재해 예방이 필요한 지구를 말한다.

② **시가지방재지구**는 건축물 · 인구가 밀집되어 있는 지역으로서 시설 개선 등을 통하여 재해 예방이 필요한 지구를 말한다.

06 취락지구 종류에 따른 정의

① 집단취락지구는 **개발제한구역** 안의 취락을 정비하기 위하여 필요한 지구를 말한다.

② **자연취락지구**는 녹지지역 · 관리지역 · 농림지역 또는 자연환경보전지역 안의 취락을 정비하기 위하여 필요한 지구를 말한다.

22 · 25 · 28 · 34회

07 개발진흥지구 종류에 따른 정의

① **관광 · 휴양**개발진흥지구는 관광 · 휴양기능을 중심으로 개발 · 정비할 필요가 있는 지구를 말한다.

② **산업 · 유통**개발진흥지구는 공업기능 및 유통 · 물류기능을 중심으로 개발 · 정비할 필요가 있는 지구를 말한다.

③ 복합개발진흥지구는 주거기능, **공업**기능, 유통 · 물류기능 및 관광 · 휴양기능 중 2 이상의 기능을 중심으로 개발 · 정비할 필요가 있는 지구를 말한다.

25 · 31회

08 새로운 용도지구의 지정

① 시 · 도지사 또는 대도시 시장은 법령에서 정하고 있는 용도지구 외의 새로운 용도지구의 지정 또는 변경을 도시 · 군관리계획으로 결정할 수 **있다.**

② 시 · 도지사 또는 대도시 시장은 연안침식이 진행 중이거나 우려되는 지역 등에 **방재지구**의 지정 또는 변경을 도시 · 군관리계획으로 결정하는 경우 도시 · 군관리계획의 내용에는 해당 **방재지구**의 재해저감대책을 포함하여야 **한다.**

③ 시 · 도지사 또는 대도시 시장은 일반**주거**지역 · 일반**공업**지역 · 계획**관리**지역에 복합용도지구를 지정할 수 있다.

28 · 33 · 34회

04 보호지구 종류에 따른 정의

① _____ 보호지구는 국가유산 · 전통사찰 등 역사 · 문화적으로 보존가치가 큰 시설 및 지역의 보호와 보존을 위하여 필요한 지구를 말한다.

② _____ 보호지구는 중요시설물의 보호와 기능의 유지 및 증진 등을 위하여 필요한 지구를 말한다.
25회

05 방재지구 종류에 따른 정의

① _____ 지구는 토지의 이용도가 낮은 해안변, 하천변, 급경사지 주변 등의 지역으로서 건축제한 등을 통하여 재해 예방이 필요한 지구를 말한다.

② _____ 지구는 건축물 · 인구가 밀집되어 있는 지역으로서 시설 개선 등을 통하여 재해 예방이 필요한 지구를 말한다.

06 취락지구 종류에 따른 정의

① 집단취락지구는 _____ 안의 취락을 정비하기 위하여 필요한 지구를 말한다.

② _____ 지구는 녹지지역 · 관리지역 · 농림지역 또는 자연환경보전지역 안의 취락을 정비하기 위하여 필요한 지구를 말한다.
22 · 25 · 28 · 34회

07 개발진흥지구 종류에 따른 정의

① _____ 개발진흥지구는 관광 · 휴양기능을 중심으로 개발 · 정비할 필요가 있는 지구를 말한다.

② _____ 개발진흥지구는 공업기능 및 유통 · 물류기능을 중심으로 개발 · 정비할 필요가 있는 지구를 말한다.

③ 복합개발진흥지구는 주거기능, _____ 기능, 유통 · 물류기능 및 관광 · 휴양기능 중 2 이상의 기능을 중심으로 개발 · 정비할 필요가 있는 지구를 말한다.
25 · 31회

08 새로운 용도지구의 지정

① 시 · 도지사 또는 대도시 시장은 법령에서 정하고 있는 용도지구 외의 새로운 용도지구의 지정 또는 변경을 도시 · 군관리계획으로 결정할 수 _____.

② 시 · 도지사 또는 대도시 시장은 연안침식이 진행 중이거나 우려되는 지역 등에 _____ 지구의 지정 또는 변경을 도시 · 군관리계획으로 결정하는 경우 도시 · 군관리계획의 내용에는 해당 _____ 지구의 재해저감대책을 포함하여야 _____.

③ 시 · 도지사 또는 대도시 시장은 일반 _____ 지역 · 일반 _____ 지역 · 계획 _____ 지역에 복합용도지구를 지정할 수 있다.
28 · 33 · 34회

09 경관지구 및 고도지구 안에서의 건축제한

① 경관지구 안에서는 그 지구의 경관의 보전 · 관리 · 형성에 장애가 된다고 인정하여 **도시 · 군계획조례**가 정하는 건축물을 건축할 수 **없으며**, 건축물의 건폐율 · 용적률 · 높이 · 최대 너비 · 색채 및 대지 안의 조경 등에 관하여는 그 지구의 경관의 보전 · 관리 · 형성에 필요한 범위 안에서 도시 · 군계획조례로 정한다.

② 고도지구 안에서는 도시 · 군관리계획으로 정하는 높이를 초과하는 건축물을 건축할 수 **없다.**

23 · 29회

10 자연취락지구 안에서의 건축제한

① 자연취락지구 안에서는 **4층** 이하의 범위에서 시설 및 건축물[단독주택, 제1종 근린생활시설(한의원 · 마을회관), 제2종 근린생활시설(노래연습장), 축산업용 창고, 동물 및 식물 관련 시설(도축장), 방송통신시설(방송국), 관광휴게시설(×), 정신병원(×), 동물전용의 장례식장(×)]을 건축할 수 있다.

② 집단취락지구 안에서의 건축제한에 관하여는 **개발제한구역의 지정 및 관리에 관한 특별조치법령**이 정하는 바에 의한다.

25 · 29 · 31회

11 개발진흥지구에서의 건축제한: 지구단위계획 또는 관계 법률에 따른 개발계획을 수립하는 개발진흥지구에서는 지구단위계획 또는 관계 법률에 의한 개발계획에 위반하여 건축물을 건축할 수 **없으며**, 지구단위계획 또는 개발계획이 수립되기 전에는 개발진흥지구의 계획적 개발에 위배되지 아니하는 범위에서 **도시 · 군계획조례**로 정하는 건축물을 건축할 수 **있다.**

29회

12 복합용도지구에서의 건축제한: 일반주거지역에 지정된 복합용도지구 안에서는 준주거지역에서 허용되는 건축물은 건축할 수 있지만, '**동물 및 식물 관련 시설**, 제2종 근린생활시설 중 **안마시술소**, **공장**, **관람장**, **장례시설**, **위험물** 저장 및 처리시설'은 건축할 수 없다.

29회

13 건축제한 예외

① 용도지역 · 용도지구 안에서의 도시 · 군계획시설에 대하여는 용도지역 · 용도지구 안의 건축제한에 관한 규정을 적용하지 **아니**한다.

② 방재지구 안에서는 용도지역 안에서의 건축제한 중 층수제한에 있어서는 1층 **전부**를 필로티 구조로 하는 경우 필로티 부분을 층수에서 **제외**한다.

24 · 26 · 33회

09 경관지구 및 고도지구 안에서의 건축제한

① 경관지구 안에서는 그 지구의 경관의 보전·관리·형성에 장애가 된다고 인정하여 　　　　가 정하는 건축물을 건축할 수 　　　　, 건축물의 건폐율·용적률· 높이·최대너비·색채 및 대지 안의 조경 등에 관하여는 그 지구의 경관의 보전·관리·형성에 필요한 범위 안에서 도시·군계획조례로 정한다.

② 고도지구 안에서는 도시·군　　　계획으로 정하는 높이를 초과하는 건축물을 건축할 수 　　　　.

23·29회

10 자연취락지구 안에서의 건축제한

① 자연취락지구 안에서는 　　　층 이하의 범위에서 시설 및 건축물[단독주택, 제1종 근린생활시설(한의원·마을회관), 제2종 근린생활시설(노래연습장), 축산업용 창고, 동물 및 식물 관련 시설(도축장), 방송통신시설(방송국), 관광휴게시설(　　　), 정신병원(　　　), 동물전용의 장례식장(　　　)]을 건축할 수 있다.

② 집단취락지구 안에서의 건축제한에 관하여는 　　　구역의 지정 및 관리에 관한 특별조치법령이 정하는 바에 의한다.

25·29·31회

11 개발진흥지구에서의 건축제한: 지구단위계획 또는 관계 법률에 따른 개발계획을 수립하는 개발진흥지구에서는 지구단위계획 또는 관계 법률에 의한 개발계획에 위반하여 건축물을 건축할 수 　　　　, 지구단위계획 또는 개발계획이 수립되기 전에는 개발진흥지구의 계획적 개발에 위배되지 아니하는 범위에서 　　　　　로 정하는 건축물을 건축할 수 　　　. 29회

12 복합용도지구에서의 건축제한: 일반주거지역에 지정된 복합용도지구 안에서는 준주거지역에서 허용되는 건축물은 건축할 수 있지만, '　　　물 및 식물 관련 시설, 제2종 근린생활시설 중 　　　마시술소, 　　　장, 　　　람장, 　　　례시설, 　　　물 저장 및 처리시설'은 건축할 수 없다. 29회

13 건축제한 예외

① 용도지역·용도지구 안에서의 도시·군계획시설에 대하여는 용도지역·용도지구 안의 건축제한에 관한 규정을 적용하지 　　　한다.

② 방재지구 안에서는 용도지역 안에서의 건축제한 중 층수제한에 있어서는 1층 　　　를 필로티 구조로 하는 경우 필로티 부분을 층수에서 　　　한다. 24·26·33회

8 용도구역

01 용도구역 결정권자

① 개발제한구역(도시의 개발을 제한할 필요가 있거나 국방부장관의 요청이 있어 보안상 도시의 개발을 제한할 필요가 있는 경우): **국토교통부장관**

② 도시자연공원구역: **시 · 도지사 또는 대도시 시장**

③ 수산자원보호구역: **해양수산부장관**

④ 시가화조정구역: 원칙적으로 **시 · 도지사**, 예외적으로 국가계획과 연계한 경우에는 **국토교통부장관**

⑤ 입체복합구역: 도시 · 군관리계획의 결정권자인 **국토교통부장관, 시 · 도지사, 대도시 시장**

⑥ 복합용도구역: 공간재구조화 결정권자인 **국토교통부장관, 시 · 도지사**

⑦ 도시혁신구역: 공간재구조화 결정권자인 **국토교통부장관, 시 · 도지사**   21 · 24 · 28회

02 시가화조정구역

① **시가화조정구역**은 도시지역과 그 주변지역의 무질서한 시가화를 방지하고 계획적 · 단계적인 개발을 도모하기 위하여 지정한다.

② 시가화유보기간은 5년 이상 **20년** 이내의 기간으로 도시 · 군관리계획에 의해 정해진다.

③ 시가화조정구역의 지정에 관한 도시 · 군관리계획의 결정은 시가화 **유보기간**이 끝난 날의 **다음 날**부터 그 효력을 잃으며, 이 경우 국토교통부장관 또는 시 · 도지사는 대통령령으로 정하는 바에 따라 그 사실을 고시**하여야** 한다.   24 · 32회

03 시가화조정구역에서는 원칙적으로 개발행위가 금지되어 있지만, 도시 · 군계획사업은 국방상 또는 공익상 시가화조정구역 안에서의 사업시행이 불가피한 것으로서 관계 **중앙행정기관**의 장의 요청에 의하여 **국토교통부장관**이 시가화조정구역의 지정목적 달성에 지장이 없다고 인정하는 도시 · 군계획사업**만** 시행할 수 **있다.**   22 · 32 · 33회

8 **용도구역**

01 용도구역 결정권자

① 개발제한구역(도시의 개발을 제한할 필요가 있거나 국방부장관의 요청이 있어 보안상 도시의 개발을 제한할 필요가 있는 경우):

② 도시자연공원구역: 또는

③ 수산자원보호구역:

④ 시가화조정구역: 원칙적으로   , 예외적으로 국가계획과 연계한 경우에는

⑤ 입체복합구역: 도시·군관리계획의 결정권자인   ,   ,

⑥ 복합용도구역: 공간재구조화 결정권자인   ,

⑦ 도시혁신구역: 공간재구조화 결정권자인   ,   21 · 24 · 28회

02 시가화조정구역

①   은 도시지역과 그 주변지역의 무질서한 시가화를 방지하고 계획적·단계적인 개발을 도모하기 위하여 지정한다.

② 시가화유보기간은   년 이상   년 이내의 기간으로 도시·군   계획에 의해 정해진다.

③ 시가화조정구역의 지정에 관한 도시·군관리계획의 결정은 시가화   이 끝난 날의   부터 그 효력을 잃으며, 이 경우 국토교통부장관 또는 시·도지사는 대통령령으로 정하는 바에 따라 그 사실을 고시   한다.   24 · 32회

03 시가화조정구역에서는 원칙적으로 개발행위가 금지되어 있지만, 도시·군계획사업은 국방상 또는 공익상 시가화조정구역 안에서의 사업시행이 불가피한 것으로서 관계   의 장의 요청에 의하여   이 시가화조정구역의 지정목적 달성에 지장이 없다고 인정하는 도시·군계획사업   시행할 수   .   22 · 32 · 33회

DAY 02

04 **시가화조정구역**에서는 도시·군계획사업의 경우 외에는 다음의 행위에 한정하여 특별시장·광역시장·특별자치시장·특별자치도지사·시장 또는 군수의 허가를 **받아** 그 행위를 할 수 있다.

> ① 농업·임업 또는 어업용의 건축물 종류나 그 밖의 시설을 건축하는 행위 ⇨ 관리용 건축물로서 기존 관리용 건축물의 면적을 포함하여 33m² **이하인 것**
> ② 주택의 증축
> ③ 마을공동시설 ⇨ 농로·제방 및 사방시설의 설치, 정자 등 간이휴게소의 설치, 농기계수리소 및 농기계용 유류판매소의 설치
> ④ 공익시설·공용시설 및 공공시설 등을 설치하는 행위 등
> ⑤ 입목의 벌채, 조림, 육림 등의 경미한 행위   22·32·33회

05 **다른 법률의 적용 특례**: **복합용도구역** 또는 **도시혁신구역**으로 지정된 지역은 「건축법」 제69조에 따른 특별건축구역으로 지정된 것으로 본다.   35회

06 **둘 이상의 용도지역 등에 걸치는 경우**

> ① 하나의 대지가 둘 이상의 용도지역·용도지구 또는 용도구역에 걸치는 경우로서 각 용도지역 등에 걸치는 부분 중 가장 **작은** 부분의 규모가 330m² 이하(도로변에 띠 모양으로 지정된 상업지역에 걸쳐 있는 토지의 경우에는 660m² 이하)인 경우에는 전체 대지의 건폐율 및 용적률은 **가중평균**한 값을 적용하고, 그 밖의 건축제한 등에 관한 사항은 그 대지 중 가장 **넓은** 면적이 속하는 용도지역 등에 관한 규정을 적용한다.
> ② 특례: 하나의 대지가 녹지지역과 그 밖의 용도지역·용도지구 또는 용도구역에 걸쳐 있는 경우(규모가 가장 작은 부분이 녹지지역으로서 해당 녹지지역이 330m² 이하인 경우는 **제외**)에는 **각각의** 용도지역·용도지구 또는 용도구역의 건축물 및 토지에 관한 규정을 적용한다.
>   21·24회

04 **시가화조정구역**에서는 도시 · 군계획사업의 경우 외에는 다음의 행위에 한정하여 특별시장 · 광역시장 · 특별자치시장 · 특별자치도지사 · 시장 또는 군수의 허가를 ▢▢▢ 그 행위를 할 수 ▢▢▢▢▢.

① 농업 · 임업 또는 어업용의 건축물 종류나 그 밖의 시설을 건축하는 행위 ⇨ 관리용 건축물로서 기존 관리용 건축물의 면적을 포함하여 33m² ▢▢▢ 인 것

② 주택의 증축

③ 마을공동시설 ⇨ 농로 · 제방 및 사방시설의 설치, 정자 등 간이휴게소의 설치, 농기계수리소 및 농기계용 유류판매소의 설치

④ 공익시설 · 공용시설 및 공공시설 등을 설치하는 행위 등

⑤ 입목의 벌채, 조림, 육림 등의 경미한 행위   22 · 32 · 33회

05 **다른 법률의 적용 특례**: ▢▢▢▢▢ 구역 또는 ▢▢▢▢▢ 구역으로 지정된 지역은 「건축법」 제69조에 따른 특별건축구역으로 지정된 것으로 본다.   35회

06 **둘 이상의 용도지역 등에 걸치는 경우**

① 하나의 대지가 둘 이상의 용도지역 · 용도지구 또는 용도구역에 걸치는 경우로서 각 용도지역 등에 걸치는 부분 중 가장 ▢▢▢ 부분의 규모가 ▢▢▢ m² 이하(도로변에 띠 모양으로 지정된 상업지역에 걸쳐 있는 토지의 경우에는 ▢▢▢ m² 이하)인 경우에는 전체 대지의 건폐율 및 용적률은 ▢▢▢▢▢ 한 값을 적용하고, 그 밖의 건축제한 등에 관한 사항은 그 대지 중 가장 ▢▢▢ 면적이 속하는 용도지역 등에 관한 규정을 적용한다.

② 특례: 하나의 대지가 녹지지역과 그 밖의 용도지역 · 용도지구 또는 용도구역에 걸쳐 있는 경우(규모가 가장 작은 부분이 녹지지역으로서 해당 녹지지역이 ▢▢▢ m² 이하인 경우는 ▢▢▢▢▢)에는 ▢▢▢ 의 용도지역 · 용도지구 또는 용도구역의 건축물 및 토지에 관한 규정을 적용한다.   21 · 24회

핵심지문으로 키워드 학습

9 도시 · 군계획시설

01 기반시설 설치 시 도시 · 군관리계획결정 여부

① 도시지역 또는 지구단위계획구역에서 **학교, 광장, 하천, 발전시설, 공동구, 변전시설,** 유수지 등의 기반시설을 설치하는 경우 도시 · 군관리계획으로 결정하여야 한다.

② **'학교 중 방송대학 · 통신대학 · 방송통신대학, 광장 중 건축물부설광장'**을 포함한 나머지 기반시설은 도시 · 군관리계획의 결정절차 **없이도** 도시 · 군계획시설 설치가 가능한 기반시설이다.

③ 도시 · 군계획시설의 결정 · 구조 및 설치의 기준 등에 필요한 사항은 **국토교통부령**으로 정하고, 그 세부사항은 국토교통부령으로 정하는 범위 내에서 시 · 도조례로 정할 수 있다.

24 · 25 · 26 · 33회

02 공동구 설치

① **'도청이전신도시 / 정비구역 / 택지개발지구 / 경제자유구역 / 도시개발구역 / 공공주택지구'**에 해당하는 지역 · 지구 · 구역 등이 **200만㎡**를 초과하는 경우 해당 지역 등에서 개발사업을 시행하는 자(사업시행자)는 공동구를 설치하여야 한다.

② 공동구가 설치된 경우에는 당해 공동구에 수용하여야 할 시설이 **모두** 수용되도록 하여야 한다. 공동구가 설치된 경우에는 **'중수도관 / 전선로 / 쓰레기수송관 / 통신선로 / 열수송관 / 수도관'**의 시설을 공동구에 수용하여야 하며, **하수도관, 가스관**의 시설은 공동구협의회의 심의를 거쳐 수용할 수 있다.

③ 사업시행자는 공동구의 설치공사를 완료한 때에는 지체 없이 **'공동구에 수용될 시설의 점용공사 기간 / 공동구 설치위치 및 설계도면 / 공동구에 수용할 수 있는 시설의 종류 / 공동구 점용공사 시 고려할 사항'**을 공동구 점용예정자에게 **개별적으로** 통지하여야 한다.

25 · 26 · 28 · 29 · 31 · 32 · 35회

빈칸으로 키워드 암기

9 도시 · 군계획시설

01 기반시설 설치 시 도시 · 군관리계획결정 여부

① 도시지역 또는 지구단위계획구역에서 _____, _____, _____, _____ 전시설, _____, _____ 전시설, _____ 수지 등의 기반시설을 설치하는 경우 도시 · 군관리계획으로 결정하여야 한다.

② '학교 중 방송대학 · 통신대학 · 방송통신대학, 광장 중 건축물부설광장'을 포함한 나머지 기반시설은 도시 · 군관리계획의 결정절차 _____ 도 도시 · 군계획시설 설치가 가능한 기반시설이다.

③ 도시 · 군계획시설의 결정 · 구조 및 설치의 기준 등에 필요한 사항은 _____ 으로 정하고, 그 세부사항은 국토교통부령으로 정하는 범위 내에서 시 · 도조례로 정할 수 있다.

24 · 25 · 26 · 33회

02 공동구 설치

① '_____ 이전신도시 / _____ 비구역 / _____ 지개발지구 / _____ 제자유구역 / _____ 시개발구역 / _____ 주택지구'에 해당하는 지역 · 지구 · 구역 등이 _____ m²를 초과하는 경우 해당 지역 등에서 개발사업을 시행하는 자(사업시행자)는 공동구를 설치하여야 한다.

② 공동구가 설치된 경우에는 당해 공동구에 수용하여야 할 시설이 _____ 수용되도록 하여야 한다. 공동구가 설치된 경우에는 '_____ 수도관 / _____ 선로 / _____ 수송관 / _____ 신선로 / _____ 수송관 / _____ 도관'의 시설을 공동구에 수용하여야 하며, _____, _____ 의 시설은 공동구협의회의 심의를 거쳐 수용할 수 있다.

③ 사업시행자는 공동구의 설치공사를 완료한 때에는 지체 없이 '공동구에 수용될 시설의 점용공사 기간 / 공동구 설치위치 및 설계도면 / 공동구에 수용할 수 있는 시설의 종류 / 공동구 점용공사 시 고려할 사항'을 공동구 점용예정자에게 _____ 적으로 통지하여야 한다.

25 · 26 · 28 · 29 · 31 · 32 · 35회

03 공동구 점용예정자는 공동구에 수용될 시설을 공동구에 수용함으로써 용도가 폐지된 종래의 시설은 사업시행자가 지정하는 기간 내에 **철거**하여야 하고, 도로는 원상으로 회복하여야 **한다.**
25회

04 사업시행자는 공동구의 설치가 포함되는 개발사업의 실시계획 인가 등이 있은 후 **지체 없이** 공동구 점용예정자에게 산정된 부담금의 납부를 통지하여야 **한다.**
25회

05 공동구관리자는 5년마다 해당 공동구의 안전 및 유지관리계획을 수립·시행하여야 한다. 공동구관리자가 공동구의 안전 및 유지관리계획을 수립하거나 변경하려면 미리 관계 행정기관의 장과 **협의**한 후 공동구협의회의 **심의**를 거쳐야 한다. 공동구관리자는 1년에 1회 이상 공동구의 안전점검을 실시하여야 하며, 안전점검결과 이상이 있다고 인정되는 때에는 지체 없이 정밀안전진단·보수·보강 등 필요한 조치를 하여야 한다.
25 · 28 · 29회

06 공동구의 관리에 소요되는 비용은 그 공동구를 점용하는 자가 **함께** 부담하되, 부담비율은 점용면적을 고려하여 **공동구관리자**가 정한다. 공동구관리자는 공동구의 관리에 드는 비용을 연 **2회**로 분할하여 납부하게 하여야 한다.
25회

07 광역시설
① 광장, 녹지, 장사시설, 도축장, 폐기물처리 및 재활용시설, 폐차장 등은 광역시설이 될 수 **있다.**
② 광역시설의 설치 및 관리는 **도시·군계획시설**의 설치·관리 규정에 의한다. 관계 특별시장·광역시장·특별자치시장·특별자치도지사·시장 또는 군수는 협약을 체결하거나 협의회 등을 구성하여 광역시설을 설치·관리할 수 **있다.**
③ 국가계획으로 설치하는 광역시설은 그 광역시설의 설치·관리를 사업목적 또는 사업종목으로 하여 다른 법률에 따라 설립된 법인이 설치·관리할 수 **있다.**
28회

03 공동구 점용예정자는 공동구에 수용될 시설을 공동구에 수용함으로써 용도가 폐지된 종래의 시설은 사업시행자가 지정하는 기간 내에   하여야 하고, 도로는 원상으로 회복하여야   .

25회

04 사업시행자는 공동구의 설치가 포함되는 개발사업의 실시계획 인가 등이 있은 후   공동구 점용예정자에게 산정된 부담금의 납부를 통지하여야   .

25회

05 공동구관리자는   년마다 해당 공동구의 안전 및 유지관리계획을 수립·시행하여야 한다. 공동구관리자가 공동구의 안전 및 유지관리계획을 수립하거나 변경하려면 미리 관계 행정기관의 장과   한 후 공동구협의회의   를 거쳐야 한다. 공동구관리자는   년에   회 이상 공동구의 안전점검을 실시하여야 하며, 안전점검결과 이상이 있다고 인정되는 때에는 지체 없이 정밀안전진단·보수·보강 등 필요한 조치를 하여야 한다.

25·28·29회

06 공동구의 관리에 소요되는 비용은 그 공동구를 점용하는 자가   부담하되, 부담비율은 점용면적을 고려하여   가 정한다. 공동구관리자는 공동구의 관리에 드는 비용을 연   회로 분할하여 납부하게 하여야 한다.

25회

07 광역시설

① 광장, 녹지, 장사시설, 도축장, 폐기물처리 및 재활용시설, 폐차장 등은 광역시설이 될 수   .

② 광역시설의 설치 및 관리는   의 설치·관리 규정에 의한다. 관계 특별시장·광역시장·특별자치시장·특별자치도지사·시장 또는 군수는 협약을 체결하거나 협의회 등을 구성하여 광역시설을 설치·관리할 수   .

③ 국가계획으로 설치하는 광역시설은 그 광역시설의 설치·관리를 사업목적 또는 사업종목으로 하여 다른 법률에 따라 설립된 법인이 설치·관리할 수   .

28회

10 도시 · 군계획시설부지 매수청구

01 매수청구대상자

① 도시 · 군계획시설에 대한 도시 · 군관리계획의 결정의 고시일부터 **10년** 이내에 도시 · 군계획시설사업이 시행되지 아니하는 경우(실시계획의 인가나 그에 상당하는 절차가 진행된 경우는 **제외**) 그 도시 · 군계획시설의 부지로 되어 있는 토지 중 지목이 **대**인 토지(그 토지에 있는 건축물 및 정착물을 포함)의 소유자는 **도시 · 군 관할구역의 장**(특별시장 · 광역시장 · 특별자치시장 · 특별자치도지사 · 시장 또는 군수)에게 그 토지의 매수를 청구할 수 있다.

② 해당 도시 · 군계획시설사업의 시행자가 정하여진 경우에는 그 **시행자**에게 그 토지의 매수를 청구할 수 있다. 21 · 24 · 26 · 27 · 28 · 35회

02 매수의무자는 매수청구를 받은 날부터 **6개월** 이내에 매수 여부를 결정하여 **토지소유자**와 특별시장 · 광역시장 · 특별자치시장 · 특별자치도지사 · 시장 또는 군수에게 알려야 하며, 매수하기로 결정한 토지는 매수결정을 알린 날부터 **2년** 이내에 매수하여야 한다. 21 · 22 · 25 · 26 · 27 · 32회

03 매수의무자가 매수청구를 받은 토지를 매수할 때 원칙은 **현금**으로 그 대금을 지급한다. 예외적으로 다음의 어느 하나에 해당하는 경우로서 매수의무자가 **지방자치단체**인 경우에는 도시 · 군계획시설채권을 발행하여 지급할 수 **있다.**

① 토지소유자가 원하는 경우

② 부재부동산 소유자의 토지 또는 비업무용 토지로서 매수대금이 **3천만원**으로 정하는 금액을 초과하여 그 초과하는 금액을 지급하는 경우 21 · 22 · 25 · 26 · 27 · 32회

04 도시 · 군계획시설채권의 상환기간은 **10년** 이내로 한다. 21 · 22 · 25 · 26 · 27 · 32회

05 매수청구를 한 토지의 소유자는 '매수의무자가 매수하지 아니하기로 결정한 경우 / 매수의무자가 매수결정을 알린 날부터 2년이 지날 때까지 해당 토지를 매수하지 아니하는 경우'의 어느 하나에 해당하는 경우에는 허가를 받아 '단독주택(다중주택 ×, 다가구주택 ×)으로서 3층 이하 / 제1종 및 제2종 근린생활시설로서 3층 이하'인 건축물 또는 공작물을 설치할 수 있다. 21 · 26 · 27 · 29회

10 도시 · 군계획시설부지 매수청구

01 **매수청구대상자**

① 도시 · 군계획시설에 대한 도시 · 군관리계획의 결정의 고시일부터 _____ 년 이내에 도시 · 군계획시설사업이 시행되지 아니하는 경우(실시계획의 인가나 그에 상당하는 절차가 진행된 경우는 _____) 그 도시 · 군계획시설의 부지로 되어 있는 토지 중 지목이 _____ 인 토지(그 토지에 있는 건축물 및 정착물을 _____)의 소유자는 _____ (특별시장 · 광역시장 · 특별자치시장 · 특별자치도지사 · 시장 또는 군수)에게 그 토지의 매수를 청구할 수 있다.

② 해당 도시 · 군계획시설사업의 시행자가 정하여진 경우에는 그 _____ 에게 그 토지의 매수를 청구할 수 있다.

21 · 24 · 26 · 27 · 28 · 35회

02 매수의무자는 매수청구를 받은 날부터 _____ 이내에 매수 여부를 결정하여 _____ 와 특별시장 · 광역시장 · 특별자치시장 · 특별자치도지사 · 시장 또는 군수에게 알려야 하며, 매수하기로 결정한 토지는 매수결정을 알린 날부터 _____ 이내에 매수하여야 한다.

21 · 22 · 25 · 26 · 27 · 32회

03 매수의무자가 매수청구를 받은 토지를 매수할 때 원칙은 _____ 으로 그 대금을 지급한다. 예외적으로 다음의 어느 하나에 해당하는 경우로서 매수의무자가 _____ 인 경우에는 도시 · 군계획시설채권을 발행하여 지급할 수 _____ .

① 토지소유자가 원하는 경우

② 부재부동산 소유자의 토지 또는 비업무용 토지로서 매수대금이 _____ 원으로 정하는 금액을 초과하여 그 초과하는 금액을 지급하는 경우

21 · 22 · 25 · 26 · 27 · 32회

04 도시 · 군계획시설채권의 상환기간은 _____ 년 이내로 한다.

21 · 22 · 25 · 26 · 27 · 32회

05 매수청구를 한 토지의 소유자는 '매수의무자가 매수하지 아니하기로 결정한 경우 / 매수의무자가 매수결정을 알린 날부터 _____ 년이 지날 때까지 해당 토지를 매수하지 아니하는 경우'의 어느 하나에 해당하는 경우에는 허가를 받아 '단독주택(다중주택 _____ , 다가구주택 _____)으로서 _____ 층 이하 / 제1종 및 제2종 근린생활시설로서 _____ 층 이하'인 건축물 또는 공작물을 설치할 수 _____ .

21 · 26 · 27 · 29회

06 매수청구된 토지의 매수가격 · 매수절차 등에 관하여 「국토의 계획 및 이용에 관한 법률」에 특별한 규정이 있는 경우 외에는 「공익사업을 위한 토지 등의 취득 및 보상에 관한 법률」(공시지가 ×)을 준용한다. 22 · 25회

11 장기미집행 도시 · 군계획시설

01 실효

① 도시 · 군계획시설결정이 고시된 도시 · 군계획시설에 대하여 그 고시일부터 **20년**이 지날 때까지 그 시설의 설치에 관한 도시 · 군계획시설사업이 시행되지 아니하는 경우 그 도시 · 군계획시설결정은 그 고시일부터 **20년**이 되는 날의 **다음 날**에 그 효력을 잃는다.
② **국토교통부장관, 시 · 도지사** 또는 **대도시 시장**은 도시 · 군계획시설결정이 효력을 잃으면 지체 없이 그 사실을 고시하여야 한다. 23 · 27 · 28 · 29 · 30 · 35회

02 특별시장 · 광역시장 · 특별자치시장 · 특별자치도지사 · 시장 또는 군수는 '도시 · 군계획시설결정이 고시된 도시 · 군계획시설을 설치할 필요성이 없어진 경우 / 그 고시일부터 **10년**이 지날 때까지 해당 시설의 설치에 관한 도시 · 군계획시설사업이 시행되지 아니하는 경우'에는 그 현황과 단계별 집행계획을 해당 지방의회에 **보고하여야 한다.** 23회

03 장기미집행 도시 · 군계획시설 등의 해제를 권고받은 특별시장 · 광역시장 · 특별자치시장 · 특별자치도지사 · 시장 또는 군수(지방자치단체의 장)는 해제할 수 없다고 인정하는 특별한 사유가 있는 경우를 제외하고는 해당 장기미집행 도시 · 군계획시설 등의 해제권고를 받은 날부터 **1년** 이내에 해제를 위한 도시 · 군관리계획을 결정하여야 한다. 23회

04 시장 또는 군수는 도지사가 결정한 도시 · 군관리계획의 해제가 필요한 경우에는 **도지사**에게 그 결정을 신청하여야 한다. 23회

05 도시 · 군계획시설결정의 고시일부터 10년 이내에 그 도시 · 군계획시설의 설치에 관한 도시 · 군계획시설사업이 시행되지 아니한 경우(단계별 집행계획상 해당 도시 · 군계획시설의 실효시까지 집행계획이 없는 경우)에는 그 도시 · 군계획시설부지로 되어 있는 **토지**의 소유자는 해당 도시 · 군계획시설에 대한 도시 · 군관리계획 입안권자에게 그 토지의 도시 · 군계획시설결정의 해제를 위한 도시 · 군관리계획 입안을 신청할 수 **있다.** 29 · 35회

06 매수청구된 토지의 매수가격 · 매수절차 등에 관하여 「국토의 계획 및 이용에 관한 법률」에 특별한 규정이 있는 경우 외에는 「공익사업을 위한 토지 등의 취득 및 보상에 관한 법률」(공시지가 　　　　　)을 준용한다. *22 · 25회*

11 장기미집행 도시 · 군계획시설

01 실효

① 도시 · 군계획시설결정이 고시된 도시 · 군계획시설에 대하여 그 고시일부터 　　　　년이 지날 때까지 그 시설의 설치에 관한 도시 · 군계획시설사업이 시행되지 아니하는 경우 그 도시 · 군계획시설결정은 그 고시일부터 　　　년이 되는 날의 　　　　에 그 효력을 잃는다.

② 　　　　　　　, 　　　　　또는 　　　　　은 도시 · 군계획시설결정이 효력을 잃으면 지체 없이 그 사실을 고시하여야 한다. *23 · 27 · 28 · 29 · 30 · 35회*

02 특별시장 · 광역시장 · 특별자치시장 · 특별자치도지사 · 시장 또는 군수는 '도시 · 군계획시설결정이 고시된 도시 · 군계획시설을 설치할 필요성이 없어진 경우 / 그 고시일부터 　　　년이 지날 때까지 해당 시설의 설치에 관한 도시 · 군계획시설사업이 시행되지 아니하는 경우'에는 그 현황과 단계별 집행계획을 해당 지방의회에 　　　하여야 　. *23회*

03 장기미집행 도시 · 군계획시설 등의 해제를 권고받은 특별시장 · 광역시장 · 특별자치시장 · 특별자치도지사 · 시장 또는 군수(지방자치단체의 장)는 해제할 수 없다고 인정하는 특별한 사유가 있는 경우를 제외하고는 해당 장기미집행 도시 · 군계획시설 등의 해제권고를 받은 날부터 　　　년 이내에 해제를 위한 도시 · 군관리계획을 결정하여야 한다. *23회*

04 시장 또는 군수는 도지사가 결정한 도시 · 군관리계획의 해제가 필요한 경우에는 　　　　　　에게 그 결정을 신청하여야 한다. *23회*

05 도시 · 군계획시설결정의 고시일부터 10년 이내에 그 도시 · 군계획시설의 설치에 관한 도시 · 군계획시설사업이 시행되지 아니한 경우(단계별 집행계획상 해당 도시 · 군계획시설의 실효시까지 집행계획이 없는 경우)에는 그 도시 · 군계획시설부지로 되어 있는 　　　　　의 소유자는 해당 도시 · 군계획시설에 대한 도시 · 군관리계획 입안권자에게 그 토지의 도시 · 군계획시설결정의 해제를 위한 도시 · 군관리계획 입안을 신청할 수 　　　. *29 · 35회*

06 국토교통부장관이 해당 도시 · 군계획시설에 대한 도시 · 군관리계획 결정권자에게 도시 · 군계
획시설결정의 해제를 권고하려는 경우에는 중앙도시계획위원회의 심의를 거쳐야 **한다.** 33회

12 도시 · 군계획시설사업

01 단계별 집행계획의 수립

① 원칙: 특별시장 · 광역시장 · 특별자치시장 · 특별자치도지사 · 시장 또는 군수는 도시 · 군
계획시설에 대하여 도시 · 군계획시설 결정의 고시일부터 **3개월** 이내에 단계별 집행계획
을 수립하여야 한다.

② 예외: 대통령령으로 정하는 법률(도시 및 주거환경정비법 등)에 따라 도시 · 군관리계획의
결정이 의제되는 경우에는 해당 도시 · 군계획시설결정의 고시일부터 **2년** 이내에 단계별
집행계획을 수립할 수 있다.

③ 단계별 집행계획은 **3년** 이내에 시행하는 도시 · 군계획시설사업은 제1단계 집행계획에,
3년 후에 시행하는 도시 · 군계획시설사업은 제2단계 집행계획에 포함되도록 구분하여 수
립하여야 한다. 34회

02 특별시장 · 광역시장 · 특별자치시장 · 특별자치도지사 · 시장 또는 군수(도시 · 군 관할구역의
장)는 단계별 집행계획을 **수립**하고자 하는 때에는 미리 관계 행정기관의 장과 협의하여야 **하며**,
해당 지방의회의 의견을 들어야 **한다.** 28회

03 관할구역의 사업시행자

① **도시 · 군 관할구역의 장**은 관할구역의 도시 · 군계획시설사업을 시행한다.

② **국토교통부장관**은 국가계획과 관련되거나 그 밖에 특히 필요하다고 인정되는 경우에는 관
계 특별시장 · 광역시장 · 특별자치시장 · 특별자치도지사 · 시장 또는 군수의 의견을 들어
직접 도시 · 군계획시설사업을 시행할 수 있다.

③ **도지사**는 둘 이상의 시 또는 군의 관할구역에 걸쳐 시행되는 도시 · 군계획시설사업이 광
역도시계획과 관련되거나 특히 필요하다고 인정되는 경우에는 관계 시장 또는 군수의 의
견을 들어 직접 도시 · 군계획시설사업을 시행할 수 있다. 21 · 23 · 28 · 34회

06 국토교통부장관이 해당 도시 · 군계획시설에 대한 도시 · 군관리계획 결정권자에게 도시 · 군계획시설결정의 해제를 권고하려는 경우에는 중앙도시계획위원회의 심의를 거쳐야 ▨▨▨▨. 33회

12 도시 · 군계획시설사업

01 단계별 집행계획의 수립

① 원칙: 특별시장 · 광역시장 · 특별자치시장 · 특별자치도지사 · 시장 또는 군수는 도시 · 군계획시설에 대하여 도시 · 군계획시설 결정의 고시일부터 ▨▨▨▨ 이내에 단계별 집행계획을 수립하여야 한다.

② 예외: 대통령령으로 정하는 법률(도시 및 주거환경정비법 등)에 따라 도시 · 군관리계획의 결정이 의제되는 경우에는 해당 도시 · 군계획시설결정의 고시일부터 ▨▨▨▨ 이내에 단계별 집행계획을 수립할 수 있다.

③ 단계별 집행계획은 ▨▨▨▨ 이내에 시행하는 도시 · 군계획시설사업은 제1단계 집행계획에, ▨▨▨▨ 후에 시행하는 도시 · 군계획시설사업은 제2단계 집행계획에 포함되도록 구분하여 수립하여야 한다. 34회

02 특별시장 · 광역시장 · 특별자치시장 · 특별자치도지사 · 시장 또는 군수(도시 · 군 관할구역의 장)는 단계별 집행계획을 ▨▨▨▨ 하고자 하는 때에는 미리 관계 행정기관의 장과 협의하여야 ▨▨▨▨, 해당 지방의회의 의견을 들어야 ▨▨▨▨. 28회

03 관할구역의 사업시행자

① ▨▨▨▨▨▨▨▨▨▨ 은 관할구역의 도시 · 군계획시설사업을 시행한다.

② ▨▨▨▨▨▨▨▨▨ 은 국가계획과 관련되거나 그 밖에 특히 필요하다고 인정되는 경우에는 관계 특별시장 · 광역시장 · 특별자치시장 · 특별자치도지사 · 시장 또는 군수의 의견을 들어 직접 도시 · 군계획시설사업을 시행할 수 있다.

③ ▨▨▨▨▨▨ 는 둘 이상의 시 또는 군의 관할구역에 걸쳐 시행되는 도시 · 군계획시설사업이 광역도시계획과 관련되거나 특히 필요하다고 인정되는 경우에는 관계 시장 또는 군수의 의견을 들어 직접 도시 · 군계획시설사업을 시행할 수 있다. 21 · 23 · 28 · 34회

04 관할구역에 걸치는 경우 사업시행자

① 도시 · 군계획시설사업이 둘 이상의 지방자치단체의 관할구역에 걸쳐 시행되는 경우에는 서로 **협의**하여 사업시행자를 정한다.

② 사업시행자에 대한 협의가 성립되지 아니하는 경우 도시 · 군계획시설사업을 시행하려는 구역이 같은 도의 관할구역에 속하는 경우에는 관할 **도지사**가 사업시행자를 지정하고, 둘 이상의 시 · 도의 관할구역에 걸치는 경우에는 **국토교통부장관**이 사업시행자를 지정한다.

23 · 24 · 32회

05 비행정청인 사업시행자

① '국가 또는 지방자치단체 / 공공기관(한국토지주택공사 등) / 지방공사 및 지방공단에 해당하지 아니하는 자'가 도시 · 군계획시설사업의 시행자로 지정을 받으려면 도시 · 군계획시설사업의 대상인 토지(국공유지는 제외)면적의 **2/3** 이상에 해당하는 토지를 소유하고, 토지소유자 총수의 **1/2** 이상에 해당하는 자의 동의를 받아야 한다.

② '국가 또는 지방자치단체 / 공공기관(한국토지주택공사 등) / 지방공사 및 지방공단'은 동의조건 **없이** 사업시행자로 지정받을 수 있다.

22 · 23 · 27 · 32 · 34회

06 실시계획 인가

① 원칙: 도시 · 군계획시설사업의 시행자는 사업의 착수예정일 및 준공예정일 등을 포함한 실시계획을 작성하여야 하고, 국토교통부장관이 지정한 시행자는 **국토교통부장관**의 인가를 받아야 하며, 그 밖의 시행자는 **시 · 도지사** 또는 **대도시 시장**의 인가를 받아야 한다.

② 예외: 준공검사를 받은 후에 해당 도시 · 군계획시설사업에 대하여 국토교통부령으로 정하는 경미한 사항(사업구역경계의 변경이 **없는** 범위 안에서 행하는 건축물 연면적 **10%** 미만의 변경)을 위하여 실시계획을 작성하는 경우에는 인가를 받지 **아니**한다.

21 · 32회

07 국토교통부장관, 시 · 도지사 또는 대도시 시장은 실시계획을 인가하려면 미리 그 사실을 공고하고, 관계 서류의 사본을 14일 이상 일반이 열람할 수 있도록 하여야 한다. 단, 경미한 사항의 변경(사업의 착수예정일 및 준공예정일의 변경)인 경우에는 공고 및 열람을 하지 **아니**할 수 있다.

21회

04 관할구역에 걸치는 경우 사업시행자

① 도시 · 군계획시설사업이 둘 이상의 지방자치단체의 관할구역에 걸쳐 시행되는 경우에는 서로 　　　　하여 사업시행자를 정한다.

② 사업시행자에 대한 협의가 성립되지 아니하는 경우 도시 · 군계획시설사업을 시행하려는 구역이 같은 도의 관할구역에 속하는 경우에는 관할 　　　　가 사업시행자를 지정하고, 둘 이상의 시 · 도의 관할구역에 걸치는 경우에는 　　　　이 사업시행자를 지정한다.

23 · 24 · 32회

DAY 03

05 비행정청인 사업시행자

① '국가 또는 지방자치단체 / 공공기관(한국토지주택공사 등) / 지방공사 및 지방공단에 해당하지 아니하는 자'가 도시 · 군계획시설사업의 시행자로 지정을 받으려면 도시 · 군계획시설사업의 대상인 토지(국공유지는 제외)면적의 　　　　이상에 해당하는 토지를 소유하고, 토지소유자 총수의 　　　　이상에 해당하는 자의 동의를 받아야 한다.

② '국가 또는 지방자치단체 / 공공기관(한국토지주택공사 등) / 지방공사 및 지방공단'은 동의조건 　　　　사업시행자로 지정받을 수 있다.

22 · 23 · 27 · 32 · 34회

06 실시계획 인가

① 원칙: 도시 · 군계획시설사업의 시행자는 사업의 착수예정일 및 준공예정일 등을 포함한 실시계획을 작성하여야 하고, 국토교통부장관이 지정한 시행자는 　　　　　　　의 인가를 받아야 하며, 그 밖의 시행자는 　　　　또는 　　　　　　의 인가를 받아야 한다.

② 예외: 준공검사를 받은 후에 해당 도시 · 군계획시설사업에 대하여 국토교통부령으로 정하는 경미한 사항(사업구역경계의 변경이 　　　　범위 안에서 행하는 건축물 연면적 　　　% 미만의 변경)을 위하여 실시계획을 작성하는 경우에는 인가를 받지 　　　　한다.　21 · 32회

07 국토교통부장관, 시 · 도지사 또는 대도시 시장은 실시계획을 인가하려면 미리 그 사실을 공고하고, 관계 서류의 사본을 14일 이상 일반이 열람할 수 있도록 하여야 한다. 단, 경미한 사항의 변경(사업의 착수예정일 및 준공예정일의 변경)인 경우에는 공고 및 열람을 하지 　　　　할 수 있다.

21회

08 조건부 실시계획 인가

① 국토교통부장관, 시 · 도지사 또는 대도시 시장은 '**조경, 경관** 조성, **위해** 방지, **환경오염** 방지, **기반**시설의 설치나 그에 필요한 용지의 확보' 등의 조치를 할 것을 조건으로 실시계획을 인가할 수 **있다.**

② 그 이행을 담보하기 위하여 도시 · 군계획시설사업의 시행자에게 이행보증금을 예치하게 할 수 있지만, '**국가 또는 지방자치단체 / 공공기관 / 지방공사 및 지방공단**'의 경우에는 예치하지 **않아도** 된다.

③ 도시 · 군계획시설사업의 실시계획 인가 내용과 다르게 도시 · 군계획시설사업을 하여 토지의 원상회복 명령을 받은 자가 원상회복을 하지 아니하면 「행정대집행법」에 따른 행정대집행에 따라 원상회복을 할 수 **있다.**   22 · 28 · 32회

09 도시 · 군계획시설사업의 시행자는 도시 · 군계획시설사업을 효율적으로 추진하기 위하여 필요하다고 인정되면 사업시행대상지역 또는 대상시설을 둘 이상으로 분할하여 도시 · 군계획시설사업을 시행할 수 **있으며,** 분할된 지역별로 실시계획을 작성할 수 **있다.**   22 · 23 · 28 · 34회

10 도시 · 군계획시설사업의 시행자는 이해관계인에게 서류를 송달할 필요가 있으나 이해관계인의 주소 또는 거소가 불분명하거나 그 밖의 사유로 서류를 송달할 수 없는 경우에는 대통령령으로 정하는 바에 따라 그 서류의 송달을 갈음하여 그 내용을 공시할 수 **있다.**   28회

11 도시 · 군관리계획결정을 고시한 경우에는 국공유지로서 도시 · 군계획시설사업에 필요한 토지는 그 도시 · 군관리계획으로 정하여진 목적 외의 목적으로 매각하거나 양도할 수 **없다.**   23회

12 토지 등의 수용 및 사용

① 도시 · 군계획시설사업의 시행자는 도시 · 군계획시설사업에 필요한 토지 · 건축물 또는 그 토지에 정착된 물건 또는 권리를 수용하거나 사용할 수 **있다.**

② 도시 · 군계획시설사업의 시행자는 사업시행을 위하여 특히 필요하다고 인정되면 도시 · 군계획시설에 인접한 토지 · 건축물 또는 그 토지에 정착된 물건 또는 권리를 **일시** 사용할 수 **있다.**   21 · 27회

13 도시 · 군계획시설사업에 대한 **실시계획**을 고시한 경우에는 「공익사업을 위한 토지 등의 취득 및 보상에 관한 법률」에 의한 사업인정 및 그 고시가 있었던 것으로 본다.   23회

08 조건부 실시계획 인가

① 국토교통부장관, 시 · 도지사 또는 대도시 시장은 '⬛⬛⬛⬛경, ⬛⬛⬛관 조성, ⬛⬛⬛방지, ⬛⬛⬛경오염 방지, ⬛⬛⬛반시설의 설치나 그에 필요한 용지의 확보' 등의 조치를 할 것을 조건으로 실시계획을 인가할 수 ⬛⬛⬛.

② 그 이행을 담보하기 위하여 도시 · 군계획시설사업의 시행자에게 이행보증금을 예치하게 할 수 있지만, '국가 또는 지방자치단체 / 공공기관 / 지방공사 및 지방공단'의 경우에는 예치하지 ⬛⬛⬛ 된다.

③ 도시 · 군계획시설사업의 실시계획 인가 내용과 다르게 도시 · 군계획시설사업을 하여 토지의 원상회복 명령을 받은 자가 원상회복을 하지 아니하면 「행정대집행법」에 따른 행정대집행에 따라 원상회복을 할 수 ⬛⬛⬛. 22 · 28 · 32회

09 도시 · 군계획시설사업의 시행자는 도시 · 군계획시설사업을 효율적으로 추진하기 위하여 필요하다고 인정되면 사업시행대상지역 또는 대상시설을 둘 이상으로 분할하여 도시 · 군계획시설사업을 시행할 수 ⬛⬛⬛, 분할된 지역별로 실시계획을 작성할 수 ⬛⬛⬛. 22 · 23 · 28 · 34회

10 도시 · 군계획시설사업의 시행자는 이해관계인에게 서류를 송달할 필요가 있으나 이해관계인의 주소 또는 거소가 불분명하거나 그 밖의 사유로 서류를 송달할 수 없는 경우에는 대통령령으로 정하는 바에 따라 그 서류의 송달을 갈음하여 그 내용을 공시할 수 ⬛⬛⬛. 28회

11 도시 · 군관리계획결정을 고시한 경우에는 국공유지로서 도시 · 군계획시설사업에 필요한 토지는 그 도시 · 군관리계획으로 정하여진 목적 외의 목적으로 매각하거나 양도할 수 ⬛⬛⬛. 23회

12 토지 등의 수용 및 사용

① 도시 · 군계획시설사업의 시행자는 도시 · 군계획시설사업에 필요한 토지 · 건축물 또는 그 토지에 정착된 물건 또는 권리를 수용하거나 사용할 수 ⬛⬛⬛.

② 도시 · 군계획시설사업의 시행자는 사업시행을 위하여 특히 필요하다고 인정되면 도시 · 군계획시설에 인접한 토지 · 건축물 또는 그 토지에 정착된 물건 또는 권리를 ⬛⬛⬛ 사용할 수 ⬛⬛⬛. 21 · 27회

13 도시 · 군계획시설사업에 대한 ⬛⬛⬛⬛ 을 고시한 경우에는 「공익사업을 위한 토지 등의 취득 및 보상에 관한 법률」에 의한 사업인정 및 그 고시가 있었던 것으로 본다. 23회

14 **비용부담**: 광역도시계획 및 도시 · 군계획의 수립과 도시 · 군계획시설사업에 관한 비용은 「국토의 계획 및 이용에 관한 법률」 또는 다른 법률에 특별한 규정이 있는 경우 외에는 다음과 같이 부담함을 원칙으로 한다.

① 국가가 하는 경우에는 **국가**예산에서 부담

② 지방자치단체가 하는 경우에는 해당 **지방자치단체**가 부담

③ 행정청이 아닌 자가 하는 경우에는 **그 자**가 부담   21회

15 시장이나 군수는 그가 시행한 도시 · 군계획시설사업으로 현저히 이익을 받는 다른 지방자치단체가 있으면 대통령령으로 정하는 바에 따라 그 도시 · 군계획시설사업에 든 비용의 일부를 그 이익을 받는 다른 지방자치단체와 협의하여 그 지방자치단체에 부담시킬 수 **있다**. 다만, 협의가 성립되지 아니하는 경우 다른 지방자치단체가 같은 도에 속할 때에는 관할 **도지사**가 결정하는 바에 따르며, 다른 시 · 도에 속할 때에는 **행정안전부장관**이 결정하는 바에 따른다.   24회

16 행정청이 아닌 자가 시행하는 도시 · 군계획시설사업에 드는 비용은 그 비용의 **1/3** 이하의 범위에서 국가 또는 지방자치단체가 보조하거나 융자할 수 있다.   24회

13 지구단위계획

01 **국토교통부장관**, **시 · 도지사**, **시장** 또는 **군수**는 지구단위계획구역 및 지구단위계획을 도시 · 군관리계획으로 결정하며, 지구단위계획의 수립기준은 **국토교통부장관**이 정한다. 24 · 25 · 27 · 32회

02 시장 또는 군수가 입안한 지구단위계획구역(지구단위계획)의 지정 · 변경(수립 · 변경)에 관한 도시 · 군관리계획은 해당 **시장** 또는 **군수**가 직접 지정(결정)하며, 지구단위계획은 해당 용도지역의 특성 등을 고려하여 수립한다.   24 · 27회

14 **비용부담**: 광역도시계획 및 도시 · 군계획의 수립과 도시 · 군계획시설사업에 관한 비용은 「국토의 계획 및 이용에 관한 법률」 또는 다른 법률에 특별한 규정이 있는 경우 외에는 다음과 같이 부담함을 원칙으로 한다.

① 국가가 하는 경우에는 _____ 예산에서 부담

② 지방자치단체가 하는 경우에는 해당 _____ 가 부담

③ 행정청이 아닌 자가 하는 경우에는 _____ 가 부담   21회

15 시장이나 군수는 그가 시행한 도시 · 군계획시설사업으로 현저히 이익을 받는 다른 지방자치단체가 있으면 대통령령으로 정하는 바에 따라 그 도시 · 군계획시설사업에 든 비용의 일부를 그 이익을 받는 다른 지방자치단체와 협의하여 그 지방자치단체에 부담시킬 수 _____. 다만, 협의가 성립되지 아니하는 경우 다른 지방자치단체가 같은 도에 속할 때에는 관할 _____ 가 결정하는 바에 따르며, 다른 시 · 도에 속할 때에는 _____ 이 결정하는 바에 따른다.

24회

16 행정청이 아닌 자가 시행하는 도시 · 군계획시설사업에 드는 비용은 그 비용의 _____ 이하의 범위에서 국가 또는 지방자치단체가 보조하거나 융자할 수 있다.

24회

13 **지구단위계획**

01 _____, _____, _____ 또는 _____ 는 지구단위계획구역 및 지구단위계획을 도시 · 군 _____ 계획으로 결정하며, 지구단위계획의 수립기준은 _____ 이 정한다.

24 · 25 · 27 · 32회

02 시장 또는 군수가 입안한 지구단위계획구역(지구단위계획)의 지정 · 변경(수립 · 변경)에 관한 도시 · 군관리계획은 해당 _____ 또는 _____ 가 직접 지정(결정)하며, 지구단위계획은 해당 용도지역의 특성 등을 고려하여 수립한다.

24 · 27회

03 선택적 지정지역: 국토교통부장관, 시 · 도지사, 시장 또는 군수는 다음의 어느 하나에 해당하는 지역의 **전부** 또는 **일부**에 대하여 지구단위계획구역을 지정할 **수 있다.**

① 용도지구 / 도시개발구역 / 정비구역 / 택지개발지구 / 대지조성사업지구 / 산업단지와 준산업단지 / 관광단지와 관광특구

② 개발제한구역 · 도시자연공원구역 · 시가화조정구역 또는 공원에서 **해제**되는 구역, **녹지지**역에서 주거 · 상업 · 공업지역으로 변경되는 구역과 새로 도시지역으로 편입되는 구역 중 계획적인 개발 또는 관리가 필요한 지역

③ 도시지역 내 주거 · 상업 · 업무 등의 기능을 결합하는 등 복합적인 토지이용을 증진시킬 필요가 있는 지역 ⇨ **일반주거지역, 준주거지역, 준공업**지역 및 **상업**지역에서 낙후된 도심 기능을 회복하거나 도시균형발전을 위한 중심지 육성이 필요한 경우로서 세개 이상의 노선이 교차하는 대중교통 결절지로부터 1km 이내에 위치한 지역　　24 · 25 · 27 · 28 · 32 · 34회

04 필수적 지정지역: 국토교통부장관, 시 · 도지사, 시장 또는 군수는 다음의 지역을 지구단위계획구역으로 지정**하여야 한다.**

① 정비구역 및 택지개발지구의 지역에서 시행되는 사업이 끝난 후 **10년**이 지난 지역

② '**녹지지역**에서 **주거지역 · 상업지역 · 공업지역**으로 변경되는 지역' 또는 '**시가화조정구역또는 공원에서 해제되는 지역**'(단, 녹지지역으로 지정 또는 존치되거나 법 또는 다른 법령에 의하여 도시 · 군계획사업 등 개발계획이 수립되지 아니하는 경우를 제외)으로서 그 면적이 **30만**m² 이상인 지역　　24 · 27 · 34회

05 지구단위계획은 도시지역이 아니더라도 지정될 수 **있으며**, 도시지역 외의 지역을 지구단위계획구역으로 지정하려는 경우 다음의 어느 하나에 해당하여야 한다.

① 지정하려는 구역 면적의 **50/100** 이상이 계획관리지역

② **계획관리지역**에 위치한 주거개발진흥지구

③ **계획관리지역 · 생산관리지역** 또는 **농림지역**에 위치한 산업 · 유통개발진흥지구

④ 용도지구를 **폐지**하고 그 용도지구에서의 행위제한 등을 지구단위계획으로 **대체**하려는 지역

24 · 28 · 34회

03 **선택적 지정지역**: 국토교통부장관, 시·도지사, 시장 또는 군수는 다음의 어느 하나에 해당하는 지역의   또는   에 대하여 지구단위계획구역을 지정   .

① 용도지구 / 도시개발구역 / 정비구역 / 택지개발지구 / 대지조성사업지구 / 산업단지와 준산 업단지 / 관광단지와 관광특구

② 개발제한구역·도시자연공원구역·시가화조정구역   또는   공원에서   되는   구역,   지역에서 주거·상업·공업지역으로 변경되는 구역과 새로 도시지역으로 편입되는 구역 중 계획적인 개발 또는 관리가 필요한 지역

③ 도시지역 내 주거·상업·업무 등의 기능을 결합하는 등 복합적인 토지이용을 증진시킬 필 요가 있는 지역 ⇨   지역,   지역,   지역 및   지역에 서 낙후된 도심 기능을 회복하거나 도시균형발전을 위한 중심지 육성이 필요한 경우로서   개 이상의 노선이 교차하는 대중교통 결절지로부터   km 이내에 위치한 지역

24·25·27·28·32·34회

04 **필수적 지정지역**: 국토교통부장관, 시·도지사, 시장 또는 군수는 다음의 지역을 지구단위계획 구역으로 지정   .

①   비구역 및   지개발지구의 지역에서 시행되는 사업이 끝난 후   년이 지 난 지역

② '   지역에서   거지역·   업지역·   업지역으로 변경되는 지역' 또는 '   가화조정구역 또는   원에서 해제되는 지역'(단, 녹지지역으로 지정 또는 존치 되거나 법 또는 다른 법령에 의하여 도시·군계획사업 등 개발계획이 수립되지 아니하는 경 우를 제외)으로서 그 면적이   m² 이상인 지역   24·27·34회

05 지구단위계획은 도시지역이 아니더라도 지정될 수   , 도시지역 외의 지역을 지구단위 계획구역으로 지정하려는 경우 다음의 어느 하나에 해당하여야 한다.

① 지정하려는 구역 면적의   이상이 계획관리지역

②   지역에 위치한 주거개발진흥지구

③   지역·   지역 또는   지역에 위치한 산업·유통개발진흥지구

④ 용도지구를   하고 그 용도지구에서의 행위제한 등을 지구단위계획으로   하려 는 지역

24·28·34회

06 지구단위계획의 내용

① 지구단위계획의 내용에 포함될 수 있는 사항은 용도지역이나 용도지구를 세분하거나 변경하는 사항 / 건축물의 배치 · 형태 · 색채 또는 건축선에 관한 계획 / 환경관리계획 또는 경관계획 / 보행안전 등을 고려한 교통처리계획 등이다.

② 지구단위계획의 내용에 반드시 포함되어야 하는 사항은 대통령령으로 정하는 기반시설의 배치와 규모 / 건축물의 용도제한 / 건축물의 건폐율 또는 용적률 / 건축물 높이의 최고한도 또는 최저한도이다.

21 · 28회

07 도시지역 내 완화적용되는 법률 규정

① 도시지역 내 지구단위계획구역에서의 건축기준 완화적용에는 대지의 분할제한은 해당되지 않으며, 지구단위계획구역에서 건축물을 건축하려는 자가 그 대지의 일부를 공공시설 등의 부지로 제공하거나 공공시설 등을 설치하여 제공하는 경우에는 그 건축물에 대하여 지구단위계획으로 건폐율 · 용적률 및 높이제한을 완화하여 적용할 수 있다.

② 도시지역 내 지구단위계획구역에서 완화하여 적용되는 건폐율 및 용적률은 당해 용도지역 또는 용도지구에 적용되는 건폐율의 150% 및 용적률의 200%를 각각 초과할 수 없다.

③ 도시지역에 개발진흥지구를 지정하고 당해 지구를 지구단위계획구역으로 지정한 경우에는 지구단위계획으로 「건축법」에 따라 제한된 건축물 높이의 120% 이내에서 높이제한을 완화하여 적용할 수 있다.

29회

08 완화적용되는 건폐율 · 용적률 · 높이

① 완화할 수 있는 건폐율

$$= \text{해당 용도지역에 적용되는 건폐율} \times \left(1 + \frac{\text{공공시설등의 부지로 제공하는 면적}}{\text{원래의 대지면적}} \right) \text{이내}$$

② 완화할 수 있는 높이

$$= \text{「건축법」에 따라 제한된 높이} \times \left(1 + \frac{\text{공공시설등의 부지로 제공하는 면적}}{\text{원래의 대지면적}} \right) \text{이내}$$

③ 완화할 수 있는 용적률

$$= \text{해당 용도지역에 적용되는 용적률} \times \left(1 + \frac{1.5 \times \text{공공시설등의 부지로 제공하는 면적}}{\text{공공시설등의 부지 제공 후의 대지면적}} \right)$$
이내

24 · 27 · 29회

06 지구단위계획의 내용

① 지구단위계획의 내용에 포함될 수 있는 사항은 용도   이나 용도   를 세분하거나
변경하는 사항 / 건축물의 배치 · 형태 · 색채 또는   에 관한 계획 / 환경관리계획
또는 경관계획 / 보행안전 등을 고려한   처리계획 등이다.

② 지구단위계획의 내용에 반드시 포함되어야 하는 사항은 대통령령으로 정하는
의 배치와 규모 / 건축물의   / 건축물의   또는   / 건축물
의 최고한도 또는 최저한도이다.   21 · 28회

07 도시지역 내 완화적용되는 법률 규정

① 도시지역   지구단위계획구역에서의 건축기준 완화적용에는 대지의 분할제한은 해당
되지   , 지구단위계획구역에서 건축물을 건축하려는 자가 그 대지의 일부를 공공
시설 등의 부지로 제공하거나 공공시설 등을 설치하여 제공하는 경우에는 그 건축물에 대하
여 지구단위계획으로 건폐율 · 용적률 및 높이제한을 완화하여 적용할 수   .

② 도시지역 내 지구단위계획구역에서 완화하여 적용되는 건폐율 및 용적률은 당해 용도지역 또
는 용도지구에 적용되는 건폐율의   % 및 용적률의   %를 각각 초과할 수 없다.

③ 도시지역에 개발진흥지구를 지정하고 당해 지구를 지구단위계획구역으로 지정한 경우에는
지구단위계획으로 「건축법」에 따라 제한된 건축물 높이의   % 이내에서 높이제한을 완
화하여 적용할 수 있다.   29회

08 완화적용되는 건폐율 · 용적률 · 높이

① 완화할 수 있는 건폐율

$$= \text{해당 용도지역에 적용되는 건폐율} \times \left(\quad + \frac{\text{공공시설등의 부지로 제공하는 면적}}{\text{원래의 대지면적}} \right) \text{이내}$$

② 완화할 수 있는 높이

$$= \text{「건축법」에 따라 제한된 높이} \times \left(\quad + \frac{\text{공공시설등의 부지로 제공하는 면적}}{\text{원래의 대지면적}} \right) \text{이내}$$

③ 완화할 수 있는 용적률

$$= \text{해당 용도지역에 적용되는 용적률} \times \left(\quad + \frac{\quad \times \text{공공시설등의 부지로 제공하는 면적}}{\text{공공시설등의 부지 제공 후의 대지면적}} \right)$$

이내

24 · 27 · 29회

09 도시지역 내에 지구단위계획구역의 지정목적이 다음과 같은 경우에는 지구단위계획으로 「주차장법」에 의한 주차장 설치기준을 **100%**까지 완화하여 적용할 수 있다.
   ① 한옥마을을 보존하고자 하는 경우
   ② 차 없는 거리를 조성하고자 하는 경우(지구단위계획으로 보행자전용도로를 지정하거나 차량의 출입을 금지한 경우를 포함) 26 · 28 · 29회

10 도시지역 외 지구단위계획구역에서는 지구단위계획으로 당해 용도지역 또는 개발진흥지구에 적용되는 건폐율의 **150%** 및 용적률의 **200%** 이내에서 건폐율 및 용적률을 완화하여 적용할 수 있으며, 지구단위계획구역에서는 지구단위계획으로 건축물의 용도 · 종류 및 규모 등을 완화하여 적용할 수 **있다**. 다만, 계획관리지역 외의 지역에 지정된 개발진흥지구 내의 지구단위계획구역에서는 건축물의 용도 · 종류 및 규모 등을 완화하여 적용할 경우 공동주택 중 아파트 및 연립주택은 허용되지 **아니**한다. 29회

11 지구단위계획(주민이 입안을 제안한 것에 한정)에 관한 도시 · 군관리계획결정의 고시일부터 **5년** 이내에 「국토의 계획 및 이용에 관한 법률」 또는 다른 법률에 따라 허가 · 인가 · 승인 등을 받아 사업이나 공사에 착수하지 아니하면 그 **5년**이 된 날의 다음 날에 그 지구단위계획에 관한 도시 · 군관리계획결정은 효력을 잃는다. 34회

12 지구단위계획구역에서 건축물(공사기간 중 이용하는 공사용 가설건축물은 **제외**)을 건축 또는 용도변경하거나 공작물을 설치하려면 그 지구단위계획에 맞게 하여야 한다. 32회

09 도시지역 내에 지구단위계획구역의 지정목적이 다음과 같은 경우에는 지구단위계획으로 「주차장법」에 의한 주차장 설치기준을   %까지 완화하여 적용할 수 있다.

① 한옥마을을 보존하고자 하는 경우

② 차 없는 거리를 조성하고자 하는 경우(지구단위계획으로 보행자전용도로를 지정하거나 차량의 출입을 금지한 경우를 포함) 26 · 28 · 29회

10 도시지역 외 지구단위계획구역에서는 지구단위계획으로 당해 용도지역 또는 개발진흥지구에 적용되는 건폐율의   % 및 용적률의   % 이내에서 건폐율 및 용적률을 완화하여 적용할 수 있으며, 지구단위계획구역에서는 지구단위계획으로 건축물의 용도 · 종류 및 규모 등을 완화하여 적용할 수   . 다만, 계획관리지역 외의 지역에 지정된 개발진흥지구 내의 지구단위계획구역에서는 건축물의 용도 · 종류 및 규모 등을 완화하여 적용할 경우 공동주택 중 아파트 및 연립주택은 허용되지   한다. 29회

11 지구단위계획(주민이 입안을 제안한 것에 한정)에 관한 도시 · 군관리계획결정의 고시일부터   년 이내에 「국토의 계획 및 이용에 관한 법률」 또는 다른 법률에 따라 허가 · 인가 · 승인 등을 받아 사업이나 공사에 착수하지 아니하면 그   년이 된 날의 다음 날에 그 지구단위계획에 관한 도시 · 군관리계획결정은 효력을 잃는다. 34회

12 지구단위계획구역에서 건축물(공사기간 중 이용하는 공사용 가설건축물은   )을 건축 또는 용도변경하거나 공작물을 설치하려면 그 지구단위계획에 맞게 하여야 한다. 32회

핵심지문으로 키워드 학습

14 개발행위허가

01 **개발행위허가대상**: 다음의 어느 하나에 해당하는 개발행위를 하려는 자는 도시 · 군 관할구역의 장(특별시장 · 광역시장 · 특별자치시장 · 특별자치도지사 · 시장 또는 군수)의 **허가**를 받아야한다. 다만, 도시 · 군계획사업(도시 · 군계획시설사업 / 도시개발법에 따른 도시개발사업 / 도시및 주거환경정비법에 따른 정비사업)에 의한 개발행위는 허가를 받지 **않아도** 된다.

① **건축물의 건축** 또는 **공작물의 설치**

② 녹지지역 · 관리지역 또는 자연환경보전지역에 물건을 **1개월 이상** 쌓아놓는 행위

③ **토지의 분할** ⇨ 건축물이 있는 대지의 분할은 **제외**

④ **토지의 형질변경** ⇨ 경작을 위한 토지의 형질변경과 전 · 답 사이의 지목변경은 **제외**

⑤ **토석의 채취**   22 · 23 · 24 · 26 · 34 · 35회

02 **'물건적치 / 토지분할'**을 제외한 '건축물의 건축 / 공작물의 설치 / 토지의 형질변경 / 토석의 채취'에 대한 개발행위허가를 받은 자는 그 개발행위를 마치면 국토교통부령으로 정하는바에 따라 개발행위허가권자의 **준공검사**를 받아야 한다. 다만, 건축물의 건축 또는 공작물의설치행위에 대하여 「건축법」에 따른 건축물의 사용승인을 받은 경우에는 받지 **않아도** 된다.

22 · 25 · 26 · 33 · 35회

03 개발행위허가를 받은 사항을 변경하는 경우에도 개발행위허가권자에게 변경허가를 **받아야** 한다. 다만, 대통령령으로 정하는 경미한 사항(사업기간을 **단축**하는 경우 / 부지면적 또는 건축물 연면적을 **5%** 범위에서 **축소**하는 경우 / 관계 법령의 개정 또는 도시 · 군관리계획의 변경에 따라 허가받은 사항을 불가피하게 변경하는 경우)에는 변경허가를 받지 않아도 된다.

23 · 24 · 25 · 26 · 35회

빈칸으로 키워드 암기

14 개발행위허가

01 **개발행위허가대상**: 다음의 어느 하나에 해당하는 개발행위를 하려는 자는 도시·군 관할구역의 장(특별시장·광역시장·특별자치시장·특별자치도지사·시장 또는 군수)의 _____를 받아야 한다. 다만, 도시·군계획사업(도시·군계획시설사업 / 도시개발법에 따른 도시개발사업 / 도시 및 주거환경정비법에 따른 정비사업)에 의한 개발행위는 허가를 받지 _____ 된다.

① _____ 축물의 건축 또는 _____ 작물의 설치

② 녹지지역·관리지역 또는 자연환경보전지역에 _____ 건을 _____ 개월 이상 쌓아놓는 행위

③ _____ 지의 분할 ⇨ 건축물이 있는 대지의 분할은 _____

④ _____ 지의 형질변경 ⇨ 경작을 위한 토지의 형질변경과 전·답 사이의 지목변경은 _____

⑤ _____ 석의 채취

22·23·24·26·34·35회

02 '_____ / _____'을 제외한 '건축물의 건축 / 공작물의 설치 / 토지의 형질변경 / 토석의 채취'에 대한 개발행위허가를 받은 자는 그 개발행위를 마치면 국토교통부령으로 정하는 바에 따라 개발행위허가권자의 _____를 받아야 한다. 다만, 건축물의 건축 또는 공작물의 설치행위에 대하여 「건축법」에 따른 건축물의 사용승인을 받은 경우에는 받지 _____ 된다.

22·25·26·33·35회

03 개발행위허가를 받은 사항을 변경하는 경우에도 개발행위허가권자에게 변경허가를 _____ 한다. 다만, 대통령령으로 정하는 경미한 사항(사업기간을 _____ 하는 경우 / 부지면적 또는 건축물 연면적을 _____ % 범위에서 _____ 하는 경우 / 관계 법령의 개정 또는 도시·군관리계획의 변경에 따라 허가받은 사항을 불가피하게 변경하는 경우)에는 변경허가를 받지 않아도 된다.

23·24·25·26·35회

04 **개발행위허가 제외대상:** 다음의 어느 하나에 해당하는 행위는 개발행위허가를 받지 **아니**하고
할 수 있다.

① 재해복구나 재난수습을 위한 **응급조치** ⇨ **1월** 이내에 도시 · 군 관할구역의 장에게 신고

② 도시지역 또는 지구단위계획구역에서 채취면적 **25m²** 이하인 토지에서의 부피 **50m³** 이하
의 토석채취

③ 도시지역 · 자연환경보전지역 및 지구단위계획구역 외의 지역에서 채취면적이 **250m²** 이하
인 토지에서의 부피 **500m³** 이하의 토석채취

④ 토지의 일부를 국유지 또는 공유지로 하거나 **공공시설**로 사용하기 위한 토지의 분할

⑤ 토지의 일부가 **도시 · 군계획시설**로 지형도면 고시가 된 당해 토지의 분할   30 · 33회

05 개발행위허가권자는 개발행위허가의 신청 내용이 다음의 허가기준에 맞는 경우에만 개발행위
허가 또는 변경허가를 하여야 한다.

① 개발행위 규모에 적합할 것

⇨ 농림지역 · 공업지역 · 관리지역: **3만**m² 미만 / 상업지역 · 주거지역 · 자연녹지지역 ·
생산녹지지역: **1만**m² 미만 / 자연환경보전지역 · 보전녹지지역: **5천**m² 미만

② 도시 · 군관리계획 및 **성장관리계획**의 내용에 어긋나지 **아니**할 것

③ 도시 · 군계획사업의 시행에 지장이 **없을** 것

④ 주변지역의 토지이용실태 또는 토지이용계획, 건축물의 높이, 토지의 경사도, 수목의 상태,
물의 배수, 하천 · 호소 · 습지의 배수 등 주변환경이나 경관과 **조화**를 이룰 것

⑤ 해당 개발행위에 따른 **기반시설**의 설치나 그에 필요한 용지의 확보계획이 적절할 것

    23 · 25 · 31회

06 개발행위허가의 대상인 토지가 2 이상의 용도지역에 걸치는 경우에는 각각의 용도지역에 위치
하는 토지부분에 대하여 **각각**의 용도지역의 개발행위 규모에 관한 규정을 적용한다.   23회

07 개발행위허가기준을 용도지역별로 시가화용도, 유보용도(도시계획위원회의 심의를 통하여 개
발행위허가의 기준을 강화 또는 완화하여 적용할 수 있는 **자연녹지지역 · 생산관리**지역 및 **계획
관리**지역), 보전용도로 구분한다.   25회

04 **개발행위허가 제외대상**: 다음의 어느 하나에 해당하는 행위는 개발행위허가를 받지 [   ] 하고 할 수 있다.

① 재해복구나 재난수습을 위한 [   ] ⇨ [   ] 월 이내에 도시·군 관할구역의 장에게 신고

② 도시지역 또는 지구단위계획구역에서 채취면적 [   ] m² 이하인 토지에서의 부피 [   ] m³ 이하의 토석채취

③ 도시지역·자연환경보전지역 및 지구단위계획구역 외의 지역에서 채취면적이 [   ] m² 이하인 토지에서의 부피 [   ] m³ 이하의 토석채취

④ 토지의 일부를 국유지 또는 공유지로 하거나 [   ] 로 사용하기 위한 토지의 분할

⑤ 토지의 일부가 [   ] 로 지형도면 고시가 된 당해 토지의 분할   30·33회

05 개발행위허가권자는 개발행위허가의 신청 내용이 다음의 허가기준에 맞는 경우에만 개발행위허가 또는 변경허가를 하여야 한다.

① 개발행위 규 [   ] 에 적합할 것

⇨ 농림지역·공업지역·관리지역: [   ] m² 미만 / 상업지역·주거지역·자연녹지지역·생산녹지지역: [   ] m² 미만 / 자연환경보전지역·보전녹지지역: [   ] m² 미만

② 도시·군관리 [   ] 획 및 [   ] 장관리계획의 내용에 어긋나지 [   ] 할 것

③ 도시·군계획 [   ] 의 시행에 지장이 [   ] 것

④ [   ] 변지역의 토지이용실태 또는 토지이용계획, 건축물의 높이, 토지의 경사도, 수목의 상태, 물의 배수, 하천·호소·습지의 배수 등 주변환경이나 경관과 [   ] 를 이룰 것

⑤ 해당 개발행위에 따른 [   ] 반시설의 설치나 그에 필요한 용지의 확보계획이 적절할 것

23·25·31회

06 개발행위허가의 대상인 토지가 2 이상의 용도지역에 걸치는 경우에는 각각의 용도지역에 위치하는 토지부분에 대하여 [   ] 의 용도지역의 개발행위 규모에 관한 규정을 적용한다.   23회

07 개발행위허가기준을 용도지역별로 시가화용도, 유보용도(도시계획위원회의 심의를 통하여 개발행위허가의 기준을 강화 또는 완화하여 적용할 수 있는 [   ] 지역· [   ] 지역 및 [   ] 지역), 보전용도로 구분한다.   25회

08 개발행위허가권자는 개발행위허가를 하는 경우에는 '**조경 / 경관 / 위해** 방지 / **환경오염** 방지 / **기반**시설의 설치 또는 그에 필요한 용지의 확보 등'에 관한 조치를 할 것을 조건으로 개발행위허가를 할 수 **있으며**, 이와 같이 개발행위허가에 조건을 붙이려는 때에는 미리 개발행위허가를 신청한 자의 의견을 들어야 **한다.** 22·23·24·25·26·30회

09 특별시장·광역시장·특별자치시장·특별자치도지사·시장 또는 군수는 개발행위허가의 신청에 대하여 특별한 사유가 없으면 **15일**(도시계획위원회의 심의를 거쳐야 하거나 관계 행정기관의 장과 협의를 하여야 하는 경우에는 심의 또는 협의기간을 **제외**) 이내에 허가 또는 불허가의 처분을 하여야 한다. 35회

10 개발행위허가권자는 조건부 허가일 경우 이의 이행을 보증하기 위하여 개발행위허가를 받는 자로 하여금 이행보증금을 예치하게 할 수 **있지만**, 국가나 지방자치단체가 시행하는 개발행위는 예치할 필요가 **없다.** 22·30회

11 특별시장·광역시장·특별자치시장·특별자치도지사·시장 또는 군수는 개발행위허가를 받지 아니하고 개발행위를 하거나 허가내용과 다르게 개발행위를 하는 자에게는 그 토지의 원상회복을 명할 수 있다.

12 **개발행위허가 제한지역**: 다음의 지역으로서 도시·군관리계획상 특히 필요하다고 인정되는 지역을 말한다.
① **녹지지역**이나 계획관리지역으로서 수목이 집단적으로 자라고 있거나 조수류 등이 집단적으로 서식하고 있는 지역 또는 우량 농지 등으로 보전할 필요가 있는 지역
② **개발행위**로 인하여 주변의 환경·경관·미관 및 「국가유산기본법」에 따른 국가유산 등이 크게 오염되거나 손상될 우려가 있는 지역
③ **지구단위계획구역**으로 지정된 지역
④ **기반시설부담구역**으로 지정된 지역
⑤ **도시·군기본계획**이나 도시·군관리계획을 수립하고 있는 지역으로서 그 도시·군기본계획이나 도시·군관리계획이 결정될 경우 용도지역·용도지구 또는 용도구역의 변경이 예상되고 그에 따라 개발행위허가의 기준이 크게 달라질 것으로 예상되는 지역

08 개발행위허가권자는 개발행위허가를 하는 경우에는 '   경 /   관 /   방지 /   경오염 방지 /   반시설의 설치 또는 그에 필요한 용지의 확보 등'에 관한 조치를 할 것을 조건으로 개발행위허가를 할 수   , 이와 같이 개발행위허가에 조건을 붙이려는 때에는 미리 개발행위허가를 신청한 자의 의견을 들어야   .   22 · 23 · 24 · 25 · 26 · 30회

09 특별시장 · 광역시장 · 특별자치시장 · 특별자치도지사 · 시장 또는 군수는 개발행위허가의 신청에 대하여 특별한 사유가 없으면   일(도시계획위원회의 심의를 거쳐야 하거나 관계 행정기관의 장과 협의를 하여야 하는 경우에는 심의 또는 협의기간을   ) 이내에 허가 또는 불허가의 처분을 하여야 한다.   35회

10 개발행위허가권자는 조건부 허가일 경우 이의 이행을 보증하기 위하여 개발행위허가를 받는 자로 하여금 이행보증금을 예치하게 할 수   , 국가나 지방자치단체가 시행하는 개발행위는 예치할 필요가   .   22 · 30회

11 특별시장 · 광역시장 · 특별자치시장 · 특별자치도지사 · 시장 또는 군수는 개발행위허가를 받지 아니하고 개발행위를 하거나 허가내용과 다르게 개발행위를 하는 자에게는 그 토지의 원상회복을 명할 수   .

12 **개발행위허가 제한지역**: 다음의 지역으로서 도시 · 군관리계획상 특히 필요하다고 인정되는 지역을 말한다.
   ①   지역이나 계획관리지역으로서 수목이 집단적으로 자라고 있거나 조수류 등이 집단적으로 서식하고 있는 지역 또는 우량 농지 등으로 보전할 필요가 있는 지역
   ②   행위로 인하여 주변의 환경 · 경관 · 미관 및 「국가유산기본법」에 따른 국가유산 등이 크게 오염되거나 손상될 우려가 있는 지역
   ③   구단위계획구역으로 지정된 지역
   ④   반시설부담구역으로 지정된 지역
   ⑤   시 · 군기본계획이나 도시 · 군관리계획을 수립하고 있는 지역으로서 그 도시 · 군기본계획이나 도시 · 군관리계획이 결정될 경우 용도지역 · 용도지구 또는 용도구역의 변경이 예상되고 그에 따라 개발행위허가의 기준이 크게 달라질 것으로 예상되는 지역

13 **개발행위허가 제한기간:** 국토교통부장관, 시·도지사, 시장 또는 군수는 개발행위허가 제한지역에 대해서는 중앙도시계획위원회나 지방도시계획위원회의 심의를 거쳐 **한** 차례만 **3년** 이내의 기간 동안 개발행위허가를 제한할 수 있다. 다만, **'지~ / 기~ / 도~'**에 해당하는 지역에 대해서는 중앙도시계획위원회나 지방도시계획위원회의 심의를 거치지 **아니**하고 **한** 차례만 **2년** 이내의 기간 동안 개발행위허가의 제한을 연장할 수 있다. 21·22·24·25·33·34·35회

14 개발행위허가를 제한하고자 하는 자가 국토교통부장관인 경우에는 **중앙**도시계획위원회의 심의를 거쳐야 하며, 시·도지사 또는 시장·군수인 경우에는 당해 지방자치단체에 설치된 **지방**도시계획위원회의 심의를 거쳐야 한다.

15 **공공시설의 귀속주체**
① 개발행위허가를 받은 자가 행정청인 경우 또는 개발행위허가를 받은 자가 행정청이 아닌 경우, 그가 새로 설치한 공공시설은 그 시설을 관리할 **관리청**에 **무상**으로 **귀속**된다.
② 개발행위허가를 받은 자가 **행정청**인 경우, 그가 기존의 공공시설에 대체되는 공공시설을 설치한 경우에는 종래의 공공시설은 개발행위허가를 받은 자에게 무상으로 귀속된다.
③ 개발행위허가를 받은 자가 **행정청이 아닌** 경우, 개발행위로 용도가 폐지되는 공공시설은 새로 설치한 공공시설의 설치비용에 상당하는 범위에서 개발행위허가를 받은 자에게 무상으로 양도할 수 있다.
④ 공공시설의 관리청이 불분명한 경우에는 도로 등에 대하여는 **국토교통부장관**을, 하천에 대하여는 **환경부장관**을 관리청으로 본다. 24·30·32·33회

16 **공공시설의 귀속시기**
① 개발행위허가를 받은 **행정청**은 개발행위가 끝나 준공검사를 마친 때에는 해당 시설의 관리청에 공공시설의 종류와 토지의 세목을 통지하여야 한다. 이 경우 공공시설은 그 통지한 날에 해당 시설을 관리할 관리청과 개발행위허가를 받은 자에게 각각 귀속된 것으로 본다.
② 개발행위허가를 받은 자가 **행정청이 아닌** 경우 개발행위허가를 받은 자는 관리청에 귀속되거나 그에게 양도될 공공시설은 준공검사를 받음으로써 관리청과 개발행위허가를 받은 자에게 각각 귀속되거나 양도된 것으로 본다. 32·33회

17 개발행위허가를 받은 자가 행정청인 경우 개발행위허가를 받은 자는 그에게 귀속된 공공시설의 처분으로 인한 수익금을 도시·군계획사업 외의 목적으로 사용할 수 **없다.** 33회

13 **개발행위허가 제한기간**: 국토교통부장관, 시 · 도지사, 시장 또는 군수는 개발행위허가 제한지역에 대해서는 중앙도시계획위원회나 지방도시계획위원회의 심의를 거쳐 ▨▨▨▨ 차례만 ▨▨▨▨ 년 이내의 기간 동안 개발행위허가를 제한할 수 있다. 다만, '▨▨▨▨ ~ / ▨▨▨▨ ~ / ▨▨▨▨ ~'에 해당하는 지역에 대해서는 중앙도시계획위원회나 지방도시계획위원회의 심의를 거치지 ▨▨▨▨ 하고 ▨▨▨▨ 차례만 ▨▨▨▨ 년 이내의 기간 동안 개발행위허가의 제한을 연장할 수 있다.

21 · 22 · 24 · 25 · 33 · 34 · 35회

14 개발행위허가를 제한하고자 하는 자가 국토교통부장관인 경우에는 ▨▨▨▨ 도시계획위원회의 심의를 거쳐야 하며, 시 · 도지사 또는 시장 · 군수인 경우에는 당해 지방자치단체에 설치된 ▨▨▨▨ 도시계획위원회의 심의를 거쳐야 한다.

15 **공공시설의 귀속주체**

① 개발행위허가를 받은 자가 행정청인 경우 또는 개발행위허가를 받은 자가 행정청이 아닌 경우, 그가 새로 설치한 공공시설은 그 시설을 관리할 ▨▨▨▨ 에 ▨▨▨▨ 으로 ▨▨▨▨ 된다.

② 개발행위허가를 받은 자가 ▨▨▨▨ 인 경우, 그가 기존의 공공시설에 대체되는 공공시설을 설치한 경우에는 종래의 공공시설은 개발행위허가를 받은 자에게 무상으로 귀속된다.

③ 개발행위허가를 받은 자가 ▨▨▨▨ 경우, 개발행위로 용도가 폐지되는 공공시설은 새로 설치한 공공시설의 설치비용에 상당하는 범위에서 개발행위허가를 받은 자에게 무상으로 양도할 수 있다.

④ 공공시설의 관리청이 불분명한 경우에는 도로 등에 대하여는 ▨▨▨▨ 을, 하천에 대하여는 ▨▨▨▨ 을 관리청으로 본다.

24 · 30 · 32 · 33회

16 **공공시설의 귀속시기**

① 개발행위허가를 받은 ▨▨▨▨ 은 개발행위가 끝나 준공검사를 마친 때에는 해당 시설의 관리청에 공공시설의 종류와 토지의 세목을 통지하여야 한다. 이 경우 공공시설은 그 통지한 날에 해당 시설을 관리할 관리청과 개발행위허가를 받은 자에게 각각 귀속된 것으로 본다.

② 개발행위허가를 받은 자가 ▨▨▨▨ 경우 개발행위허가를 받은 자는 관리청에 귀속되거나 그에게 양도될 공공시설은 준공검사를 받음으로써 관리청과 개발행위허가를 받은 자에게 각각 귀속되거나 양도된 것으로 본다.

32 · 33회

17 개발행위허가를 받은 자가 행정청인 경우 개발행위허가를 받은 자는 그에게 귀속된 공공시설의 처분으로 인한 수익금을 도시 · 군계획사업 외의 목적으로 사용할 수 ▨▨▨▨ .

33회

15 성장관리계획구역

01 **성장관리계획**이란 성장관리계획구역에서의 난개발을 방지하고 계획적인 개발을 유도하기 위하여 수립하는 계획을 말한다. 35회

02 특별시장 · 광역시장 · 특별자치시장 · 특별자치도지사 · 시장 또는 군수는 **녹지지역, 관리지역, 농림지역 및 자연환경보전지역**(시가화용도지역 ×) 중 다음의 지역의 전부 또는 일부에 대하여 성장관리계획구역을 지정할 수 있다.
  ① 개발수요가 많아 무질서한 개발이 진행되고 있거나 진행될 것으로 예상되는 지역
  ② 주변의 토지이용이나 교통여건 변화 등으로 향후 시가화가 예상되는 지역
  ③ 주변지역과 연계하여 체계적인 관리가 필요한 지역 29 · 31 · 32 · 33회

03 특별시장 · 광역시장 · 특별자치시장 · 특별자치도지사 · 시장 또는 군수는 성장관리계획구역을 지정할 때에는 '**기반시설**의 배치와 규모에 관한 사항 / 건축물의 용도제한, 건축물의 건폐율 또는 용적률 / 건축물의 배치, 형태, 색채 및 높이 / 환경관리 및 경관계획' 중 그 성장관리계획구역의 지정목적을 이루는 데 필요한 사항을 포함하여 성장관리계획을 수립하여야 한다. 31회

04 성장관리계획구역에서는 '계획관리지역: **50%** 이하 / 생산관리지역 · 농림지역 및 자연녹지지역 · 생산녹지지역(보전녹지지역 ×): **30%** 이하'의 구분에 따른 범위에서 조례로 정하는 비율까지 건폐율을 완화하여 적용할 수 있다. 31 · 33 · 35회

05 성장관리계획구역 내 **계획관리**지역에서는 125% 이하의 범위에서 성장관리계획으로 정하는 바에 따라 용적률을 완화하여 적용할 수 있다. 33회

06 특별시장 · 광역시장 · 특별자치시장 · 특별자치도지사 · 시장 또는 군수는 성장관리계획구역을 지정하려면 성장관리계획구역안을 **14일** 이상 일반이 열람할 수 있도록 하여야 한다. 33회

16 개발밀도관리구역

01 **개발밀도관리구역**이란 **주거 · 상업** 또는 **공업**지역에서의 개발로 인하여 기반시설이 부족할 것으로 예상되나 기반시설을 설치하기 **곤란한** 지역을 대상으로 건폐율이나 용적률을 **강화**하여 적용하기 위하여 **도시 · 군 관할구역의 장**(특별시장 · 광역시장 · 특별자치시장 · 특별자치도지사 · 시장 또는 군수)이 지정하는 구역을 말한다. 22 · 29 · 35회

15 성장관리계획구역

01 ⬚⬚⬚⬚⬚⬚⬚⬚⬚⬚이란 성장관리계획구역에서의 난개발을 방지하고 계획적인 개발을 유도하기 위하여 수립하는 계획을 말한다. 35회

02 특별시장 · 광역시장 · 특별자치시장 · 특별자치도지사 · 시장 또는 군수는 ⬚⬚⬚⬚ 지역, ⬚⬚⬚⬚ 지역, ⬚⬚⬚⬚ 지역 및 ⬚⬚⬚⬚⬚⬚ 지역(시가화용도지역 ⬚⬚⬚⬚) 중 다음의 지역의 전부 또는 일부에 대하여 성장관리계획구역을 지정할 수 있다.
① 개발수요가 많아 무질서한 개발이 진행되고 있거나 진행될 것으로 예상되는 지역
② 주변의 토지이용이나 교통여건 변화 등으로 향후 시가화가 예상되는 지역
③ 주변지역과 연계하여 체계적인 관리가 필요한 지역 29 · 31 · 32 · 33회

03 특별시장 · 광역시장 · 특별자치시장 · 특별자치도지사 · 시장 또는 군수는 성장관리계획구역을 지정할 때에는 '⬚⬚⬚⬚⬚⬚의 배치와 규모에 관한 사항 / 건축물의 용도제한, 건축물의 건폐율 또는 용적률 / 건축물의 배치, 형태, 색채 및 높이 / 환경관리 및 경관계획' 중 그 성장관리계획구역의 지정목적을 이루는 데 필요한 사항을 포함하여 성장관리계획을 수립하여야 한다. 31회

04 성장관리계획구역에서는 '계획관리지역: ⬚⬚⬚⬚ % 이하 / 생산관리지역 · 농림지역 및 자연녹지지역 · 생산녹지지역(보전녹지지역 ⬚⬚⬚⬚): ⬚⬚⬚⬚ % 이하'의 구분에 따른 범위에서 조례로 정하는 비율까지 건폐율을 완화하여 적용할 수 있다. 31 · 33 · 35회

05 성장관리계획구역 내 ⬚⬚⬚⬚ 지역에서는 125% 이하의 범위에서 성장관리계획으로 정하는 바에 따라 용적률을 완화하여 적용할 수 있다. 33회

06 특별시장 · 광역시장 · 특별자치시장 · 특별자치도지사 · 시장 또는 군수는 성장관리계획구역을 지정하려면 성장관리계획구역안을 ⬚⬚⬚⬚ 일 이상 일반이 열람할 수 있도록 하여야 한다. 33회

16 개발밀도관리구역

01 **개발밀도관리구역**이란 ⬚⬚⬚⬚ · ⬚⬚⬚⬚ 또는 ⬚⬚⬚⬚ 지역에서의 개발로 인하여 기반시설이 부족할 것으로 예상되나 기반시설을 설치하기 ⬚⬚⬚⬚ 한 지역을 대상으로 건폐율이나 용적률을 ⬚⬚⬚⬚ 하여 적용하기 위하여 ⬚⬚⬚⬚⬚⬚(특별시장 · 광역시장 · 특별자치시장 · 특별자치도지사 · 시장 또는 군수)이 지정하는 구역을 말한다. 22 · 29 · 35회

02 개발밀도관리구역의 지정기준, 개발밀도관리구역의 관리 등에 관하여 필요한 사항은 대통령령으로 정하는 바에 따라 **국토교통부장관**이 정한다. 22 · 29 · 34회

03 **개발밀도관리구역 지정기준**: 다음의 지역에 대하여 개발밀도관리구역을 지정할 수 있다.

① 당해 지역의 도로서비스 수준이 매우 낮아 차량통행이 현저하게 **지체**되는 지역
② 당해 지역의 도로율이 국토교통부령이 정하는 용도지역별 도로율에 20% 이상 **미달**하는 지역
③ 향후 2년 이내에 당해 지역의 수도에 대한 수요량이 수도시설의 시설용량을 **초과**할 것으로 예상되는 지역
④ 향후 2년 이내에 당해 지역의 하수발생량이 하수시설의 시설용량을 **초과**할 것으로 예상되는 지역
⑤ 향후 2년 이내에 당해 지역의 학생 수가 학교수용능력을 20% 이상 **초과**할 것으로 예상되는 지역 22 · 29회

04 개발밀도관리구역의 용적률 강화범위는 당해 용도지역에 적용되는 용적률 최대한도의 **50%**의 범위 안에서 기반시설의 부족 정도를 감안하여 결정한다. 24 · 29 · 32 · 33 · 34 · 35회

05 개발밀도관리구역 안의 기반시설의 변화를 주기적(즉시 ×)으로 검토하여 용적률을 강화 또는 완화하거나 개발밀도관리구역을 해제하는 등 필요한 조치를 취하도록 하여야 한다.

06 특별시장 · 광역시장 · 특별자치시장 · 특별자치도지사 · 시장 또는 군수는 개발밀도관리구역을 지정하거나 변경하려면 주민의 의견청취 **없이** '개발밀도관리구역의 명칭(지정) / 개발밀도관리구역의 범위 / 건폐율 또는 용적률의 강화 범위'의 사항을 포함하여 해당 지방자치단체에 설치된 지방도시계획위원회의 **심의**를 거쳐야 하며, 개발밀도관리구역을 지정하거나 변경한 경우에는 승인을 받을 필요가 **없이** 그 사실을 당해 지방자치단체의 공보에 기재하는 방법으로 고시하여야 한다. 29 · 32 · 34회

02 개발밀도관리구역의 지정기준, 개발밀도관리구역의 관리 등에 관하여 필요한 사항은 대통령령으로 정하는 바에 따라   이 정한다. 22 · 29 · 34회

03 **개발밀도관리구역 지정기준**: 다음의 지역에 대하여 개발밀도관리구역을 지정할 수 있다.
　① 당해 지역의 도로서비스 수준이 매우 낮아 차량통행이 현저하게   되는 지역
　② 당해 지역의 도로율이 국토교통부령이 정하는 용도지역별 도로율에   % 이상
　　하는 지역
　③ 향후   년 이내에 당해 지역의 수도에 대한 수요량이 수도시설의 시설용량을
　　할 것으로 예상되는 지역
　④ 향후   년 이내에 당해 지역의 하수발생량이 하수시설의 시설용량을   할 것으
　　로 예상되는 지역
　⑤ 향후   년 이내에 당해 지역의 학생 수가 학교수용능력을   % 이상   할 것
　　으로 예상되는 지역 22 · 29회

04 개발밀도관리구역의 용적률 강화범위는 당해 용도지역에 적용되는 용적률 최대한도의   %의 범위 안에서 기반시설의 부족 정도를 감안하여 결정한다. 24 · 29 · 32 · 33 · 34 · 35회

05 개발밀도관리구역 안의 기반시설의 변화를 주기적(즉시   )으로 검토하여 용적률을 강화 또는 완화하거나 개발밀도관리구역을 해제하는 등 필요한 조치를 취하도록 하여야 한다.

06 특별시장 · 광역시장 · 특별자치시장 · 특별자치도지사 · 시장 또는 군수는 개발밀도관리구역을 지정하거나 변경하려면 주민의 의견청취   '개발밀도관리구역의 명칭(지정) / 개발밀도관리구역의 범위 / 건폐율 또는 용적률의 강화 범위'의 사항을 포함하여 해당 지방자치단체에 설치된 지방도시계획위원회의   를 거쳐야 하며, 개발밀도관리구역을 지정하거나 변경한 경우에는 승인을 받을 필요가   그 사실을 당해 지방자치단체의 공보에 기재하는 방법으로 고시하여야 한다. 29 · 32 · 34회

17 기반시설부담구역

01 **기반시설부담구역**이란 개발밀도관리구역 **외**의 지역으로서 개발로 인하여 해당 시설의 이용을 위하여 필요한 부대시설 및 편의시설을 **포함**한 기반시설[**공원 / 녹지 / 수도 / 도로 / 하수도** / 폐기물처리 및 재활용시설 / **학교**(대학 ×)]의 설치가 필요한 지역을 대상으로 기반시설을 설치하거나 그에 필요한 용지를 확보하게 하기 위하여 **도시 · 군 관할구역의 장**(특별시장 · 광역시장 · 특별자치시장 · 특별자치도지사 · 시장 또는 군수)이 지정 · 고시하는 구역을 말한다.

25 · 26 · 27 · 34 · 35회

02 **기반시설부담구역 지정조건:** 특별시장 · 광역시장 · 특별자치시장 · 특별자치도지사 · 시장 또는 군수는 다음의 지역에 대하여는 기반시설부담구역으로 지정**하여야** 한다. 다만, 개발행위가 **집중**되어 지정권자가 해당 지역의 계획적 관리를 위하여 필요하다고 인정하면 지정대상지역에 해당하지 아니하는 경우라도 기반시설부담구역으로 지정**할 수** 있다.

① 법령의 제정 · 개정으로 인하여 행위제한이 **완화**되거나 **해제**되는 지역

② 법령에 따라 지정된 용도지역 등이 변경되거나 해제되어 행위제한이 **완화**되는 지역

③ 해당 지역의 전년도 개발행위허가 건수가 전전년도 개발행위허가 건수보다 **20%** 이상 증가한 지역

④ 해당 지역의 전년도 인구증가율이 그 지역이 속하는 특별시 · 광역시 · 특별자치시 · 특별자치도 · 시 또는 군의 전년도 인구증가율보다 **20%** 이상 높은 지역 22 · 24 · 25 · 27 · 30 · 33회

03 특별시장 · 광역시장 · 특별자치시장 · 특별자치도지사 · 시장 또는 군수는 기반시설부담구역을 지정 또는 변경하려면 주민의 의견을 들어야 **하며,** 해당 지방자치단체에 설치된 지방도시계획위원회의 **심의**를 거쳐 대통령령으로 정하는 바에 따라 이를 **고시**하여야 한다.

30회

04 **도시 · 군 관할구역의 장**(특별시장 · 광역시장 · 특별자치시장 · 특별자치도지사 · 시장 또는 군수)은 기반시설부담구역이 지정되면 기반시설설치계획을 수립하여야 하며, 이를 도시 · 군관리계획에 반영하여야 한다. 지구단위계획을 수립한 경우에는 기반시설설치계획을 수립한 것으로 **본다.**

29 · 30 · 33 · 35회

05 기반시설부담구역의 지정고시일부터 1년이 되는 날까지 기반시설설치계획을 수립하지 아니하면 그 1년이 되는 날의 **다음 날**에 기반시설부담구역의 지정은 해제된 것으로 본다. 25 · 30 · 32회

17 기반시설부담구역

01 **기반시설부담구역**이란 개발밀도관리구역   의 지역으로서 개발로 인하여 해당 시설의 이용을 위하여 필요한 부대시설 및 편의시설을   한 기반시설[원 /   지 /   도 /   로 /   수도 /   기물처리 및 재활용시설 /   (대학   )] 의 설치가 필요한 지역을 대상으로 기반시설을 설치하거나 그에 필요한 용지를 확보하게 하기 위하여   (특별시장 · 광역시장 · 특별자치시장 · 특별자치도지사 · 시장 또는 군수)이 지정 · 고시하는 구역을 말한다.   25 · 26 · 27 · 34 · 35회

02 **기반시설부담구역 지정조건**: 특별시장 · 광역시장 · 특별자치시장 · 특별자치도지사 · 시장 또는 군수는 다음의 지역에 대하여는 기반시설부담구역으로 지정   한다. 다만, 개발행 위가   되어 지정권자가 해당 지역의 계획적 관리를 위하여 필요하다고 인정하면 지정대 상지역에 해당하지 아니하는 경우라도 기반시설부담구역으로 지정   있다.

① 법령의 제정 · 개정으로 인하여 행위제한이   되거나   되는 지역

② 법령에 따라 지정된 용도지역 등이 변경되거나 해제되어 행위제한이   되는 지역

③ 해당 지역의 전년도 개발행위허가 건수가 전전년도 개발행위허가 건수보다   % 이상 증가한 지역

④ 해당 지역의 전년도 인구증가율이 그 지역이 속하는 특별시 · 광역시 · 특별자치시 · 특별자 치도 · 시 또는 군의 전년도 인구증가율보다   % 이상 높은 지역

       22 · 24 · 25 · 27 · 30 · 33회

03 특별시장 · 광역시장 · 특별자치시장 · 특별자치도지사 · 시장 또는 군수는 기반시설부담구역을 지정 또는 변경하려면 주민의 의견을 들어야   , 해당 지방자치단체에 설치된 지방도시계 획위원회의   를 거쳐 대통령령으로 정하는 바에 따라 이를   하여야 한다.   30회

04   (특별시장 · 광역시장 · 특별자치시장 · 특별자치도지사 · 시장 또는 군수)은 기반시설부담구역이 지정되면 기반시설설치계획을 수립하여야 하며, 이를 도시 · 군   계획에 반영하여야 한다. 지구단위계획을 수립한 경우에는 기반시설설치계획을 수립한 것으로   .   29 · 30 · 33 · 35회

05 기반시설부담구역의 지정고시일부터   년이 되는 날까지 기반시설설치계획을 수립하지 아니하면 그   년이 되는 날의   에 기반시설부담구역의 지정은 해제된 것으로 본다.   25 · 30 · 32회

06 **기반시설설치비용의 부과대상인 건축행위**는 기반시설부담구역에서 단독주택 및 숙박시설 등 대통령령으로 정하는 시설(종교집회장, 주차장 등은 **제외**)로서 200m²(기존 건축물의 연면적을 포함)를 **초과**하는 건축물의 **신축 · 증축**행위로 한다. 다만, 기존 건축물을 철거하고 신축하는 경우에는 기존 건축물의 건축연면적을 **초과**하는 건축행위만 부과대상으로 한다. 27 · 29 · 31 · 35회

07 **기반시설설치비용**은 기반시설을 설치하는 데 필요한 기반시설 **표준시설**비용과 **용지**비용을 합산한 금액에 부과대상 건축연면적과 기반시설 설치를 위하여 사용되는 총비용 중 국가 · 지방자치단체의 부담분을 **제외**하고 민간 개발사업자가 부담하는 부담률을 **곱**한 금액으로 한다. 28회

08 건축물별 **기반시설유발계수**가 큰 것에서 작은 것 순으로 정리하면, '**위락시설(2.1) > 관광휴게시설(1.9) > 제2종 근린생활시설(1.6) > 자원순환관련시설 = 종교시설 = 문화 및 집회시설 = 운수시설(1.4) > 제1종 근린생활시설 = 판매시설(1.3) > 숙박시설(1.0) > 의료시설(0.9) > 방송통신시설(0.8) > 나머지(0.7)**' 순이다. 25 · 28 · 30회

09 특별시장 · 광역시장 · 특별자치시장 · 특별자치도지사 · 시장 또는 군수는 납부의무자(건축행위를 하는 자)가 국가 또는 지방자치단체로부터 건축허가를 받은 날부터 **2개월** 이내에 기반시설설치비용을 부과하여야 하고, 납부의무자는 **사용승인 신청 시**까지 이를 내야 한다. 24 · 25 · 28 · 32회

10 기반시설설치비용은 현금, 신용카드 또는 직불카드로 납부하도록 하되, 물납(부과대상 토지 및 이와 비슷한 토지로 하는 납부)을 인정할 수 **있다.** 24 · 25 · 28 · 32회

11 특별시장 · 광역시장 · 특별자치시장 · 특별자치도지사 · 시장 또는 군수는 기반시설설치비용의 관리 및 운용을 위하여 기반시설부담구역별로 **특별회계**를 설치하여야 하며, 그에 필요한 사항은 지방자치단체의 조례로 정한다. 28 · 33회

06 **기반시설설치비용의 부과대상인 건축행위**는 기반시설부담구역에서 단독주택 및 숙박시설 등 대통령령으로 정하는 시설(종교집회장, 주차장 등은   )로서   m²(기존 건축물의 연면적을 포함)를   하는 건축물의   ·   행위로 한다. 다만, 기존 건축물을 철거하고 신축하는 경우에는 기존 건축물의 건축연면적을   하는 건축행위만 부과대상으로 한다.

27 · 29 · 31 · 35회

07 **기반시설설치비용**은 기반시설을 설치하는 데 필요한 기반시설   비용과   비용을 합산한 금액에 부과대상 건축연면적과 기반시설 설치를 위하여 사용되는 총비용 중 국가 · 지방자치단체의 부담분을   하고 민간 개발사업자가 부담하는 부담률을   한 금액으로 한다.

28회

08 **건축물별 기반시설유발계수**가 큰 것에서 작은 것 순으로 정리하면, '   시설(   ) >   광휴게시설(   ) > 제   근린생활시설(   ) >   원순환관련시설 =   교시설 =   화 및 집회시설 =   수시설 (   ) > 제   근린생활시설 =   시설(   ) > 숙박시설(   ) > 의료시설(   ) > 방송통신시설(   ) > 나머지(   )' 순이다.

25 · 28 · 30회

09 특별시장 · 광역시장 · 특별자치시장 · 특별자치도지사 · 시장 또는 군수는 납부의무자(건축행위를 하는 자)가 국가 또는 지방자치단체로부터 건축허가를 받은 날부터   이내에 기반시설설치비용을 부과하여야 하고, 납부의무자는   까지 이를 내야 한다.

24 · 25 · 28 · 32회

10 기반시설설치비용은 현금, 신용카드 또는 직불카드로 납부하도록 하되, 물납(부과대상 토지 및 이와 비슷한 토지로 하는 납부)을 인정할 수   .

24 · 25 · 28 · 32회

11 특별시장 · 광역시장 · 특별자치시장 · 특별자치도지사 · 시장 또는 군수는 기반시설설치비용의 관리 및 운용을 위하여 기반시설부담구역별로   회계를 설치하여야 하며, 그에 필요한 사항은 지방자치단체의 조례로 정한다.

28 · 33회

DAY 04

18 보칙 및 벌칙

01 시범도시

① 관계 중앙행정기관의 장 또는 시·도지사는 **국토교통부장관**에게 시범도시의 지정을 요청하고자 하는 때에는 주민의 의견을 들은 후 관계 지방자치단체의 장의 의견을 들어야 한다.

② **국토교통부장관**은 직접 시범도시를 지정함에 있어서 그 대상이 되는 도시를 공모할 수 있으며, 이때 특별시장·광역시장·특별자치시장·특별자치도지사·**시장·군수** 또는 **구청장**은 공모에 응모할 수 **있다.**   28회

02 청문: 국토교통부장관, 시·도지사, 시장·군수 또는 구청장은 다음의 어느 하나에 해당하는 처분을 하려면 청문을 실시하여야 한다.

① **개발행위허가의 취소**

② 도시·군계획시설사업의 **실시계획 인가의 취소**

③ 도시·군계획시설사업의 **시행자 지정의 취소**   28·31회

03 타인토지 출입조건: 국토교통부장관, 시·도지사, 시장 또는 군수나 도시·군계획시설사업의 시행자는 '도시·군계획, 광역도시계획, **개발밀도관리구역, 기반시설부담**구역 및 기반시설설치계획에 관한 기초조사 등'을 하기 위하여 필요하면 타인의 토지에 출입하거나 타인의 토지를 재료 적치장 또는 임시통로로 일시 사용할 수 있다.   33·34회

04 타인의 토지에 출입절차

① 타인의 토지에 출입하려는 행정청인 사업시행자는 출입하려는 날의 7일 전까지 그 토지의 소유자·점유자 또는 관리인에게 그 일시와 장소를 알려야 한다.

② 사업시행자가 행정청인 경우에는 허가를 받지 아니하고 타인의 토지에 출입할 수 **있다.**

③ 타인의 토지를 재료 적치장 또는 임시통로로 일시사용하거나 나무, 흙, 돌, 그 밖의 장애물을 변경 또는 제거하려는 자는 토지의 소유자·점유자 또는 관리인의 **동의**를 받아야 한다.

④ 일출 전이나 일몰 후에는 그 토지점유자의 승낙 없이 택지나 담장 또는 울타리로 둘러싸인 타인의 토지에 출입할 수 **없다.**

⑤ 토지에의 출입에 따라 손실을 보상할 자나 손실을 입은 자는 협의가 성립되지 아니하거나 협의를 할 수 없는 경우에는 관할 토지수용위원회에 재결을 신청할 수 **있다.**   34회

18 보칙 및 벌칙

01 시범도시

① 관계 중앙행정기관의 장 또는 시 · 도지사는 [   ] 에게 시범도시의 지정을 요청하고자 하는 때에는 주민의 의견을 들은 후 관계 지방자치단체의 장의 의견을 들어야 한다.

② [   ] 은 직접 시범도시를 지정함에 있어서 그 대상이 되는 도시를 공모할 수 있으며, 이때 특별시장 · 광역시장 · 특별자치시장 · 특별자치도지사 · [   ] · [   ] 또는 [   ] 은 공모에 응모할 수 [   ].   28회

02 청문: 국토교통부장관, 시 · 도지사, 시장 · 군수 또는 구청장은 다음의 어느 하나에 해당하는 처분을 하려면 청문을 실시하여야 한다.

① [   ] 행위허가의 취소

② 도시 · 군계획시설사업의 [   ] 시계획 인가의 취소

③ 도시 · 군계획시설사업의 [   ] 행자 지정의 [   ]   28 · 31회

03 타인토지 출입조건: 국토교통부장관, 시 · 도지사, 시장 또는 군수나 도시 · 군계획시설사업의 시행자는 '도시 · 군계획, 광역도시계획, [   ] 구역, [   ] 구역 및 기반시설 설치계획에 관한 기초조사 등'을 하기 위하여 필요하면 타인의 토지에 출입하거나 타인의 토지를 재료 적치장 또는 임시통로로 일시 사용할 수 있다.   33 · 34회

04 타인의 토지에 출입절차

① 타인의 토지에 출입하려는 행정청인 사업시행자는 출입하려는 날의 [   ] 일 전까지 그 토지의 소유자 · 점유자 또는 관리인에게 그 일시와 장소를 알려야 한다.

② 사업시행자가 행정청인 경우에는 허가를 받지 아니하고 타인의 토지에 출입할 수 [   ].

③ 타인의 토지를 재료 적치장 또는 임시통로로 일시사용하거나 나무, 흙, 돌, 그 밖의 장애물을 변경 또는 제거하려는 자는 토지의 소유자 · 점유자 또는 관리인의 [   ] 를 받아야 한다.

④ 일출 전이나 일몰 후에는 그 토지점유자의 승낙 없이 택지나 담장 또는 울타리로 둘러싸인 타인의 토지에 출입할 수 [   ].

⑤ 토지에의 출입에 따라 손실을 보상할 자나 손실을 입은 자는 협의가 성립되지 아니하거나 협의를 할 수 없는 경우에는 관할 토지수용위원회에 재결을 신청할 수 [   ].   34회

도시개발법

05

도시개발계획 | 도시개발구역의 지정 | 도시개발사업의 시행자 | 도시개발조합

핵심지문으로 키워드 학습

1 도시개발계획

01 **도시개발계획 수립**: 도시개발구역의 지정권자는 도시개발구역을 지정하려면 해당 도시개발구역에 대한 도시개발사업의 계획(개발계획)을 수립하여야 한다. 다만, 개발계획을 공모하거나, 다음의 지역에 도시개발구역을 지정할 때에는 도시개발구역을 지정한 **후**에 개발계획을 **수립**할 수 있다.

① 자연녹지지역
② 도시개발구역 지정면적의 30/100 이하인 생산녹지지역
③ 도시지역 외의 지역
④ 국토교통부장관이 지역균형발전을 위하여 관계 중앙행정기관의 장과 협의하여 도시개발구역으로 지정하려는 지역 ⇨ 자연환경보전지역은 **제외**
⑤ 해당 도시개발구역에 포함되는 주거지역 · 상업지역 · 공업지역의 면적의 합계가 전체 도시개발구역 지정면적의 **30/100** 이하인 지역 22 · 25 · 26 · 30회

02 「국토의 계획 및 이용에 관한 법률」에 따른 광역도시계획이나 도시 · 군기본계획이 수립되어 있는 지역에 대하여 개발계획을 수립하려면 개발계획의 내용이 해당 광역도시계획이나 도시 · 군기본계획에 들어맞도록 하여야 **한다**. 26회

03 개발계획 내용에는 '보건의료시설 및 복지시설의 설치계획 / 기타 등(지구단위계획 ×)' 사항이 포함되어야 한다. 다만, 다음은 도시개발구역을 지정한 후 개발계획에 포함시킬 수 있다.

① 도시개발구역 밖의 지역에 기반시설을 설치하여야 하는 경우에는 그 시설의 설치에 필요한 **비용**의 부담계획
② 순환개발 등 단계적 사업추진이 필요한 경우 사업추진계획 등에 관한 사항
③ 수용 또는 사용의 대상이 되는 토지 · 건축물 또는 토지에 정착한 물건과 이에 관한 소유권 외의 권리, 광업권, 어업권, 양식업권, 물의 사용에 관한 권리(토지 등)가 있는 경우에는 그 세부목록
④ 임대주택건설계획 등 **세입자** 등의 주거 및 생활안정대책 21 · 26 · 34회

빈칸으로 키워드 암기

1 도시개발계획

01 **도시개발계획 수립**: 도시개발구역의 지정권자는 도시개발구역을 지정하려면 해당 도시개발구역에 대한 도시개발사업의 계획(개발계획)을 수립하여야 한다. 다만, 개발계획을 공모하거나, 다음의 지역에 도시개발구역을 지정할 때에는 도시개발구역을 지정한   에 개발계획을   할 수 있다.

① 자연녹지지역

② 도시개발구역 지정면적의 30/100 이하인 생산녹지지역

③ 도시지역 외의 지역

④ 국토교통부장관이 지역균형발전을 위하여 관계 중앙행정기관의 장과 협의하여 도시개발구역으로 지정하려는 지역 ⇨ 자연환경보전지역은

⑤ 해당 도시개발구역에 포함되는 주거지역·상업지역·공업지역의 면적의 합계가 전체 도시개발구역 지정면적의   이하인 지역   22·25·26·30회

02 「국토의 계획 및 이용에 관한 법률」에 따른 광역도시계획이나 도시·군기본계획이 수립되어 있는 지역에 대하여 개발계획을 수립하려면 개발계획의 내용이 해당 광역도시계획이나 도시·군기본계획에 들어맞도록 하여야   .   26회

03 **개발계획 내용**에는 '보건의료시설 및 복지시설의 설치계획 / 기타 등(지구단위계획   )' 사항이 포함되어야 한다. 다만, 다음은 도시개발구역을 지정한   개발계획에 포함시킬 수 있다.

① 도시개발구역 밖의 지역에 기반시설을 설치하여야 하는 경우에는 그 시설의 설치에 필요한   의 부담계획

②   환개발 등 단계적 사업추진이 필요한 경우 사업추진계획 등에 관한 사항

③   용 또는 사용의 대상이 되는 토지·건축물 또는 토지에 정착한 물건과 이에 관한 소유권 외의 권리, 광업권, 어업권, 양식업권, 물의 사용에 관한 권리(토지 등)가 있는 경우에는 그 세부목록

④ 임대주택건설계획 등   등의 주거 및 생활안정대책   21·26·34회

04 개발계획 수립 시 동의

① 원칙: 지정권자는 환지방식의 도시개발사업에 대한 개발계획을 수립하려면 환지방식이 적용되는 지역의 토지면적의 **2/3** 이상에 해당하는 토지소유자와 그 지역의 토지소유자 총수의 **1/2** 이상의 동의를 받아야 하며, 환지방식으로 시행하기 위하여 개발계획을 변경하려는 경우에도 **동일**하다.

② 예외: 지정권자는 도시개발사업을 환지방식으로 시행하려고 개발계획을 수립하거나 변경할 때에 도시개발사업의 시행자가 국가나 지방자치단체인 경우에는 토지소유자의 동의를 받을 필요가 **없다**. 24·25·26·31회

05 지정권자는 **직접** 또는 관계 중앙행정기관의 장 또는 시장(대도시 시장을 제외)·군수·구청장 또는 도시개발사업의 시행자의 요청을 받아 개발계획을 변경할 수 **있다**. 28회

06 **동의자 수 산정방법**: 환지방식의 동의요건에 관한 규정에서 동의자 수는 다음과 같다.

① 환지방식의 동의요건에 관한 규정에서 동의자 수는 도시개발구역의 토지면적을 산정하는 경우에는 국공유지를 **포함**하여 산정한다.

② 국공유지를 **제외**한 전체 사유 토지면적 및 토지소유자에 대하여 동의요건 이상으로 동의를 받은 후에 그 토지면적 및 토지소유자의 수가 법적 동의요건에 미달하게 된 경우에는 국공유지 관리청의 동의를 받아야 한다.

③ 1필지의 토지소유권을 여럿이 공유하는 경우에는 다른 공유자의 동의를 받은 **대표** 공유자 1인을 해당 토지소유자로 본다.

④ 「집합건물의 소유 및 관리에 관한 법률」에 따른 구분소유자는 **각각**을 토지소유자 **1인**으로 본다.

⑤ 1인이 둘 이상 필지의 토지를 단독으로 소유한 경우에는 필지의 수에 관계**없이** 토지소유자를 1인으로 본다.

⑥ 둘 이상 필지의 토지를 소유한 공유자가 동일한 경우에는 공유자 여럿을 **대표**하는 1인을 토지소유자로 본다.

⑦ 도시개발구역의 지정이 제안되기 전에 또는 도시개발구역에 대한 개발계획의 변경을 요청받기 전에 동의를 철회하는 사람이 있는 경우 그 사람은 동의자 수에서 **제외**한다.

⑧ 도시개발구역의 지정이 제안된 후부터 개발계획이 수립되기 전까지의 사이에 토지소유자가 변경된 경우 또는 개발계획의 변경을 요청받은 후부터 개발계획이 변경되기 전까지의 사이에 토지소유자가 변경된 경우에는 **기존** 토지소유자의 동의서를 기준으로 한다. 22·25·35회

04 개발계획 수립 시 동의

① 원칙: 지정권자는 환지방식의 도시개발사업에 대한 개발계획을 수립하려면 환지방식이 적용되는 지역의 토지면적의 ░░░░ 이상에 해당하는 토지소유자와 그 지역의 토지소유자 총수의 ░░░░ 이상의 동의를 받아야 하며, 환지방식으로 시행하기 위하여 개발계획을 변경하려는 경우에도 ░░░░ 하다.

② 예외: 지정권자는 도시개발사업을 환지방식으로 시행하려고 개발계획을 수립하거나 변경할 때에 도시개발사업의 시행자가 국가나 지방자치단체인 경우에는 토지소유자의 동의를 받을 필요가 ░░░░.

24 · 25 · 26 · 31회

05 지정권자는 ░░░░ 또는 관계 중앙행정기관의 장 또는 시장(대도시 시장을 제외) · 군수 · 구청장 또는 도시개발사업의 시행자의 요청을 받아 개발계획을 변경할 수 ░░░░.

28회

06 동의자 수 산정방법: 환지방식의 동의요건에 관한 규정에서 동의자 수는 다음과 같다.

① 환지방식의 동의요건에 관한 규정에서 동의자 수는 도시개발구역의 토지면적을 산정하는 경우에는 국공유지를 ░░░░ 하여 산정한다.

② 국공유지를 ░░░░ 한 전체 사유 토지면적 및 토지소유자에 대하여 동의요건 이상으로 동의를 받은 ░░░░ 에 그 토지면적 및 토지소유자의 수가 법적 동의요건에 미달하게 된 경우에는 국공유지 관리청의 동의를 받아야 한다.

③ 1필지의 토지소유권을 여럿이 공유하는 경우에는 다른 공유자의 동의를 받은 ░░░░ 공유자 1인을 해당 토지소유자로 본다.

④ 「집합건물의 소유 및 관리에 관한 법률」에 따른 구분소유자는 ░░░░ 을 토지소유자 ░░░░ 인으로 본다.

⑤ 1인이 둘 이상 필지의 토지를 단독으로 소유한 경우에는 필지의 수에 관계 ░░░░ 토지소유자를 1인으로 본다.

⑥ 둘 이상 필지의 토지를 소유한 공유자가 동일한 경우에는 공유자 여럿을 ░░░░ 하는 1인을 토지소유자로 본다.

⑦ 도시개발구역의 지정이 제안되기 전에 또는 도시개발구역에 대한 개발계획의 변경을 요청받기 전에 동의를 철회하는 사람이 있는 경우 그 사람은 동의자 수에서 ░░░░ 한다.

⑧ 도시개발구역의 지정이 제안된 후부터 개발계획이 수립되기 전까지의 사이에 토지소유자가 변경된 경우 또는 개발계획의 변경을 요청받은 후부터 개발계획이 변경되기 전까지의 사이에 토지소유자가 변경된 경우에는 ░░░░ 토지소유자의 동의서를 기준으로 한다.

22 · 25 · 35회

2 도시개발구역의 지정

01 도시개발구역 지정권자

① '시·도지사(특별시장·광역시장·도지사·특별자치도지사) / 대도시 시장 / 예외적으로 국토교통부장관 / 시장·군수·구청장(×)'은 계획적인 도시개발이 필요하다고 인정되는 때에는 도시개발구역을 지정할 수 있다.

② 도시개발사업이 필요하다고 인정되는 지역이 둘 이상의 특별시·광역시·도·특별자치도 또는 대도시의 행정구역에 걸치는 경우에는 관계 시·도지사 또는 대도시 시장이 **협의하**여 도시개발구역을 지정할 자를 정한다.　　25·30·32회

02 국토교통부장관이 지정권자인 경우에 다음의 어느 하나에 해당하면 원칙에도 불구하고 도시개발구역을 지정할 수 있다.

① 관계 중앙행정기관의 장이 요청하는 경우

② 국가가 도시개발사업을 실시할 필요가 있는 경우

③ 공공기관(한국**공사)의 장(지방공사 ×) 또는 정부출연기관(국가철도공단)의 장이 30만m² 이상으로서 국가계획과 밀접한 관련이 있는 도시개발구역의 지정을 제안하는 경우

④ 둘 이상의 특별시·광역시·도·특별자치도 또는 대도시의 행정구역에 걸치는 경우로 시·도지사 또는 대도시 시장이 협의가 성립되지 아니하는 경우

⑤ 천재지변, 그 밖의 사유로 인하여 도시개발사업을 긴급하게 할 필요가 있는 경우　　26·30·33회

03 도시개발구역 지정제안 및 요청

① '국가 / 지방자치단체 / 도시개발조합'을 제외한 나머지 사업시행자 또는 도시개발구역의 토지소유자는 특별자치도지사·시장·군수 또는 구청장에게 도시개발구역의 지정을 **제안**할 수 있다.

② 토지소유자를 포함한 민간시행자가 도시개발구역의 지정을 제안하려는 경우에는 대상 구역 토지면적의 2/3 이상에 해당하는 토지소유자의 동의를 받아야 한다.

③ 시장(대도시 시장은 제외)·군수 또는 구청장은 시·도지사에게 도시개발구역의 지정을 **요청**할 수 있다.　　23·29회

2 도시개발구역의 지정

01 도시개발구역 지정권자

① '▨▨▨▨▨(특별시장 · 광역시장 · 도지사 · 특별자치도지사) / ▨▨▨▨▨▨▨▨ / 예외적으로 ▨▨▨▨▨▨ / 시장 · 군수 · 구청장(▨▨▨▨)'은 계획적인 도시개발이 필요하다고 인정되는 때에는 도시개발구역을 지정할 수 있다.

② 도시개발사업이 필요하다고 인정되는 지역이 둘 이상의 특별시 · 광역시 · 도 · 특별자치도 또는 대도시의 행정구역에 걸치는 경우에는 관계 시 · 도지사 또는 대도시 시장이 ▨▨▨▨ 하여 도시개발구역을 지정할 자를 정한다.   25 · 30 · 32회

02 **국토교통부장관이 지정권자인 경우**에 다음의 어느 하나에 해당하면 원칙에도 불구하고 도시개발구역을 지정할 수 있다.

① 관계 ▨▨▨▨ 앙행정기관의 장이 요청하는 경우

② ▨▨▨▨ 가가 도시개발사업을 실시할 필요가 있는 경우

③ ▨▨▨ 공기관(한국**공사)의 장(지방공사 ▨▨▨▨) 또는 ▨▨▨▨ 출연기관(국가철도공단)의 장이 ▨▨▨▨ m² 이상으로서 국가계획과 밀접한 관련이 있는 도시개발구역의 지정을 제안하는 경우

④ ▨▨▨▨ 이상의 특별시 · 광역시 · 도 · 특별자치도 또는 대도시의 행정구역에 걸치는 경우로 시 · 도지사 또는 대도시 시장이 협의가 성립되지 아니하는 경우

⑤ ▨▨▨▨ 재지변, 그 밖의 사유로 인하여 도시개발사업을 긴급하게 할 필요가 있는 경우

26 · 30 · 33회

03 도시개발구역 지정제안 및 요청

① '국가 / 지방자치단체 / 도시개발조합'을 ▨▨▨▨ 한 나머지 사업시행자 또는 도시개발구역의 토지소유자는 특별자치도지사 · 시장 · 군수 또는 구청장에게 도시개발구역의 지정을 ▨▨▨▨ 할 수 있다.

② 토지소유자를 포함한 민간시행자가 도시개발구역의 지정을 제안하려는 경우에는 대상 구역 토지면적의 ▨▨▨▨ 이상에 해당하는 토지소유자의 동의를 받아야 한다.

③ 시장(대도시 시장은 제외) · 군수 또는 구청장은 시 · 도지사에게 도시개발구역의 지정을 ▨▨▨▨ 할 수 있다.   23 · 29회

04 **도시개발구역으로 지정할 수 있는 대상 지역 및 규모**

① 상업지역 · 주거지역 · 생산녹지지역(도시개발구역 지정면적의 30/100 이하인 경우만 해당) · 자연녹지지역: **1만**m² 이상

② 공업지역: **3만**m² 이상

③ 도시지역 외의 지역: **30만**m² 이상 ⇨ 아파트 또는 연립주택의 건설계획이 포함되는 곳으로 초등학교가 있고 4차로 이상의 도로가 설치된 경우에는 **10만**m² 이상   25 · 29회

05 도시개발구역의 지정권자는 도시개발사업의 효율적인 추진과 도시의 경관 보호 등을 위하여 필요하다고 인정하는 경우에는 도시개발구역을 둘 이상의 사업시행지구로 분할(분할 후 각 사업시행지구의 면적이 각각 **1만**m² 이상)하거나 서로 떨어진 둘 이상의 지역을 결합하여 하나의 도시개발구역으로 지정할 수 있다.   24 · 26 · 30회

06 국토교통부장관, 시 · 도지사 또는 대도시 시장이 도시개발구역을 지정하고자 하거나 대도시 시장이 아닌 시장 · 군수 또는 구청장이 도시개발구역의 지정을 요청하려고 하는 경우에는 공람이나 공청회를 통하여 주민이나 관계 전문가 등으로부터 의견을 들어야 **하며**, 공람이나 공청회에서 제시된 의견이 타당하다고 인정되면 이를 반영하여야 한다. 도시개발구역을 변경하려는 경우에도 **동일하다**.   25회

07 시장 · 군수 또는 구청장은 관계 서류 사본을 송부받거나 주민의 의견을 청취하려는 경우에는 전국 또는 해당 지방을 주된 보급지역으로 하는 둘 이상의 일간신문과 해당 시 · 군 또는 구의 인터넷 홈페이지에 공고하고 **14일** 이상 일반인에게 공람시켜야 **한다**.   24회

04 **도시개발구역으로 지정할 수 있는 대상 지역 및 규모**

① 상업지역 · 주거지역 · 생산녹지지역(도시개발구역 지정면적의 30/100 이하인 경우만 해당) · 자연녹지지역: ⬛⬛⬛ m² 이상

② 공업지역: ⬛⬛⬛ m² 이상

③ 도시지역 외의 지역: ⬛⬛⬛ m² 이상 ⇨ 아파트 또는 연립주택의 건설계획이 포함되는 곳으로 초등학교가 있고 4차로 이상의 도로가 설치된 경우에는 ⬛⬛⬛ m² 이상   25 · 29회

05 도시개발구역의 지정권자는 도시개발사업의 효율적인 추진과 도시의 경관 보호 등을 위하여 필요하다고 인정하는 경우에는 도시개발구역을 둘 이상의 사업시행지구로 분할(분할 후 각 사업시행지구의 면적이 각각 ⬛⬛⬛ m² 이상)하거나 서로 떨어진 둘 이상의 지역을 결합하여 하나의 도시개발구역으로 지정할 수 ⬛⬛⬛.   24 · 26 · 30회

06 국토교통부장관, 시 · 도지사 또는 대도시 시장이 도시개발구역을 지정하고자 하거나 대도시 시장이 아닌 시장 · 군수 또는 구청장이 도시개발구역의 지정을 요청하려고 하는 경우에는 공람이나 공청회를 통하여 주민이나 관계 전문가 등으로부터 의견을 들어야 ⬛⬛⬛, 공람이나 공청회에서 제시된 의견이 타당하다고 인정되면 이를 반영하여야 한다. 도시개발구역을 변경하려는 경우에도 ⬛⬛⬛ 하다.   25회

07 시장 · 군수 또는 구청장은 관계 서류 사본을 송부받거나 주민의 의견을 청취하려는 경우에는 전국 또는 해당 지방을 주된 보급지역으로 하는 둘 이상의 일간신문과 해당 시 · 군 또는 구의 인터넷 홈페이지에 공고하고 ⬛⬛⬛ 일 이상 일반인에게 공람시켜야 ⬛⬛⬛.   24회

08 도시개발구역 지정 해제 조건

① 도시개발구역의 지정은 도시개발사업의 공사 완료(환지방식에 따른 사업인 경우에는 그 환지처분)의 공고일의 **다음 날**에 해제된 것으로 본다.

② 도시개발구역이 지정·고시된 날부터 **3년**이 되는 날까지 실시계획의 인가를 신청하지 아니하는 경우에는 그 **3년**이 되는 날의 **다음 날**에 구역 지정은 해제된 것으로 본다.

③ 도시개발구역을 지정한 후 개발계획을 수립하는 경우에는 '도시개발구역이 지정·고시된 날부터 **2년**이 되는 날까지 개발계획을 수립·고시하지 아니하는 경우에는 그 **2년**이 되는 날 (도시개발구역의 면적이 330만m² 이상인 경우에는 **5년**) / 개발계획을 수립·고시한 날부터 **3년**이 되는 날까지 실시계획의 인가를 신청하지 아니하는 경우에는 그 **3년**이 되는 날 (도시개발구역의 면적이 330만m² 이상인 경우에는 **5년**)'의 **다음 날**에 도시개발구역의 지정이 해제된 것으로 본다.

24·31회

09 도시개발구역에서 허가를 받아야 할 행위는 건축물의 건축(건축물의 대수선 또는 용도변경) / 공작물의 설치 / 물건을 쌓아놓는 행위 / 토지의 형질변경(공유수면의 매립) / 토석의 채취 / **토지분할** / **죽목의 벌채 및 식재**이다.

32회

10 도시개발구역의 지정이 도시개발사업의 완료로 해제의제(사업이 끝나서 해제된 것을 말함)된 경우에는 환원되거나 폐지된 것으로 보지 **아니**한다.

24회

3 **도시개발사업의 시행자**

01 도시개발사업의 시행자인 '**국가** / 지방자치단체 / 공공기관 / 국가철도공단(**역세권개발사업**을 시행하는 경우에만 해당) / 지방공사 / 민간시행자[도시개발구역의 토지소유자(수용 또는 사용방식의 경우에는 도시개발구역의 국공유지를 제외한 토지면적의 2/3 이상을 소유한 자), 도시개발구역의 토지소유자가 설립한 조합, 등록업자, 부동산개발업자 등]'는 도시개발구역의 **지정권자**가 지정한다.

25·27·29·33·35회

08 도시개발구역 지정 해제 조건

① 도시개발구역의 지정은 도시개발사업의 공사 완료(환지방식에 따른 사업인 경우에는 그 환지처분)의 공고일의   에 해제된 것으로 본다.

② 도시개발구역이 지정·고시된 날부터   년이 되는 날까지 실시계획의 인가를 신청하지 아니하는 경우에는 그   년이 되는 날의   에 구역 지정은 해제된 것으로 본다.

③ 도시개발구역을 지정한 후 개발계획을 수립하는 경우에는 '도시개발구역이 지정·고시된 날부터   년이 되는 날까지 개발계획을 수립·고시하지 아니하는 경우에는 그   년이 되는 날(도시개발구역의 면적이 330만m² 이상인 경우에는   년) / 개발계획을 수립·고시한 날부터   년이 되는 날까지 실시계획의 인가를 신청하지 아니하는 경우에는 그   년이 되는 날(도시개발구역의 면적이 330만m² 이상인 경우에는   년)'의   에 도시개발구역의 지정이 해제된 것으로 본다.   24·31회

09 **도시개발구역에서 허가를 받아야 할 행위**는 건축물의 건축(건축물의 대수선 또는 용도변경) / 공작물의 설치 / 물건을 쌓아놓는 행위 / 토지의 형질변경(공유수면의 매립) / 토석의 채취 / 토지   /   이다.   32회

10 도시개발구역의 지정이 도시개발사업의 완료로 해제의제(사업이 끝나서 해제된 것을 말함)된 경우에는 환원되거나 폐지된 것으로 보지   한다.   24회

3 도시개발사업의 시행자

01 **도시개발사업의 시행자**인 '   / 지방자치단체 / 공공기관 / 국가철도공단(사업을 시행하는 경우에만 해당) / 지방공사 / 민간시행자[도시개발구역의 토지소유자(수용 또는 사용방식의 경우에는 도시개발구역의 국공유지를 제외한 토지면적의 2/3 이상을 소유한 자), 도시개발구역의 토지소유자가 설립한 조합, 등록업자, 부동산개발업자 등]'는 도시개발구역의   가 지정한다.   25·27·29·33·35회

02 전부 환지방식의 시행자

① 원칙: 도시개발구역의 전부를 환지방식으로 시행하는 경우에는 원칙적으로 **토지소유자 / 조합**을 시행자로 지정한다.

② 예외: 지정권자는 지방자치단체의 장이 집행하는 공공시설에 관한 사업과 병행하여 시행할 필요가 있다고 인정한 경우에는 '**지방자치단체 / 한국토지주택공사 / 지방공사 / 신탁업자 / 국가(×)**'를 시행자로 지정할 수 **있다**. 이 경우 도시개발사업을 시행하는 자가 시·도 지사 또는 대도시 시장인 경우 **국토교통부장관**이 지정한다.　　　27·30·31회

03 지정권자가 시행자를 변경할 수 있는 경우

① 도시개발구역의 전부를 **환지**방식으로 시행하는 시행자가 도시개발구역 지정의 고시일로부터 **1년** 이내에 실시계획의 인가를 신청하지 아니하는 경우

② 도시개발사업에 관한 실시계획의 인가를 받은 후 **2년** 이내에 사업을 착수하지 아니하는 경우

③ 행정처분으로 시행자의 지정이나 실시계획의 인가가 **취소**된 경우

④ 시행자의 **부도·파산**, 그 밖에 이와 유사한 사유로 도시개발사업의 목적을 달성하기 어렵다고 인정되는 경우　　　22·25·29회

04 공동으로 도시개발사업을 시행하려는 민간시행자가 정하는 **규약** 중 '**토지평가협의회의 구성 및 운영 / 보류지 및 체비지의 관리·처분 / 환지계획 및 환지예정지의 지정 / 청산**'은 **환지**방식으로 도시개발사업을 시행하는 경우에**만** 해당한다.　　　28회

05 공공시행자인 지방자치단체 등이 도시개발사업의 전부를 환지방식으로 시행하려고 할 때에는 대통령령으로 정하는 바에 따라 **시행규정**을 작성하여야 한다.

06 공공시행자인 '**국가나 지방자치단체 / 공공**기관 / 정부출연기관 / **지방공사**'는 도시개발사업을 효율적으로 시행하기 위하여 필요한 경우에는 도시개발사업의 범위인 '**실시설계 / 조성된 토지의 분양 / 기**반시설공사 / **부지조성공사**'를 「주택법」에 따른 주택건설사업자 등으로 하여금 대행하게 할 수 **있다**.　　　28·29·30·34회

07 사업시행자는 항만·철도, 도로, 공원 등 공공시설의 건설과 공유수면의 매립에 관한 업무를 국가, 지방자치단체, 공공기관·정부출연기관 또는 지방공사에 위탁하여 시행할 수 **있다**.　　　25회

02 전부 환지방식의 시행자

① 원칙: 도시개발구역의 전부를 환지방식으로 시행하는 경우에는 원칙적으로 [   ] / [   ] 을 시행자로 지정한다.

② 예외: 지정권자는 지방자치단체의 장이 집행하는 공공시설에 관한 사업과 병행하여 시행할 필요가 있다고 인정한 경우에는 '지방자치단체 / 한국토지주택공사 / 지방공사 / 신탁업자 / 국가([   ])'를 시행자로 지정할 [   ]. 이 경우 도시개발사업을 시행하는 자가 시 · 도지사 또는 대도시 시장인 경우 [   ]이 지정한다.　　　　27 · 30 · 31회

03 지정권자가 시행자를 변경할 수 있는 경우

① 도시개발구역의 전부를 [   ] 방식으로 시행하는 시행자가 도시개발구역 지정의 고시일로 부터 [   ]년 이내에 실시계획의 인가를 신청하지 아니하는 경우

② 도시개발사업에 관한 실시계획의 인가를 받은 후 [   ]년 이내에 사업을 착수하지 아니 하는 경우

③ 행정처분으로 시행자의 지정이나 실시계획의 인가가 [   ]된 경우

④ 시행자의 [   ] · [   ], 그 밖에 이와 유사한 사유로 도시개발사업의 목적을 달성하기 어렵다고 인정되는 경우　　　　22 · 25 · 29회

04

공동으로 도시개발사업을 시행하려는 민간시행자가 정하는 [   ] 중 '토지평가협의회의 구성 및 운영 / 보류지 및 체비지의 관리 · 처분 / 환지계획 및 환지예정지의 지정 / 청산'은 [   ] 방식으로 도시개발사업을 시행하는 경우에 [   ] 해당한다.　　　　28회

05

공공시행자인 지방자치단체 등이 도시개발사업의 전부를 환지방식으로 시행하려고 할 때에는 대통령령으로 정하는 바에 따라 [   ]을 작성하여야 한다.

06

공공시행자인 '[   ]나 [   ] / [   ]기관 / 정부출연기관 / 지방공사'는 도시개 발사업을 효율적으로 시행하기 위하여 필요한 경우에는 도시개발사업의 범위인 '실시[   ] / 조성된 토지의 [   ] / [   ]반시설공사 / [   ]지조성공사'를 「주택법」에 따른 주택건설 사업자 등으로 하여금 대행하게 할 수 [   ].　　　　28 · 29 · 30 · 34회

07

사업시행자는 항만 · 철도, 도로, 공원 등 공공시설의 건설과 공유수면의 매립에 관한 업무를 국 가, 지방자치단체, 공공기관 · 정부출연기관 또는 지방공사에 위탁하여 시행할 수 [   ].　25회

DAY 05

4 **도시개발조합**

01 조합을 **설립**하려면 도시개발구역의 토지소유자 **7명** 이상이 정관(도시개발사업의 명칭 / 조합의 명칭 / 도시개발구역의 면적 등 포함)을 작성하여 **국토교통부장관**을 제외한 **지정권자**에게 조합 설립의 인가를 받아야 하며, 인가를 받은 사항을 변경할 경우도 **같다**. 다만, 대통령령으로 정하는 경미한 사항(주된 사무소의 소재지를 변경하려는 경우 / 공고방법을 변경하려는 경우)에는 **신고**하여야 한다.
21 · 25 · 27 · 29 · 33 · 34 · 35회

02 조합설립의 인가 신청
① 국공유지를 **포함**한 해당 도시개발구역의 토지면적의 **2/3** 이상에 해당하는 토지소유자**와** 그 구역의 토지소유자 총수의 **1/2** 이상의 동의를 받아야 한다.
② 조합설립인가를 신청하기 위해 동의를 한 토지소유자는 조합설립인가의 신청 전에 동의를 철회할 수 **있으며**, 그 토지소유자는 동의자 수에서 **제외**한다.
22 · 25 · 27 · 29 · 31 · 33회

03 조합은 **법인**으로 하며, 조합은 설립인가를 받은 날부터 30일 이내에 그 주된 사무소의 소재지에서 **등기**를 하면 성립한다.
21 · 33회

04 조합에 관하여 「도시개발법」으로 규정한 것 외에는 「민법」 중 사단법인에 관한 규정을 준용**한다**.
21 · 33회

05 조합의 조합원
① 도시개발구역의 **토지소유자**[토지저당권자(×) · 건축물소유자(×) · 건축물지상권자(×) · 미성년자(○)]로 한다.
② 조합원은 도시개발구역 내에 보유한 토지면적에 관계**없는 평등**한 의결권을 가지며, 공유 토지는 공유자의 동의를 받은 **대표공유자 1명만** 의결권이 있으며, 「집합건물의 소유 및 관리에 관한 법률」에 따른 구분소유자는 **구분소유자별**로 의결권이 있다.
③ 다른 조합원으로부터 해당 도시개발구역에 그가 가지고 있는 토지소유권 전부를 이전받은 조합원은 정관으로 정하는 바에 따라 본래의 의결권과는 별도로 그 토지소유권을 이전한 조합원의 의결권을 승계할 수 **있다**.
25 · 33 · 35회

4 도시개발조합

01 **조합을 설립**하려면 도시개발구역의 토지소유자   명 이상이 정관(도시개발사업의 명칭 /
조합의 명칭 / 도시개발구역의 면적 등 포함)을 작성하여   을 제외한
에게 조합설립의 인가를 받아야 하며, 인가를 받은 사항을 변경할 경우도   . 다만, 대통
령으로 정하는 경미한 사항(주된 사무소의 소재지를 변경하려는 경우 / 공고방법을 변경하려는
경우)에는   하여야 한다.   21 · 25 · 27 · 29 · 33 · 34 · 35회

02 조합설립의 인가 신청

① 국공유지를   한 해당 도시개발구역의 토지면적의   이상에 해당하는 토지소유
자   그 구역의 토지소유자 총수의   이상의 동의를 받아야 한다.
② 조합설립인가를 신청하기 위해 동의를 한 토지소유자는 조합설립인가의 신청 전에 동의를
철회할 수   , 그 토지소유자는 동의자 수에서   한다. 22 · 25 · 27 · 29 · 31 · 33회

DAY 05

03 조합은   으로 하며, 조합은 설립인가를 받은 날부터 30일 이내에 그 주된 사무소의 소재
지에서   를 하면 성립한다.   21 · 33회

04 조합에 관하여 「도시개발법」으로 규정한 것 외에는 「민법」 중 사단법인에 관한 규정을 준용
     .   21 · 33회

05 조합의 조합원

① 도시개발구역의   [토지저당권자(   ) · 건축물소유자(   ) · 건축물지상권자
(   ) · 미성년자(   )]로 한다.
② 조합원은 도시개발구역 내에 보유한 토지면적에 관계   한 의결권을 가지며, 공
유 토지는 공유자의 동의를 받은   공유자 1명   의결권이 있으며, 「집합건물의
소유 및 관리에 관한 법률」에 따른 구분소유자는   로 의결권이 있다.
③ 다른 조합원으로부터 해당 도시개발구역에 그가 가지고 있는 토지소유권 전부를 이전받은
조합원은 정관으로 정하는 바에 따라 본래의 의결권과는 별도로 그 토지소유권을 이전한 조
합원의 의결권을 승계할 수   .   25 · 33 · 35회

06 조합은 부과금이나 연체료를 체납하는 자가 있으면 특별자치도지사 · 시장 · 군수 또는 구청장에게 그 징수를 위탁할 수 있다.

25회

07 조합의 임원

① 조합원의 임원은 의결권을 **가진** 조합원이어야 하며, 그 조합의 다른 임원이나 직원을 겸할 수 **없다.**

② 임원의 구성원은 조합장 1명, 이사, 감사로 구성한다.

③ 조합의 임원은 정관으로 정한 바에 따라 **조합원** 중 **총회**에서 선임한다.

④ 조합의 임원(조합원 ×)으로 선임된 자가 결격사유(금고 이상의 형을 선고받고 그 집행이 끝나지 아니한 자 / 미성년자 등)에 해당하게 된 때에는 그 **다음** 날부터 임원의 자격을 상실한다.

⑤ **조합장**은 조합을 대표하고 그 사무를 총괄하며, 총회 · 대의원회 또는 이사회의 의장이 된다.

⑥ 조합장 또는 이사의 자기를 위한 조합과의 계약이나 소송에 관하여는 **감사가** 조합을 대표한다.

22 · 24 · 29 · 34 · 35회

08 대의원회

① 의결권을 가진 조합원의 수가 **50인** 이상인 조합은 총회의 권한을 대행하게 하기 위하여 대의원회를 **둘 수 있다.**

② 대의원회에 두는 대의원의 수는 의결권을 가진 조합원 총수의 **10/100** 이상으로 한다.

③ 대의원회는 총회의 의결사항 중 '**조합임원의 선임** / 개발계획의 수립 및 **변경** / 정관의 **변경** / 조합의 **합병** 또는 **해산**에 관한 사항 / 환지계획의 **작성**'만 총회의 권한을 대행할 수 없고, **실시계획의 수립 및 변경**을 포함한 나머지 사항은 총회의 권한을 대행할 수 있다.

22 · 23 · 31 · 34 · 35회

06 조합은 부과금이나 연체료를 체납하는 자가 있으면 특별자치도지사 · 시장 · 군수 또는 구청장
에게 그 징수를 위탁할 수 [   ]. 　　　　　　　　　　　　　　　　　　　　　　25회

07 **조합의 임원**

① 조합원의 임원은 의결권을 [   ] 조합원이어야 하며, 그 조합의 다른 임원이나 직원을 겸
할 수 [   ].

② 임원의 구성원은 조합장 [   ] 명, 이사, 감사로 구성한다.

③ 조합의 임원은 정관으로 정한 바에 따라 [   ] 중 [   ]에서 선임한다.

④ 조합의 임원(조합원 [   ])으로 선임된 자가 결격사유(금고 이상의 형을 선고받고 그 집
행이 끝나지 아니한 자 / 미성년자 등)에 해당하게 된 때에는 그 [   ]부터 임원의 자
격을 상실한다.

⑤ [   ]은 조합을 대표하고 그 사무를 총괄하며, 총회 · 대의원회 또는 이사회의 의장
이 된다.

⑥ 조합장 또는 이사의 자기를 위한 조합과의 계약이나 소송에 관하여는 [   ]가 조합을 대
표한다. 　　　　　　　　　　　　　　　　　　　　　22 · 24 · 29 · 34 · 35회

08 **대의원회**

① 의결권을 가진 조합원의 수가 [   ]인 이상인 조합은 총회의 권한을 대행하게 하기 위하
여 대의원회를 [   ].

② 대의원회에 두는 대의원의 수는 의결권을 가진 조합원 총수의 [   ] 이상으로 한다.

③ 대의원회는 총회의 의결사항 중 '조합임원의 [   ]임 / 개발계획의 [   ]립 및 [   ] /
정관의 [   ] / 조합의 [   ] 또는 [   ]에 관한 사항 / 환지계획의 [   ]'만 총회의
권한을 대행할 수 없고, [   ] 계획의 수립 및 변경을 포함한 나머지 사항은 총회의 권한을
대행할 수 있다. 　　　　　　　　　　　　　　　　　22 · 23 · 31 · 34 · 35회

핵심지문으로 키워드 학습

5 도시개발사업 실시계획

01 실시계획 작성

① **시행자**는 대통령령으로 정하는 바에 따라 도시개발사업에 관한 실시계획을 작성하여야 하며, 실시계획에는 **지구단위계획**이 포함되어야 한다.

② 실시계획은 **개발계획**에 맞게 작성하여야 하고, 실시계획에는 사업시행에 필요한 설계도서, 자금계획, 시행기간과 서류를 명시하거나 첨부하여야 **한다.**   23·25·31회

02 **시행자**가 실시계획의 인가를 받으려는 경우에는 실시계획 인가신청서에 서류(계획평면도 및 개략설계도 / 축척 2만 5천분의 1 또는 5만분의 1의 위치도)를 첨부하여 시장(대도시 시장 제외)·군수 또는 구청장을 거쳐 **지정권자**에게 제출하여야 한다.   23회

03 **실시계획 인가**: 지정권자가 아닌 시행자는 작성된 실시계획에 관하여 **지정권자**의 인가를 받아야 하고, 인가를 받은 실시계획을 변경(폐지)하는 경우에도 **동일**하다. 다만, 경미한 사항(사업시행면적의 **10/100**의 범위에서의 면적의 **감소** / 사업비의 **10/100**의 범위에서의 사업비의 **증감**)을 변경하는 경우에는 인가를 받을 필요가 없다.   23·25·29·31회

04 지정권자인 **국토교통부장관**이 실시계획을 작성하거나 인가하는 경우에는 시·도지사 또는 대도시 시장의 의견을, 지정권자인 **시·도지사**가 실시계획을 작성하거나 인가하는 경우에는 시장(대도시 시장 제외)·군수 또는 구청장의 의견을 미리 들어야 한다.   23·25·29·31회

05 도시개발사업을 환지방식으로 시행하는 구역에 대하여 지정권자가 실시계획을 작성하거나 인가한 경우에는 '사업의 명칭·목적 / 도시개발구역의 위치 및 면적 / 시행자 / 시행기간 / 시행방식 / 도시·군관리계획의 결정내용(×)'의 사항과 토지조서를 관할 등기소에 통보·제출하여야 한다.   29회

빈칸으로 **키워드** 암기

5 도시개발사업 실시계획

01 실시계획 작성

① 　　　　　는 대통령령으로 정하는 바에 따라 도시개발사업에 관한 실시계획을 작성하여야
하며, 실시계획에는 　　　　　　이 포함되어야 한다.

② 실시계획은 　　　　　에 맞게 작성하여야 하고, 실시계획에는 사업시행에 필요한 설계도
서, 자금계획, 시행기간과 서류를 명시하거나 첨부하여야 　　. 　　　　　23 · 25 · 31회

02 　　　　　가 실시계획의 인가를 받으려는 경우에는 실시계획 인가신청서에 서류(계획평면도
및 개략설계도 / 축척 2만 5천분의 1 또는 5만분의 1의 위치도)를 첨부하여 시장(대도시 시장
제외) · 군수 또는 구청장을 거쳐 　　　　　에게 제출하여야 한다. 　　　　　23회

03 실시계획 인가: 지정권자가 아닌 시행자는 작성된 실시계획에 관하여 　　　　　의 인가를 받
아야 하고, 인가를 받은 실시계획을 변경(폐지)하는 경우에도 　　　　하다. 다만, 경미한 사항
(사업시행면적의 　　　　　의 범위에서의 면적의 　　　　　 / 사업비의 　　　　　의 범위에서
의 사업비의 　　　　　)을 변경하는 경우에는 인가를 받을 필요가 없다. 　　23 · 25 · 29 · 31회

04 지정권자인 　　　　　이 실시계획을 작성하거나 인가하는 경우에는 시 · 도지사 또는 대
도시 시장의 의견을, 지정권자인 　　　　　가 실시계획을 작성하거나 인가하는 경우에는 시장
(대도시 시장 제외) · 군수 또는 구청장의 의견을 미리 들어야 한다. 　　　　23 · 25 · 29 · 31회

05 도시개발사업을 환지방식으로 시행하는 구역에 대하여 지정권자가 실시계획을 작성하거나 인
가한 경우에는 '사업의 명칭 · 목적 / 도시개발구역의 위치 및 면적 / 시행자 / 시행기간 / 시행
방식 / 도시 · 군관리계획의 결정내용(　　　　)'의 사항과 토지조서를 관할 등기소에 통보 · 제출
하여야 한다. 　　　　29회

06 실시계획 고시

① 실시계획을 고시한 경우 그 고시된 내용 중 「국토의 계획 및 이용에 관한 법률」에 따라 도시·군관리계획(지구단위계획을 포함)으로 결정하여야 하는 사항은 같은 법에 따른 도시·군관리계획이 결정되어 고시된 것으로 **본다.**

② 이 경우 종전에 도시·군관리계획으로 결정된 사항 중 고시 내용에 저촉되는 사항은 고시된 내용으로 **변경**(종전 ×)된 것으로 본다.   23·31회

07 실시계획을 작성하거나 인가할 때 지정권자가 해당 실시계획에 대한 여러 가지 사항의 인·허가 등에 관하여 관계 행정기관의 장과 협의한 사항에 대하여는 해당 인·허가 등을 받은 것으로 **보며**, 실시계획을 고시한 경우에는 관계 법률에 따른 인·허가 등의 고시나 공고를 한 것으로 **본다.**   29·31회

08 인·허가 등의 의제사항

① 인·허가 등의 의제를 받으려는 자는 실시계획의 인가를 신청하는 때에 해당 법률로 정하는 관계 서류를 **함께** 제출하여야 한다.

② 지정권자는 실시계획을 작성하거나 인가할 때 그 내용에 인·허가 등의 의제사항이 있으면 미리 관계 행정기관의 장과 **협의**하여야 한다.

③ 관계 행정기관의 장은 협의 요청을 받은 날부터 **20**일 이내에 의견을 제출하여야 하며, 그 기간 내에 의견을 제출하지 아니하면 협의한 것으로 **본다.**   25회

6 도시개발사업 시행방식

01 시행방식 분류

① 도시개발사업은 시행자가 도시개발구역의 토지 등을 '**수용** 또는 **사용**방식 / **환지**방식 / **혼용**방식'으로 시행할 수 있다.

② 사업의 용이성·규모 등을 고려하여 필요하면 국토교통부장관이 정하는 **기준**(허가 ×)에 따라 도시개발사업의 시행방식을 정할 수 있다.   30회

02 수용 또는 **사용**방식은 계획적이고 체계적인 도시개발 등 집단적인 조성과 공급이 필요한 경우에 시행하는 방식이다.   30회

06 실시계획 고시

① 실시계획을 고시한 경우 그 고시된 내용 중 「국토의 계획 및 이용에 관한 법률」에 따라 도시 · 군관리계획(지구단위계획을 포함)으로 결정하여야 하는 사항은 같은 법에 따른 도시 · 군관리계획이 결정되어 고시된 것으로 _____.

② 이 경우 종전에 도시 · 군관리계획으로 결정된 사항 중 고시 내용에 저촉되는 사항은 고시된 내용으로 _____(종전 _____)된 것으로 본다.   23 · 31회

07

실시계획을 작성하거나 인가할 때 지정권자가 해당 실시계획에 대한 여러 가지 사항의 인 · 허가 등에 관하여 관계 행정기관의 장과 협의한 사항에 대하여는 해당 인 · 허가 등을 받은 것으로 _____, 실시계획을 고시한 경우에는 관계 법률에 따른 인 · 허가 등의 고시나 공고를 한 것으로 _____.   29 · 31회

08 인 · 허가 등의 의제사항

① 인 · 허가 등의 의제를 받으려는 자는 실시계획의 인가를 신청하는 때에 해당 법률로 정하는 관계 서류를 _____ 제출하여야 한다.

② 지정권자는 실시계획을 작성하거나 인가할 때 그 내용에 인 · 허가 등의 의제사항이 있으면 미리 관계 행정기관의 장과 _____ 하여야 한다.

③ 관계 행정기관의 장은 협의 요청을 받은 날부터 _____ 일 이내에 의견을 제출하여야 하며, 그 기간 내에 의견을 제출하지 아니하면 협의한 것으로 _____.   25회

6 도시개발사업 시행방식

01 시행방식 분류

① 도시개발사업은 시행자가 도시개발구역의 토지 등을 '_____ 또는 _____ 방식 / _____ 방식 / _____ 방식'으로 시행할 수 있다.

② 사업의 용이성 · 규모 등을 고려하여 필요하면 국토교통부장관이 정하는 _____(허가 _____)에 따라 도시개발사업의 시행방식을 정할 수 있다.   30회

02

_____ 방식은 계획적이고 체계적인 도시개발 등 집단적인 조성과 공급이 필요한 경우에 시행하는 방식이다.   30회

03 **환지**방식은 다음의 경우에 시행하는 방식이다.

① 대지로서의 효용증진과 공공시설의 정비를 위하여 토지의 교환 · 분할 · 합병, 그 밖의 구획 변경, 지목 또는 형질의 변경이나 공공시설의 설치 · 변경이 필요한 경우

② 도시개발사업을 시행하는 지역의 지가가 인근의 다른 지역에 비하여 현저히 **높아** 수용 또는 사용방식으로 시행하는 것이 어려운 경우

04 **혼용**방식은 도시개발구역으로 지정하려는 지역이 부분적으로 환지방식 또는 수용 · 사용방식에 해당하는 경우에 시행하는 방식이다.

분할혼용방식은 수용 또는 사용방식이 적용되는 지역과 환지방식이 적용되는 지역을 사업시행 지구별로 분할하여 시행하는 방식을 말한다.   30회

05 **시행방식 변경조건**: 지정권자는 도시개발구역지정 이후 다음의 어느 하나에 해당하는 경우에는 도시개발사업의 시행방식을 변경할 수 있다.

① 도시개발사업의 시행방식을 수용 또는 사용방식에서 전부 **환지**방식으로 변경하는 경우

② 도시개발사업의 시행방식을 수용 또는 사용방식에서 **혼용**방식으로 변경하는 경우

③ 도시개발사업의 시행방식을 혼용방식에서 전부 **환지**방식으로 변경하는 경우   30 · 32 · 35회

7 수용 또는 사용방식에 의한 사업시행

01 **토지 수용 또는 사용 시 조건**

① **원칙**: 시행자(시행자 아닌 지정권자 ×)는 도시개발사업에 필요한 토지 등을 수용하거나 사용할 수 있다.

② **예외**: 조합을 제외한 민간시행자는 수용 시 사업대상 토지면적의 **2/3** 이상에 해당하는 토지를 소유하고 토지소유자 총수의 **1/2** 이상에 해당하는 자의 동의를 받아야 **하지만**, '**국가 / 지방자치단체 / 공공기관 / 정부출연기관 / 지방공사 / 공공사업시행자가 50/100의 비율을 초과하여 출자한 경우**'에는 토지소유자의 동의 **없이** 도시개발사업에 필요한 토지 등을 수용 또는 사용할 수 있다.

③ 토지 등의 수용 또는 사용에 관하여 「도시개발법」에 특별한 규정이 있는 경우 외에는 「공익사업을 위한 토지 등의 취득 및 보상에 관한 법률」을 준용**한다**.

④ 수용 또는 사용의 대상이 되는 토지의 **세부목록**을 고시한 경우에는 「공익사업을 위한 토지 등의 취득 및 보상에 관한 법률」에 따른 사업인정 및 그 고시가 있었던 것으로 본다.

26 · 27 · 30 · 32회

03 　　　　 방식은 다음의 경우에 시행하는 방식이다.
　① 대지로서의 효용증진과 공공시설의 정비를 위하여 토지의 교환 · 분할 · 합병, 그 밖의 구획
　　 변경, 지목 또는 형질의 변경이나 공공시설의 설치 · 변경이 필요한 경우
　② 도시개발사업을 시행하는 지역의 지가가 인근의 다른 지역에 비하여 현저히 　　　　 수용 또
　　 는 사용방식으로 시행하는 것이 어려운 경우

04 　　　　 방식은 도시개발구역으로 지정하려는 지역이 부분적으로 환지방식 또는 수용 · 사용방
　식에 해당하는 경우에 시행하는 방식이다.
　　　　　　 방식은 수용 또는 사용방식이 적용되는 지역과 환지방식이 적용되는 지역을 사업시
　행지구별로 분할하여 시행하는 방식을 말한다. 　　　　　　　　　　　　　　　　　30회

05 **시행방식 변경조건**: 지정권자는 도시개발구역지정 이후 다음의 어느 하나에 해당하는 경우에는
　도시개발사업의 시행방식을 변경할 수 있다.
　① 도시개발사업의 시행방식을 수용 또는 사용방식에서 전부 　　　　 방식으로 변경하는 경우
　② 도시개발사업의 시행방식을 수용 또는 사용방식에서 　　　　 방식으로 변경하는 경우
　③ 도시개발사업의 시행방식을 혼용방식에서 전부 　　　　 방식으로 변경하는 경우 30 · 32 · 35회

7 **수용 또는 사용방식에 의한 사업시행**

01 **토지 수용 또는 사용 시 조건**
　① **원칙**: 시행자(시행자 아닌 지정권자 　　　　)는 도시개발사업에 필요한 토지 등을 수용하거
　　 나 사용할 수 있다.
　② **예외**: 조합을 제외한 민간시행자는 수용 시 사업대상 토지면적의 　　　　 이상에 해당하는 토
　　 지를 소유하고 토지소유자 총수의 　　　　 이상에 해당하는 자의 동의를 받아야 　　　　 ,
　　 '국가 / 지방자치단체 / 공공기관 / 정부출연기관 / 지방공사 / 공공사업시행자가 50/100의
　　 비율을 초과하여 출자한 경우'에는 토지소유자의 동의 　　　　 도시개발사업에 필요한 토지
　　 등을 수용 또는 사용할 수 있다.
　③ 토지 등의 수용 또는 사용에 관하여 「도시개발법」에 특별한 규정이 있는 경우 외에는 「공익
　　 사업을 위한 토지 등의 취득 및 보상에 관한 법률」을 준용 　　　　 .
　④ 수용 또는 사용의 대상이 되는 토지의 　　　　 을 고시한 경우에는 「공익사업을 위한 토
　　 지 등의 취득 및 보상에 관한 법률」에 따른 사업인정 및 그 고시가 있었던 것으로 본다.
　　　　　　　　　　　　　　　　　　　　　　　　　　　　　　　　 26 · 27 · 30 · 32회

DAY 06

02 **선수금 조건**: 지정권자가 아닌 시행자는 조성토지등과 원형지(도시개발사업으로 조성되지 아니한 상태의 토지)를 공급받거나 이용하려는 자로부터 다음의 요건을 갖추어 지정권자의 승인을 **받아야** 해당 대금의 전부 또는 일부를 미리 받을 수 **있다**.

① 공공시행자에 해당하는 시행자인 경우: 개발계획을 수립·고시한 후에 사업시행 토지면적의 **10/100** 이상의 토지에 대한 소유권을 확보할 것

② 민간시행자에 해당하는 시행자인 경우: 공급하려는 토지에 대한 도시개발사업의 공사 진척률이 **10/100** 이상일 것

23·26·30회

03 **원형지 공급**

① 시행자는 미리 지정권자의 승인을 받아 '공공부문(국가, 지방자치단체, 공공기관, 지방공사, 공모에서 선정된 자) / 원형지를 학교나 공장 등의 부지로 직접 사용하는 자'에게 원형지를 공급하여 개발하게 할 수 있으며, 이 경우 공급될 수 있는 원형지의 면적은 도시개발구역 전체 토지면적의 **1/3 이내**로 한정한다.

② 지정권자는 원형지 공급에 대한 승인을 할 때에는 '용적률 등 개발밀도, 토지용도별 면적 및 배치, 교통처리계획 및 기반시설의 설치 등'에 관한 이행조건을 붙일 수 **있다**.

23·25·26·27·30·34회

04 원형지개발자는 10년의 범위(원형지에 대한 공사완료 공고일부터 5년 / 원형지 공급계약일부터 10년) 안에는 원형지를 매각할 수 없지만, 국가 및 지방자치단체가 원형지개발자인 경우에는 매각할 수 **있다**.

23·25·32·34회

05 시행자는 공급받은 토지의 전부나 일부를 시행자의 동의 없이 제3자에게 매각하는 경우 원형지개발자에게 2회 이상 시정을 요구**하여야** 하고, 원형지개발자가 시정하지 **아니한** 경우에는 원형지 공급계약을 해제할 수 있다.

06 **원형지개발자의 선정**은 **수의계약**의 방법으로 하지만, **공장용지** 또는 **학교용지**에 해당하는 원형지개발자의 선정은 **경쟁입찰**의 방식으로 하며, 경쟁입찰이 2회 이상 유찰된 경우에는 **수의계약**의 방법으로 할 수 있다.

23·32·34회

07 **원형지 공급가격**은 개발계획이 반영된 원형지의 감정가격에 시행자가 원형지에 설치한 기반시설 등의 공사비를 **더한** 금액을 기준으로 시행자와 원형지개발자가 **협의**하여 결정한다.

25·34회

02 **선수금 조건**: 지정권자가 아닌 시행자는 조성토지등과 원형지(도시개발사업으로 조성되지 아니한 상태의 토지)를 공급받거나 이용하려는 자로부터 다음의 요건을 갖추어 지정권자의 승인을 해당 대금의 전부 또는 일부를 미리 받을 수 ___.
① 공공시행자에 해당하는 시행자인 경우: 개발계획을 수립·고시한 후에 사업시행 토지면적의 ___ 이상의 토지에 대한 소유권을 확보할 것
② 민간시행자에 해당하는 시행자인 경우: 공급하려는 토지에 대한 도시개발사업의 공사 진척률이 ___ 이상일 것
23 · 26 · 30회

03 **원형지 공급**
① 시행자는 미리 지정권자의 승인을 받아 '공공부문(국가, 지방자치단체, 공공기관, 지방공사, 공모에서 선정된 자) / 원형지를 ___ 나 ___ 등의 부지로 직접 사용하는 자'에게 원형지를 공급하여 개발하게 할 수 있으며, 이 경우 공급될 수 있는 원형지의 면적은 도시개발구역 전체 토지면적의 ___ 로 한정한다.
② 지정권자는 원형지 공급에 대한 승인을 할 때에는 '용적률 등 개발밀도, 토지용도별 면적 및 배치, 교통처리계획 및 기반시설의 설치 등'에 관한 이행조건을 붙일 수 ___.
23 · 25 · 26 · 27 · 30 · 34회

04 원형지개발자는 ___ 년의 범위(원형지에 대한 공사완료 공고일부터 ___ 년 / 원형지 공급계약일부터 ___ 년) 안에는 원형지를 매각할 수 없지만, 국가 및 지방자치단체가 원형지개발자인 경우에는 매각할 수 ___.
23 · 25 · 32 · 34회

05 시행자는 공급받은 토지의 전부나 일부를 시행자의 동의 없이 제3자에게 매각하는 경우 원형지개발자에게 2회 이상 시정을 요구 ___ 하고, 원형지개발자가 시정하지 ___ 경우에는 원형지 공급계약을 해제할 수 있다.

06 **원형지개발자의 선정**은 ___ 의 방법으로 하지만, ___ 장용지 또는 ___ 교용지에 해당하는 원형지개발자의 선정 ___ 의 방식으로 하며, 경쟁입찰이 2회 이상 유찰된 경우에는 ___ 의 방법으로 할 수 있다.
23 · 32 · 34회

07 **원형지 공급가격**은 개발계획이 반영된 원형지의 감정가격에 시행자가 원형지에 설치한 기반시설 등의 공사비를 ___ 금액을 기준으로 시행자와 원형지개발자가 ___ 하여 결정한다.
25 · 34회

08 조성토지등의 공급

① 시행자는 조성토지등을 공급하려고 할 때에는 조성토지등의 공급계획을 작성하여야 하며, 지정권자가 아닌 시행자는 작성한 조성토지등의 공급계획에 대하여 지정권자의 **승인**을 받아야 한다.

② 조성토지등의 공급계획을 변경하려는 경우에도 **동일**하다.   26회

09 도시개발사업시행자는 조성토지등의 **공급**계획에 따라 조성토지등을 공급해야 한다. 이 경우 시행자는 「국토의 계획 및 이용에 관한 법률」에 따른 기반시설의 원활한 설치를 위하여 필요하면 공급대상자의 자격을 제한하거나 공급조건을 부여할 수 **있다**.   22회

10 조성토지등의 공급은 원칙적으로 **경쟁입찰**의 방법에 따르지만, 다음의 어느 하나에 해당하는 토지는 추첨의 방법으로 분양할 수 있다.

① **국민주택규모** 이하의 주택건설용지

② **공공택지**

③ 330m² 이하의 **단독주택용지** 및 **공장용지**

④ 수의계약의 방법으로 조성토지를 공급하기로 하였으나 공급 신청량이 지정권자에게 제출한 조성토지등의 공급계획에서 계획된 면적을 **초과**하는 경우   22 · 26 · 30회

11 도시개발사업시행자가 예외적으로 **수의계약**의 방법으로 조성토지등을 공급할 수 있는 조건

① 학교용지, 공공청사용지 등 일반에게 분양할 수 없는 공공용지를 국가, 지방자치단체, 그 밖의 법령에 따라 해당 시설을 설치할 수 있는 자에게 공급하는 경우

② 실시계획에 따라 존치하는 시설물의 유지관리에 필요한 최소한의 토지를 공급하는 경우

③ 토지상환채권에 의하여 토지를 상환하는 경우

④ 토지의 규모 및 형상, 입지조건 등에 비추어 토지이용가치가 현저히 낮은 토지로서, 인접 토지소유자 등에게 공급하는 것이 불가피하다고 시행자가 인정하는 경우

⑤ 경쟁입찰 또는 추첨의 결과 2회 이상 유찰된 경우   22 · 26회

08 조성토지등의 공급

① 시행자는 조성토지등을 공급하려고 할 때에는 조성토지등의 공급계획을 작성하여야 하며, 지정권자가 아닌 시행자는 작성한 조성토지등의 공급계획에 대하여 지정권자의   을 받아야 한다.

② 조성토지등의 공급계획을 변경하려는 경우에도   하다.   26회

09 도시개발사업시행자는 조성토지등의   계획에 따라 조성토지등을 공급해야 한다. 이 경우 시행자는 「국토의 계획 및 이용에 관한 법률」에 따른 기반시설의 원활한 설치를 위하여 필요하면 공급대상자의 자격을 제한하거나 공급조건을 부여할 수   .   22회

10 조성토지등의 공급은 원칙적으로   의 방법에 따르지만, 다음의 어느 하나에 해당하는 토지는 추첨의 방법으로 분양할 수 있다.

①   주택규모 이하의 주택건설용지

② 공공

③   m² 이하의   독주택용지 및   장용지

④ 수의계약의 방법으로 조성토지를 공급하기로 하였으나 공급 신청량이 지정권자에게 제출한 조성토지등의 공급계획에서 계획된 면적을   하는 경우   22 · 26 · 30회

11 도시개발사업시행자가 예외적으로   의 방법으로 조성토지등을 공급할 수 있는 조건

① 학교용지, 공공청사용지 등 일반에게 분양할 수 없는 공공용지를 국가, 지방자치단체, 그 밖의 법령에 따라 해당 시설을 설치할 수 있는 자에게 공급하는 경우

② 실시계획에 따라 존치하는 시설물의 유지관리에 필요한 최소한의 토지를 공급하는 경우

③ 토지상환채권에 의하여 토지를 상환하는 경우

④ 토지의 규모 및 형상, 입지조건 등에 비추어 토지이용가치가 현저히 낮은 토지로서, 인접 토지소유자 등에게 공급하는 것이 불가피하다고 시행자가 인정하는 경우

⑤ 경쟁입찰 또는 추첨의 결과 2회 이상 유찰된 경우   22 · 26회

DAY 06

12 조성토지등의 가격평가는 원칙적으로 **감정가격**으로 하지만, 도시개발사업의 시행자는 '학교 / 폐기물처리시설 / 임대주택 / 공공청사 / 사회복지시설(**유료시설** 제외) / 공장 / 국민주택규모 이하의 공동주택 / 공공시행자가 200실 이상의 객실을 갖춘 호텔업 시설 / 기반시설'을 설치하기 위한 조성토지등과 이주단지의 조성을 위한 토지를 공급하는 경우에는 해당 토지의 가격을 「감정평가 및 감정평가사에 관한 법률」에 따른 감정평가법인등이 감정평가한 가격 **이하**로 정할 수 있다.
22 · 24 · 26 · 30회

8 　토지상환채권

01 **토지상환채권**이란 시행자(민간시행자 / 공공시행자)가 토지소유자가 원하면 토지등의 매수대금의 **일부**를 지급하기 위하여 도시개발사업시행으로 조성된 토지 · 건축물로 상환하는 조건으로 발행하는 채권을 말한다.
26 · 27 · 32회

02 **토지상환채권의 발행규모**는 그 토지상환채권으로 상환할 토지 · 건축물이 해당 도시개발사업으로 조성되는 분양토지 또는 분양건축물 면적의 **1/2**을 초과하지 아니하도록 하여야 한다.
27 · 33회

03 시행자(지정권자가 시행자인 경우는 제외)는 토지상환채권을 발행하려면 토지상환채권의 발행계획(공공시행자인 경우 보증기관 및 보증의 내용 ×)을 작성하여 미리 **지정권자**의 승인을 받아야 한다.
35회

04 토지상환채권의 이율은 발행 당시 은행의 예금금리 및 부동산 수급상황을 고려하여 **발행자**가 정하며, 토지상환채권은 **기명식** 증권으로 한다.

05 도시개발구역의 토지소유자인 민간시행자가 토지상환채권을 발행하는 때에는 「은행법」에 따른 금융기관이나 「보험업법」에 따른 보험회사의 지급보증을 받아야 **하지만**, 공공시행자(국가, 지방자치단체, 공공기관, 정부출연기관, 지방공사)인 경우에는 지급보증 **없이** 토지상환채권을 발행할 수 있다.
30 · 33회

06 토지상환채권은 타인에게 이전이 **가능**하고 질권의 목적으로 할 수 **있으며**, 토지상환채권을 이전하는 경우 취득자는 그 성명과 주소를 토지상환채권원부에 기재하여 줄 것을 요청하여야 하며, 취득자의 성명과 주소가 토지상환채권에 기재되지 아니하면 취득자는 발행자 및 그 밖의 제3자에게 대항하지 **못한다.**
33회

12 **조성토지등의 가격평가**는 원칙적으로   으로 하지만, 도시개발사업의 시행자는 '학교 / 폐기물처리시설 / 임대주택 / 공공청사 / 사회복지시설(제외) / 공장 / 국민주택규모 이하의 공동주택 / 공공시행자가 200실 이상의 객실을 갖춘 호텔업 시설 / 기반시설'을 설치하기 위한 조성토지등과 이주단지의 조성을 위한 토지를 공급하는 경우에는 해당 토지의 가격을 「감정평가 및 감정평가사에 관한 법률」에 따른 감정평가법인등이 감정평가한 가격으로 정할 수 있다.

22 · 24 · 26 · 30회

8 토지상환채권

01 **토지상환채권**이란 시행자(민간시행자 / 공공시행자)가 토지소유자가 원하면 토지등의 매수대금의   를 지급하기 위하여 도시개발사업시행으로 조성된 토지 · 건축물로 상환하는 조건으로 발행하는 채권을 말한다.

26 · 27 · 32회

02 **토지상환채권의 발행규모**는 그 토지상환채권으로 상환할 토지 · 건축물이 해당 도시개발사업으로 조성되는 분양토지 또는 분양건축물 면적의   을 초과하지 아니하도록 하여야 한다.

27 · 33회

03 시행자(지정권자가 시행자인 경우는 제외)는 토지상환채권을 발행하려면 토지상환채권의 발행계획(공공시행자인 경우 보증기관 및 보증의 내용   )을 작성하여 미리   의 승인을 받아야 한다.

35회

04 토지상환채권의 이율은 발행 당시 은행의 예금금리 및 부동산 수급상황을 고려하여   가 정하며, 토지상환채권은   증권으로 한다.

05 도시개발구역의 토지소유자인 민간시행자가 토지상환채권을 발행하는 때에는 「은행법」에 따른 금융기관이나 「보험업법」에 따른 보험회사의 지급보증을 받아야   , 공공시행자(국가, 지방자치단체, 공공기관, 정부출연기관, 지방공사)인 경우에는 지급보증   토지상환채권을 발행할 수 있다.

30 · 33회

06 토지상환채권은 타인에게 이전이   하고 질권의 목적으로 할 수   , 토지상환채권을 이전하는 경우 취득자는 그 성명과 주소를 토지상환채권원부에 기재하여 줄 것을 요청하여야 하며, 취득자의 성명과 주소가 토지상환채권에 기재되지 아니하면 취득자는 발행자 및 그 밖의 제3자에게 대항하지   .

33회

핵심지문으로 키워드 학습

9 환지방식에 의한 사업시행

01 환지계획 작성내용: 시행자는 도시개발사업의 전부 또는 일부를 환지방식으로 시행하려면 다음
의 사항이 포함된 환지계획을 작성하여야 한다.

① 환지설계

② 필지별로 된 환지명세

③ 필지별과 권리별로 된 청산 대상 토지명세(청산금의 결정 ✕)

④ 체비지 또는 보류지의 명세

⑤ 입체환지를 계획하는 경우에는 건축계획인 입체환지용 건축물의 명세와 공급방법 · 규모에
관한 사항

23 · 30 · 32회

02 환지종류

① **평면환지**는 환지 전 토지에 대한 권리를 도시개발사업으로 조성되는 토지에 이전하는 방
식을 말한다.

② **입체환지**는 환지 전 토지나 건축물(무허가 건축물은 제외)에 대한 권리를 도시개발사업으
로 건설되는 구분건축물에 이전하는 방식을 말한다.

27회

03 환지계획의 작성에 따른 환지계획의 기준, 보류지(체비지 · 공공시설용지)의 책정기준(도시개발
구역이 2 이상의 환지계획구역으로 구분되는 경우에는 환지계획**구역별**로 사업비 및 보류지를
책정하여야 **한다**) 등에 관하여 필요한 사항은 **국토교통부령**으로 정할 수 있다.

04 **토지의 부담률**은 **사업시행자**가 산정하며, 환지계획구역의 평균 토지부담률은 **50%**를 초과할 수
없지만, 해당 환지계획구역의 특성을 고려하여 지정권자가 인정하는 경우에는 **60%**까지로 할
수 있으며, 환지계획구역의 토지소유자 총수의 **2/3** 이상이 동의하는 경우에는 **60%**를 초과하여
정할 수 있다.

21회

빈칸으로 키워드 암기

9 환지방식에 의한 사업시행

01 환지계획 작성내용: 시행자는 도시개발사업의 전부 또는 일부를 환지방식으로 시행하려면 다음의 사항이 포함된 환지계획을 작성하여야 한다.

① 환지
② 필지별로 된 환지
③ 필지별과 권리별로 된 청산 대상 토지   (청산금의 결정   )
④ 체비지 또는 보류지의
⑤ 입체환지를 계획하는 경우에는 건축계획인 입체환지용 건축물의   와 공급방법 · 규모에 관한 사항

23 · 30 · 32회

02 환지종류

①   는 환지 전 토지에 대한 권리를 도시개발사업으로 조성되는 토지에 이전하는 방식을 말한다.
②   는 환지 전 토지나 건축물(무허가 건축물은 제외)에 대한 권리를 도시개발사업으로 건설되는 구분건축물에 이전하는 방식을 말한다.

27회

03 환지계획의 작성에 따른 환지계획의 기준, 보류지(체비지 · 공공시설용지)의 책정기준(도시개발구역이 2 이상의 환지계획구역으로 구분되는 경우에는 환지계획   로 사업비 및 보류지를 책정하여야   ) 등에 관하여 필요한 사항은   으로 정할 수 있다.

04 토지의 부담률은   가 산정하며, 환지계획구역의 평균 토지부담률은   %를 초과할 수   , 해당 환지계획구역의 특성을 고려하여 지정권자가 인정하는 경우에는   %까지로 할 수 있으며, 환지계획구역의 토지소유자 총수의   이상이 동의하는 경우에는   %를   하여 정할 수 있다.

21회

05 환지계획구역의 평균 토지부담률 = [(**보류지** 면적 − 시행자에게 무상귀속되는 토지와 시행자가 소유하는 토지의 면적) ÷ (**환지계획구역** 면적 − 시행자에게 무상귀속되는 토지와 시행자가 소유하는 토지의 면적)] × 100의 계산식에 따라 산정한다. 22 · 27 · 34회

06 환지계획구역의 외부와 연결되는 환지계획구역 안의 도로로서 너비 25m 이상의 간선도로는 토지소유자가 도로의 부지를 **부담**하고, 관할 지방자치단체가 공사비를 **보조**하여 건설할 수 있다. 21회

07 시행자는 도시개발사업에 필요한 경비에 충당하거나 규약 · 정관 · 시행규정 또는 실시계획으로 정하는 목적을 위하여 일정한 토지를 환지로 정하지 아니하고 보류지로 정할 수 **있으며**, 그중 일부를 체비지로 정하여 도시개발사업에 필요한 경비에 충당할 수 **있다.** 24회

08 특별자치도지사 · 시장 · 군수 또는 구청장은 「주택법」에 따른 공동주택의 건설을 촉진하기 위하여 필요하다고 인정하면 체비지 중 일부를 같은 지역에 집단으로 정하게 할 수 **있다.** 24회

09 환지계획의 작성 시 토지소유자가 신청하거나 동의하면 해당 토지의 전부 또는 일부에 대하여 환지를 정하지 아니할 수 **있지만**, 해당 토지에 관하여 임차권자 등이 있는 경우에는 그 동의를 받아야 **한다.** 21 · 25회

10 환지계획의 작성 시 시행자는 토지면적의 규모를 조정할 특별한 필요가 있으면 면적이 작은 토지는 과소토지가 되지 아니하도록 면적을 늘려 환지를 정하거나 환지 대상에서 **제외**할 수 있고, 면적이 넓은 토지는 그 면적을 줄여서 환지를 정할 수 **있다.** 21 · 32회

11 「집합건물의 소유 및 관리에 관한 법률」에 따른 대지사용권에 해당하는 토지지분은 분할환지할 수 **없다.** 35회

12 시행자는 도시개발사업을 원활히 시행하기 위하여 특히 필요한 경우에는 토지 또는 건축물 소유자의 신청을 받아 입체환지인 건축물의 일부와 그 건축물이 있는 토지의 공유지분을 부여할 수 **있다.**

05 **환지계획구역의 평균 토지부담률** = [(⬚⬚⬚⬚⬚ 면적 – 시행자에게 무상귀속되는 토지와 시행자가 소유하는 토지의 면적) ÷ (⬚⬚⬚⬚⬚ 면적 – 시행자에게 무상귀속되는 토지와 시행자가 소유하는 토지의 면적)] × 100의 계산식에 따라 산정한다. 22 · 27 · 34회

06 환지계획구역의 외부와 연결되는 환지계획구역 안의 도로로서 너비 25m 이상의 간선도로는 토지소유자가 도로의 부지를 ⬚⬚⬚ 하고, 관할 지방자치단체가 공사비를 ⬚⬚⬚⬚ 하여 건설할 수 있다. 21회

07 시행자는 도시개발사업에 필요한 경비에 충당하거나 규약 · 정관 · 시행규정 또는 실시계획으로 정하는 목적을 위하여 일정한 토지를 환지로 정하지 아니하고 보류지로 정할 수 ⬚⬚⬚, 그 중 일부를 체비지로 정하여 도시개발사업에 필요한 경비에 충당할 수 ⬚⬚⬚. 24회

08 특별자치도지사 · 시장 · 군수 또는 구청장은 「주택법」에 따른 공동주택의 건설을 촉진하기 위하여 필요하다고 인정하면 체비지 중 일부를 같은 지역에 집단으로 정하게 할 수 ⬚⬚⬚. 24회

09 환지계획의 작성 시 토지소유자가 신청하거나 동의하면 해당 토지의 전부 또는 일부에 대하여 환지를 정하지 아니할 수 ⬚⬚⬚, 해당 토지에 관하여 임차권자 등이 있는 경우에는 그 동의를 받아야 ⬚⬚⬚. 21 · 25회

10 환지계획의 작성 시 시행자는 토지면적의 규모를 조정할 특별한 필요가 있으면 면적이 작은 토지는 과소토지가 되지 아니하도록 면적을 늘려 환지를 정하거나 환지 대상에서 ⬚⬚⬚ 할 수 있고, 면적이 넓은 토지는 그 면적을 줄여서 환지를 정할 수 ⬚⬚⬚. 21 · 32회

11 「집합건물의 소유 및 관리에 관한 법률」에 따른 대지사용권에 해당하는 토지지분은 분할환지할 수 ⬚⬚⬚. 35회

12 시행자는 도시개발사업을 원활히 시행하기 위하여 특히 필요한 경우에는 토지 또는 건축물 소유자의 신청을 받아 입체환지인 건축물의 일부와 그 건축물이 있는 토지의 공유지분을 부여할 수 ⬚⬚⬚.

DAY 07

13 도시개발구역 지정권자가 정한 기준일의 **다음 날**부터 시행자는 해당 토지 또는 건축물에 대하여 금전으로 청산하거나 환지지정을 제한할 수 **있다**.

① 1필지의 토지가 여러 개의 필지로 분할되는 경우

② 단독주택 또는 다가구주택이 다세대주택으로 전환되는 경우   32회

14 시행자는 환지방식이 적용되는 도시개발구역에 있는 조성토지등의 가격을 평가할 때에는 토지평가협의회의 심의를 거쳐 결정하되, 그에 **앞서** 감정평가법인등이 평가하게 하여야 한다. 토지평가협의회의 구성 및 운영 등에 필요한 사항은 해당 규약 · 정관 또는 시행규정으로 정한다.

29회

15 **환지계획 인가권자**: 행정청이 아닌 시행자가 환지계획을 작성한 경우에는 **특별자치도지사** · **시장** · **군수** 또는 **구청장**의 인가를 받아야 한다. 또한 인가받은 내용을 변경하려는 경우에도 변경인가를 받아야 하지만, 경미한 변경인 다음의 경우에는 변경인가를 받을 필요가 **없다**.

① 종전 토지의 합필 또는 분필로 환지명세가 변경되는 경우

② 토지 또는 건축물 소유자의 동의에 따라 환지계획을 변경하는 경우

③ 지적측량의 결과를 반영하기 위하여 환지계획을 변경하는 경우

④ 환지로 지정된 토지나 건축물을 금전으로 청산하는 경우   25 · 29 · 31회

16 행정청이 아닌 시행자가 환지계획의 인가를 신청하려고 하거나 행정청인 시행자가 환지계획을 정하려고 하는 경우에 토지소유자와 임차권자 등에게 환지계획의 기준 및 내용 등을 알려야 하며, 해당 토지의 임차권자는 공람기간에 시행자에게 의견서를 제출할 수 **있다**.   29 · 35회

17 **환지예정지 지정**: 시행자는 도시개발사업의 시행을 위하여 필요하면 도시개발구역의 토지에 대하여 환지예정지를 지정할 수 **있다**. 이 경우 종전의 토지에 대한 임차권자 등이 있으면 해당 환지예정지에 대하여 해당 권리의 목적인 토지 또는 그 부분을 아울러 지정하여야 **한다**.   24회

18 환지예정지가 지정되면 종전 토지의 소유자와 임차권자 등은 환지예정지 지정의 효력발생일부터 환지처분이 공고되는 날까지 환지예정지나 해당 부분에 대하여 종전과 같은 내용의 권리를 행사할 수 **있으며**, 종전의 토지는 사용하거나 수익할 수 **없다**.   25 · 30 · 35회

13 도시개발구역 지정권자가 정한 기준일의 [   ]부터 시행자는 해당 토지 또는 건축물에 대하여 금전으로 청산하거나 환지지정을 제한할 수 [   ].

　① 1필지의 토지가 여러 개의 필지로 분할되는 경우

　② 단독주택 또는 다가구주택이 다세대주택으로 전환되는 경우　　　　　　　　　　　　32회

14 시행자는 환지방식이 적용되는 도시개발구역에 있는 조성토지등의 가격을 평가할 때에는 토지평가협의회의 심의를 거쳐 결정하되, 그에 [   ] 감정평가법인등이 평가하게 하여야 한다. 토지평가협의회의 구성 및 운영 등에 필요한 사항은 해당 규약 · 정관 또는 시행규정으로 정한다.

　　　　　　　　　　　　　　　　　　　　　　　　　　　　　　　　　　　29회

15 **환지계획 인가권자**: 행정청이 아닌 시행자가 환지계획을 작성한 경우에는 [   ] · [   ] · [   ] 또는 [   ]의 인가를 받아야 한다. 또한 인가받은 내용을 변경하려는 경우에도 변경인가를 받아야 하지만, 경미한 변경인 다음의 경우에는 변경인가를 받을 필요가 [   ].

　① 종전 토지의 합필 또는 분필로 환지명세가 변경되는 경우

　② 토지 또는 건축물 소유자의 동의에 따라 환지계획을 변경하는 경우

　③ 지적측량의 결과를 반영하기 위하여 환지계획을 변경하는 경우

　④ 환지로 지정된 토지나 건축물을 금전으로 청산하는 경우　　　　　　25 · 29 · 31회

16 행정청이 아닌 시행자가 환지계획의 인가를 신청하려고 하거나 행정청인 시행자가 환지계획을 정하려고 하는 경우에 토지소유자와 임차권자 등에게 환지계획의 기준 및 내용 등을 알려야 하며,해당 토지의 임차권자는 공람기간에 시행자에게 의견서를 제출할 수 [   ].　29 · 35회

17 **환지예정지 지정**: 시행자는 도시개발사업의 시행을 위하여 필요하면 도시개발구역의 토지에 대하여 환지예정지를 지정할 수 [   ]. 이 경우 종전의 토지에 대한 임차권자 등이 있으면 해당 환지예정지에 대하여 해당 권리의 목적인 토지 또는 그 부분을 아울러 지정하여야 [   ].

　　　　　　　　　　　　　　　　　　　　　　　　　　　　　　　　　　　24회

18 환지예정지가 지정되면 종전 토지의 소유자와 임차권자 등은 환지예정지 지정의 효력발생일부터 환지처분이 공고되는 날까지 환지예정지나 해당 부분에 대하여 종전과 같은 내용의 권리를 행사할 수 [   ], 종전의 토지는 사용하거나 수익할 수 [   ].　25 · 30 · 35회

19 시행자는 체비지의 용도로 환지예정지가 지정된 경우에는 도시개발사업에 드는 비용을 충당하기 위하여 이를 사용 또는 수익하게 하거나 처분할 수 **있다.** 24·31회

20 시행자는 환지예정지를 지정한 경우에 해당 토지를 사용하거나 수익하는 데에 장애가 될 물건이 그 토지에 있거나 그 밖에 특별한 사유가 있으면 그 토지의 사용 또는 수익을 시작할 날을 **따로** 정할 수 **있다.** 32회

21 시행자는 환지를 정하지 아니하기로 결정된 토지소유자나 임차권자 등에게 날짜를 정하여 **그날** 부터 해당 토지 또는 해당 부분의 사용 또는 수익을 정지시킬 수 **있다.** 이 경우 사용 또는 수익을 정지하게 하려면 **30일** 이상의 기간을 두고 **미리** 해당 토지소유자 또는 임차권자 등에게 알려야 한다. 32회

10 환지방식의 환지처분 및 청산금

01 환지처분 시행자는 환지방식으로 도시개발사업에 관한 공사를 끝낸 경우에는 **지체 없이** 관보 또는 공보에 따라 이를 공고하고 공사 관계 서류(공사설계도·관련도면 등)를 **14일** 이상 일반인에게 공람시켜야 한다. 28회

02 환지처분 시행자는 지정권자에 의한 준공검사를 받은 경우(지정권자가 시행자인 경우에는 **공사 완료** 공고가 있는 때)에는 **60일** 내에 환지처분을 하여야 한다. 시행자는 환지처분을 하려는 경우에는 환지계획에서 정한 사항을 토지소유자에게 알리고 관보 또는 공보에 의하여 이를 공고하여야 **한다.** 28·30·33회

03 환지처분의 공고에는 '사업의 명칭 / 시행자 / 시행기간 / 환지처분일 / **사업비** 정산내역 / 체비지 매각대금과 보조금, 그 밖에 사업비의 재원별 내역'의 사항이 포함되어야 한다. 28·30·33회

04 환지계획에서 정하여진 환지는 그 환지처분이 공고된 날의 **다음 날**부터 종전의 토지로 보며, 환지계획에서 환지를 정하지 아니한 종전의 토지에 있던 권리는 그 환지처분이 공고된 **날**이 끝나는 때에 소멸한다. 단, 행정상 처분이나 재판상의 처분으로서 종전의 토지에 전속하는 것에 관하여는 영향을 미치지 **아니**한다. 21·25·26·29·33회

19 시행자는 체비지의 용도로 환지예정지가 지정된 경우에는 도시개발사업에 드는 비용을 충당하기 위하여 이를 사용 또는 수익하게 하거나 처분할 수   . 24 · 31회

20 시행자는 환지예정지를 지정한 경우에 해당 토지를 사용하거나 수익하는 데에 장애가 될 물건이 그 토지에 있거나 그 밖에 특별한 사유가 있으면 그 토지의 사용 또는 수익을 시작할 날을   정할 수   . 32회

21 시행자는 환지를 정하지 아니하기로 결정된 토지소유자나 임차권자 등에게 날짜를 정하여   부터 해당 토지 또는 해당 부분의 사용 또는 수익을 정지시킬 수   . 이 경우 사용 또는 수익을 정지하게 하려면   일 이상의 기간을 두고   해당 토지소유자 또는 임차권자 등에게 알려야 한다. 32회

10 환지방식의 환지처분 및 청산금

01 환지처분 시행자는 환지방식으로 도시개발사업에 관한 공사를 끝낸 경우에는   관보 또는 공보에 따라 이를 공고하고 공사 관계 서류(공사설계도 · 관련도면 등)를   일 이상 일반인에게 공람시켜야 한다. 28회

02 환지처분 시행자는 지정권자에 의한 준공검사를 받은 경우(지정권자가 시행자인 경우에는   공고가 있는 때)에는   일 내에 환지처분을 하여야 한다. 시행자는 환지처분을 하려는 경우에는 환지계획에서 정한 사항을 토지소유자에게 알리고 관보 또는 공보에 의하여 이를 공고하여야   . 28 · 30 · 33회

03 **환지처분의 공고**에는 '사업의 명칭 / 시행자 / 시행기간 / 환지처분일 /   정산내역 / 체비지 매각대금과 보조금, 그 밖에 사업비의 재원별 내역'의 사항이 포함되어야 한다. 28 · 30 · 33회

04 환지계획에서 정하여진 환지는 그 환지처분이 공고된 날의   부터 종전의 토지로 보며, 환지계획에서 환지를 정하지 아니한 종전의 토지에 있던 권리는 그 환지처분이 공고된   이 끝나는 때에 소멸한다. 단, 행정상 처분이나 재판상의 처분으로서 종전의 토지에 전속하는 것에 관하여는 영향을 미치지   한다. 21 · 25 · 26 · 29 · 33회

05 도시개발구역의 토지에 대한 지역권은 종전의 토지에 존속**한다**. 다만, 도시개발사업의 시행으로 행사할 이익이 없어진 지역권은 환지처분이 공고된 **날**이 끝나는 때에 소멸한다.

26 · 28 · 31 · 35회

06 입체환지계획에 따라 환지처분을 받은 자는 환지처분이 공고된 날의 **다음 날**에 환지계획으로 정하는 바에 따라 건축물의 일부와 해당 건축물이 있는 토지의 공유지분을 취득한다. 이 경우 종전의 토지에 대한 저당권은 환지처분이 공고된 날의 **다음 날**부터 해당 건축물의 일부와 해당 건축물이 있는 토지의 공유지분에 존재하는 것으로 본다.

28회

07 체비지는 **시행자**가, 체비지로 정해지지 않은 보류지는 **환지계획**에서 정한 자가 각각 환지처분이 공고된 날의 **다음 날**에 해당 소유권을 취득한다. 다만, 이미 처분된 체비지는 그 체비지를 매입한 자가 소유권이전등기를 **마친** 때에 소유권을 취득한다.

24 · 26 · 28회

08 행정청인 시행자가 체비지 또는 보류지를 관리하거나 처분하는 경우에는 국가나 지방자치단체의 재산처분에 관한 법률을 적용하지 **아니**한다.

09 도시개발사업의 시행으로 지역권 또는 임차권 등을 설정한 목적을 달성할 수 없게 되면 당사자는 해당 권리를 포기하거나 계약을 해지할 수 **있다**. 이 경우 권리를 포기하거나 계약을 해지한 자는 그로 인한 손실을 보상하여 줄 것을 **사업시행자**에게 청구할 수 있다.

10 도시개발사업으로 임차권 등의 목적인 토지의 이용이 방해를 받아 종전의 임대료가 불합리하게 된 경우 당사자는 계약조건에도 불구하고 장래에 관하여 그 증감을 청구할 수 **있다**. 다만, 환지처분이 공고된 날로부터 **60일**이 지나면 임대료 · 지료, 그 밖의 사용료 등의 증감을 청구할 수 없다.

35회

11 **청산금 산정기준**: 환지를 정하거나 그 대상에서 제외한 경우 그 과부족분은 종전의 토지(입체환지방식으로 사업을 시행하는 경우에는 환지대상 건축물을 포함) 및 환지의 위치 · 지목 · 면적 · 토질 · 수리 · 이용상황 · 환경, 그 밖의 사항을 종합적으로 고려하여 **금전**으로 청산하여야 한다.

23 · 33회

05 도시개발구역의 토지에 대한 지역권은 종전의 토지에 존속 ___. 다만, 도시개발사업의 시행으로 행사할 이익이 없어진 지역권은 환지처분이 공고된 ___ 이 끝나는 때에 소멸한다.

26 · 28 · 31 · 35회

06 입체환지계획에 따라 환지처분을 받은 자는 환지처분이 공고된 날의 ___ 에 환지계획으로 정하는 바에 따라 건축물의 일부와 해당 건축물이 있는 토지의 공유지분을 취득한다. 이 경우 종전의 토지에 대한 저당권은 환지처분이 공고된 날의 ___ 부터 해당 건축물의 일부와 해당 건축물이 있는 토지의 공유지분에 존재하는 것으로 본다.

28회

07 체비지는 ___ 가, 체비지로 정해지지 않은 보류지는 ___ 에서 정한 자가 각각 환지처분이 공고된 날의 ___ 에 해당 소유권을 취득한다. 다만, 이미 처분된 체비지는 그 체비지를 매입한 자가 소유권이전등기를 ___ 때에 소유권을 취득한다.

24 · 26 · 28회

08 행정청인 시행자가 체비지 또는 보류지를 관리하거나 처분하는 경우에는 국가나 지방자치단체의 재산처분에 관한 법률을 적용하지 ___ 한다.

09 도시개발사업의 시행으로 지역권 또는 임차권 등을 설정한 목적을 달성할 수 없게 되면 당사자는 해당 권리를 포기하거나 계약을 해지할 수 ___. 이 경우 권리를 포기하거나 계약을 해지한 자는 그로 인한 손실을 보상하여 줄 것을 ___ 에게 청구할 수 있다.

10 도시개발사업으로 임차권 등의 목적인 토지의 이용이 방해를 받아 종전의 임대료가 불합리하게 된 경우 당사자는 계약조건에도 불구하고 장래에 관하여 그 증감을 청구할 수 ___. 다만, 환지처분이 공고된 날로부터 ___ 이 지나면 임대료 · 지료, 그 밖의 사용료 등의 증감을 청구할 수 없다.

35회

11 **청산금 산정기준**: 환지를 정하거나 그 대상에서 제외한 경우 그 과부족분은 종전의 토지(입체환지방식으로 사업을 시행하는 경우에는 환지대상 건축물을 포함) 및 환지의 위치 · 지목 · 면적 · 토질 · 수리 · 이용상황 · 환경, 그 밖의 사항을 종합적으로 고려하여 ___ 으로 청산하여야 한다.

23 · 33회

12 청산금은 **환지처분**을 하는 때에 결정하여야 하지만, 환지대상에서 제외한 토지 등에 대하여는 청산금을 교부하는 때에 청산금을 결정할 수 **있다**. 청산금은 환지처분이 공고된 날의 **다음 날**에 확정된다. 21 · 23 · 34회

13 시행자는 환지처분이 공고된 후에 확정된 청산금을 징수하거나 교부하여야 **한다**. 다만, 동의 등에 따른 환지의 제외와 토지면적의 규모를 조정할 특별한 필요가 있어 환지를 정하지 아니하는 토지에 대하여는 환지처분 **전**이라도 청산금을 교부할 수 **있다**. 23 · 34회

14 청산금은 일괄징수 또는 일괄교부가 원칙이지만, 청산금액에 규약 · 정관 또는 시행규정에서 정하는 이자율을 곱하여 산출된 금액의 이자를 붙여 분할징수하거나 분할교부할 수 **있다**. 청산금을 받을 권리나 징수할 권리를 **5년간** 행사하지 아니하면 시효로 소멸한다. 21 · 23 · 34회

11 도시개발사업 준공검사

01 **지정권자가 아닌 시행자인 경우** 도시개발사업의 공사를 끝낸 때에는 국토교통부령으로 정하는 바에 따라 공사완료 보고서를 작성하여 지정권자의 **준공검사**를 받아야 한다.
지정권자가 시행자인 경우 그 시행자는 도시개발사업의 공사를 완료한 때에는 공사 완료 **공고**를 하여야 한다. 27회

02 지정권자는 공사완료 보고서를 받으면 **지체 없이** 준공검사를 하여야 한다. 이 경우 지정권자는 효율적인 준공검사를 위하여 필요하면 관계 행정기관 · 공공기관 · 연구기관, 그 밖의 전문기관 등에 의뢰하여 준공검사를 할 수 **있다**. 27회

03 시행자는 도시개발사업을 효율적으로 시행하기 위하여 필요하면 해당 도시개발사업에 관한 공사가 전부 끝나기 전이라도 공사가 끝난 부분에 관하여 준공검사(지정권자가 시행자인 경우에는 시행자에 의한 공사 완료 공고)를 받을 수 **있다**. 27회

04 준공검사 전 또는 공사 완료 공고 전에는 조성토지등을 사용할 수 **없지만**, 체비지는 사용할 수 **있다**. 27회

12 **청산금**은 ░░░░░░░░을 하는 때에 결정하여야 하지만, 환지대상에서 제외한 토지 등에 대하여는 청산금을 교부하는 때에 청산금을 결정할 수 ░░░. 청산금은 환지처분이 공고된 날의 ░░░░에 확정된다. 21 · 23 · 34회

13 시행자는 환지처분이 공고된 후에 확정된 청산금을 징수하거나 교부하여야 ░░░. 다만, 동의 등에 따른 환지의 제외와 토지면적의 규모를 조정할 특별한 필요가 있어 환지를 정하지 아니하는 토지에 대하여는 환지처분 ░░░이라도 청산금을 교부할 수 ░░░. 23 · 34회

14 청산금은 일괄징수 또는 일괄교부가 원칙이지만, 청산금액에 규약 · 정관 또는 시행규정에서 정하는 이자율을 곱하여 산출된 금액의 이자를 붙여 분할징수하거나 분할교부할 수 ░░░. 청산금을 받을 권리나 징수할 권리를 ░░년간 행사하지 아니하면 시효로 소멸한다. 21 · 23 · 34회

11 도시개발사업 준공검사

01 **지정권자가 아닌 시행자인 경우** 도시개발사업의 공사를 끝낸 때에는 국토교통부령으로 정하는 바에 따라 공사완료 보고서를 작성하여 지정권자의 ░░░░░를 받아야 한다.
지정권자가 시행자인 경우 그 시행자는 도시개발사업의 공사를 완료한 때에는 공사 완료 ░░░를 하여야 한다. 27회

02 지정권자는 공사완료 보고서를 받으면 ░░░░░░ 준공검사를 하여야 한다. 이 경우 지정권자는 효율적인 준공검사를 위하여 필요하면 관계 행정기관 · 공공기관 · 연구기관, 그 밖의 전문기관 등에 의뢰하여 준공검사를 할 수 ░░░. 27회

03 시행자는 도시개발사업을 효율적으로 시행하기 위하여 필요하면 해당 도시개발사업에 관한 공사가 전부 끝나기 전이라도 공사가 끝난 부분에 관하여 준공검사(지정권자가 시행자인 경우에는 시행자에 의한 공사 완료 공고)를 받을 수 ░░░. 27회

04 준공검사 전 또는 공사 완료 공고 전에는 조성토지등을 사용할 수 ░░░░░░, 체비지는 사용할 수 ░░░░. 27회

12 도시개발채권

01 발행자

① **시 · 도지사**는 도시개발사업 또는 도시 · 군계획시설사업에 필요한 자금을 조달하기 위하여 도시개발채권을 발행할 수 있다.

② 시 · 도지사는 도시개발채권을 발행하려는 경우에는 '**채권의 발행총액 / 채권의 발행방법 / 채권의 발행조건 / 상환방법 및 절차 / 그 밖에 채권의 발행에 필요한 사항**'에 대하여 **행정 안전부장관의 승인을 받아야** 한다.　　　　　　　　　　　　　　21 · 24 · 29 · 32회

02 발행방법: 도시개발채권은 전자등록하여 발행하거나 **무기명**으로 발행할 수 있으며, 발행방법에 필요한 세부적인 사항은 시 · 도의 조례로 정한다.　　　　　　　　　24 · 28회

03 도시개발채권의 이율: 채권의 발행 당시의 국채 · 공채 등의 금리와 특별회계의 상황 등을 고려하여 해당 **시 · 도**의 조례로 정한다. 도시개발채권 매입필증을 제출받는 자는 매입자로부터 제출받은 매입필증을 **5년간** 따로 보관하여야 한다.　　　　　　　　　32회

04 의무적 매입대상자는 **수용** 또는 **사용**방식으로 시행하는 도시개발사업의 경우 '국가 또는 지방자치단체, 공공기관, 지방공사와 도시개발사업의 시행을 위한 공사의 도급계약을 체결하는 자 / 「국토의 계획 및 이용에 관한 법률」에 의한 개발행위허가를 받는 자 중 **토지의 형질변경** 허가를 받은 자'는 도시개발채권을 매입하여야 한다.　　　　　　　　　21 · 32회

05 상환조건은 5년부터 10년까지의 범위에서 **지방자치단체**의 조례로 정한다.　　　　　　　　　　　　　　21 · 24 · 27 · 28 · 29 · 32회

06 소멸시효는 상환일부터 기산하여 원금은 **5년**, 이자는 **2년**으로 한다.　　21 · 24 · 27 · 28 · 29 · 32회

07 중도상환할 수 있는 조건

① 도시개발채권의 매입사유가 된 허가 또는 인가가 매입자의 귀책사유 **없이** 취소된 경우

② 도시개발채권의 매입의무자가 **아닌** 자가 착오로 도시개발채권을 매입한 경우

③ 도시개발채권의 매입의무자가 매입하여야 할 금액을 **초과**하여 도시개발채권을 매입한 경우

12 도시개발채권

01 발행자

① _____는 도시개발사업 또는 도시 · 군계획시설사업에 필요한 자금을 조달하기 위하여 도시개발채권을 발행할 수 있다.

② 시 · 도지사는 도시개발채권을 발행하려는 경우에는 '채권의 발행총액 / 채권의 발행방법 / 채권의 발행조건 / 상환방법 및 절차 / 그 밖에 채권의 발행에 필요한 사항'에 대하여 _____ 장관의 승인을 받아야 한다.   21 · 24 · 29 · 32회

02 발행방법: 도시개발채권은 전자등록하여 발행하거나 _____으로 발행할 수 있으며, 발행방법에

필요한 세부적인 사항은 시 · 도의 조례로 정한다.   24 · 28회

03 도시개발채권의 이율: 채권의 발행 당시의 국채 · 공채 등의 금리와 특별회계의 상황 등을 고려하

여 해당 _____의 조례로 정한다. 도시개발채권 매입필증을 제출받는 자는 매입자로부터 제출받은 매입필증을 _____년간 따로 보관하여야 한다.   32회

04 의무적 매입대상자는 _____ 또는 _____ 방식으로 시행하는 도시개발사업의 경우 '국가 또는

지방자치단체, 공공기관, 지방공사와 도시개발사업의 시행을 위한 공사의 도급계약을 체결하는 자 / 「국토의 계획 및 이용에 관한 법률」에 의한 개발행위허가를 받는 자 중 허가를 받은 자'는 도시개발채권을 매입하여야 한다.   21 · 32회

05 상환조건은 _____년부터 _____년까지의 범위에서 _____의 조례로 정한다.

21 · 24 · 27 · 28 · 29 · 32회

06 소멸시효는 상환일부터 기산하여 원금은 _____년, 이자는 _____년으로 한다.

21 · 24 · 27 · 28 · 29 · 32회

07 중도상환할 수 있는 조건

① 도시개발채권의 매입사유가 된 허가 또는 인가가 매입자의 귀책사유 _____ 취소된 경우

② 도시개발채권의 매입의무자가 _____ 자가 착오로 도시개발채권을 매입한 경우

③ 도시개발채권의 매입의무자가 매입하여야 할 금액을 _____하여 도시개발채권을 매입한 경우

도시 및 주거환경 정비법

핵심지문으로 키워드 학습

1 용어정의

01 **주거환경개선**사업이란 도시저소득 주민이 집단거주하는 지역으로서 정비기반시설이 극히 열악하고 노후 · 불량건축물이 과도하게 밀집한 지역의 주거환경을 개선하거나 단독주택 및 다세대주택이 밀집한 지역에서 정비기반시설과 공동이용시설 확충을 통하여 주거환경을 보전 · 정비 · 개량하기 위한 사업을 말한다. 　　　　　　　　　　　　　　　　　　　　27 · 32회

02 **재개발**사업이란 정비기반시설이 열악하고 노후 · 불량건축물이 밀집한 지역에서 주거환경을 개선하거나 상업지역 · 공업지역 등에서 도시기능의 회복 및 상권활성화 등을 위하여 도시환경을 개선하기 위한 사업을 말한다.

03 **재건축**사업이란 정비기반시설은 양호하나 노후 · 불량건축물에 해당하는 공동주택이 밀집한 지역에서 주거환경을 개선하기 위한 사업을 말한다. 　　　　　　　　　　　　　　23회

04 **노후 · 불량건축물**이란 다음의 건축물을 말한다.
① 건축물이 훼손되거나 일부가 멸실되어 붕괴, 그 밖의 안전사고의 우려가 있는 건축물
② 해당 건축물을 준공일 기준으로 **40**년까지 사용하기 위하여 보수 · 보강하는 데 드는 비용이 철거 후 새로운 건축물을 건설하는 데 드는 비용보다 클 것으로 예상되는 건축물
③ 도시미관을 저해하거나 노후화된 건축물로서 준공된 후 **20**년 이상 **30**년 이하의 범위에서 시 · 도조례로 정하는 기간이 지난 건축물 　　　　　　　　　　　　　　23회

05 **정비기반시설**이란 도로 · 상하수도 · 구거(도랑) · 공원 · 공용주차장 · 공동구(국토의 계획 및 이용에 관한 법률의 규정에 따른 공동구) · 공항(×) · 학교(×) 그 밖에 주민의 생활에 필요한 열 · 가스 등의 공급시설로서 녹지 · 하천 · 공공공지 · 광장 · 소방용수시설 · 비상대피시설 · 가스공급시설 · 지역난방시설을 말한다. 　　　　　　　　　　　　23 · 24 · 28 · 34회

빈칸으로 키워드 암기

1 용어정의

01   사업이란 도시저소득 주민이 집단거주하는 지역으로서 정비기반시설이 극히 열악하고 노후 · 불량건축물이 과도하게 밀집한 지역의 주거환경을 개선하거나 단독주택 및 다세대주택이 밀집한 지역에서 정비기반시설과 공동이용시설 확충을 통하여 주거환경을 보전 · 정비 · 개량하기 위한 사업을 말한다.
27 · 32회

02   사업이란 정비기반시설이 열악하고 노후 · 불량건축물이 밀집한 지역에서 주거환경을 개선하거나 상업지역 · 공업지역 등에서 도시기능의 회복 및 상권활성화 등을 위하여 도시환경을 개선하기 위한 사업을 말한다.

03   사업이란 정비기반시설은 양호하나 노후 · 불량건축물에 해당하는 공동주택이 밀집한 지역에서 주거환경을 개선하기 위한 사업을 말한다.
23회

04 **노후 · 불량건축물**이란 다음의 건축물을 말한다.
① 건축물이 훼손되거나 일부가 멸실되어 붕괴, 그 밖의 안전사고의 우려가 있는 건축물
② 해당 건축물을 준공일 기준으로   년까지 사용하기 위하여 보수 · 보강하는 데 드는 비용이 철거 후 새로운 건축물을 건설하는 데 드는 비용보다 클 것으로 예상되는 건축물
③ 도시미관을 저해하거나 노후화된 건축물로서 준공된 후   년 이상   년 이하의 범위에서 시 · 도조례로 정하는 기간이 지난 건축물
23회

05   이란 도로 · 상하수도 · 구거(도랑) · 공원 · 공용주차장 · 공동구(국토의 계획 및 이용에 관한 법률의 규정에 따른 공동구) · 공항(   ) · 학교(   ) 그 밖에 주민의 생활에 필요한 열 · 가스 등의 공급시설로서 녹지 · 하천 · 공공공지 · 광장 · 소방용수시설 · 비상대피시설 · 가스공급시설 · 지역난방시설을 말한다.
23 · 24 · 28 · 34회

06 **공동이용시설**이란 주민이 공동으로 사용하는 놀이터 · 마을회관 · 공동작업장, 그 밖에 공동으로 사용하는 구판장 · 세탁장 · 화장실 및 수도, 탁아소 · 어린이집 · 유치원(×) · 학교(×) · 경로당 등 노유자시설로 정하는 시설을 말한다.   23 · 29회

07 **토지등소유자**

① 주거환경개선사업 및 재개발사업의 경우: 정비구역에 위치한 **토지** 또는 **건축물**의 소유자 또는 그 **지상권자**

② 재건축사업의 경우: 정비구역에 위치한 **건축물** 및 그 **부속토지**의 소유자(지상권자 ×)

23 · 25 · 35회

2 정비기본계획

01 **기본계획의 수립**

① 특별시장 · 광역시장 · 특별자치시장 · 특별자치도지사 또는 시장(군수 ×)은 관할구역에 대하여 기본계획을 **10년** 단위로 수립하여야 한다.

② 도지사가 대도시가 아닌 시로서 기본계획을 수립할 필요가 없다고 인정하는 시에 대하여는 기본계획을 수립하지 **아니**할 수 있다.   22 · 26 · 27 · 29회

02 특별시장 · 광역시장 · 특별자치시장 · 특별자치도지사 또는 시장(기본계획의 수립권자)은 기본계획에 대하여 **5년**마다 타당성을 검토하여 그 결과를 기본계획에 반영하여야 한다.   26 · 29회

03 **기본계획의 내용**

① 정비사업의 기본방향

② 정비사업의 계획기간

③ 사회복지시설 및 주민문화시설 등의 설치계획

④ 건폐율 · 용적률 등에 관한 건축물의 밀도계획(건축물의 건축선 ×)

⑤ 그 밖에 세입자에 대한 주거안정대책 등   26 · 29회

06 [   ]이란 주민이 공동으로 사용하는 놀이터 · 마을회관 · 공동작업장, 그 밖에 공동으로 사용하는 구판장 · 세탁장 · 화장실 및 수도, 탁아소 · 어린이집 · 유치원([   ]) · 학교([   ]) · 경로당 등 노유자시설로 정하는 시설을 말한다.   23 · 29회

07 **토지등소유자**

　① 주거환경개선사업 및 재개발사업의 경우: 정비구역에 위치한 [   ] 또는 [   ]의 소유자 또는 그 [   ]

　② 재건축사업의 경우: 정비구역에 위치한 [   ] 및 그 [   ]의 소유자(지상권자 [   ])   23 · 25 · 35회

2 정비기본계획

01 **기본계획의 수립**

　① 특별시장 · 광역시장 · 특별자치시장 · 특별자치도지사 또는 시장(군수 [   ])은 관할구역에 대하여 기본계획을 [   ]년 단위로 수립하여야 한다.

　② 도지사가 대도시가 아닌 시로서 기본계획을 수립할 필요가 없다고 인정하는 시에 대하여는 기본계획을 수립하지 [   ] 할 수 있다.   22 · 26 · 27 · 29회

02 특별시장 · 광역시장 · 특별자치시장 · 특별자치도지사 또는 시장(기본계획의 수립권자)은 기본계획에 대하여 [   ]년마다 타당성을 검토하여 그 결과를 기본계획에 반영하여야 한다.   26 · 29회

03 **기본계획의 내용**

　① 정비사업의 기본방향

　② 정비사업의 계획기간

　③ 사회복지시설 및 주민문화시설 등의 설치계획

　④ 건폐율 · 용적률 등에 관한 건축물의 밀도계획(건축물의 건축선 [   ])

　⑤ 그 밖에 세입자에 대한 주거안정대책 등   26 · 29회

04 기본계획의 작성기준 및 작성방법은 **국토교통부장관**이 정하여 고시한다.   27회

05 기본계획의 수립권자는 기본계획을 수립하거나 변경하려는 경우에는 **14일** 이상 주민에게 공람하여 의견을 들어야 **하며**, 제시된 의견이 타당하다고 인정되면 이를 기본계획에 반영하여야 한다. 단, 다음의 경미한 사항을 변경하는 경우에는 주민공람과 지방의회의 의견청취절차를 거치지 아니할 수 있다.

① 정비사업의 계획기간을 **단축**하는 경우
② 정비기반시설의 규모를 확대하거나 그 면적을 **10%** 미만의 범위에서 축소하는 경우
③ 구체적으로 면적이 명시된 정비예정구역의 면적을 **20%** 미만의 범위에서 변경하는 경우
④ 건폐율 및 용적률을 각 **20%** 미만의 범위에서 변경하는 경우
⑤ 그 밖에 공동이용시설에 대한 설치계획을 변경하는 경우 등   22 · 26 · 27 · 29 · 30회

06 기본계획의 수립권자(시장 ⇨ 대도시 시장인 경우)는 기본계획을 수립하거나 변경하려면 관계 행정기관의 장과 협의한 **후** 지방도시계획위원회의 심의를 거쳐야 한다.   27회

07 대도시의 시장이 아닌 시장은 기본계획을 수립하거나 변경하려면 **도지사**의 승인을 받아야 한다. **도지사**가 이를 승인하려면 관계 행정기관의 장과 협의한 **후** 지방도시계획위원회의 심의를 거쳐야 하지만, 경미한 사항을 변경하는 경우에는 **도지사**의 승인을 받지 **아니할** 수 있다.   22 · 26 · 27 · 29회

08 기본계획의 수립권자는 기본계획을 수립하거나 변경한 때에는 지체 없이 이를 해당 지방자치단체의 공보에 고시하고 일반인이 열람할 수 있도록 하여야 **한다.**   26 · 30회

09 기본계획의 수립권자는 기본계획을 고시한 때에는 국토교통부령으로 정하는 방법 및 절차에 따라 **국토교통부장관**에게 보고하여야 한다.   26 · 30회

04 기본계획의 작성기준 및 작성방법은 □□□□□□ 이 정하여 고시한다. 27회

05 기본계획의 수립권자는 기본계획을 수립하거나 변경하려는 경우에는 □□□□ 일 이상 주민에게 공람하여 의견을 들어야 □□□, 제시된 의견이 타당하다고 인정되면 이를 기본계획에 반영하여야 한다. 단, 다음의 경미한 사항을 변경하는 경우에는 주민공람과 지방의회의 의견청취절차를 거치지 아니할 수 있다.

① 정비사업의 계획기간을 □□□□ 하는 경우

② 정비기반시설의 규모를 확대하거나 그 면적을 □□□ % 미만의 범위에서 축소하는 경우

③ 구체적으로 면적이 명시된 정비예정구역의 면적을 □□□ % 미만의 범위에서 변경하는 경우

④ 건폐율 및 용적률을 각 □□□ % 미만의 범위에서 변경하는 경우

⑤ 그 밖에 공동이용시설에 대한 설치계획을 변경하는 경우 등 22 · 26 · 27 · 29 · 30회

06 기본계획의 수립권자(시장 ⇨ 대도시 시장인 경우)는 기본계획을 수립하거나 변경하려면 관계 행정기관의 장과 협의한 □□□□ 지방도시계획위원회의 심의를 거쳐야 한다. 27회

07 대도시의 시장이 아닌 시장은 기본계획을 수립하거나 변경하려면 □□□□□□ 의 승인을 받아야 한다. □□□□ 가 이를 승인하려면 관계 행정기관의 장과 협의한 □□□□ 지방도시계획위원회의 심의를 거쳐야 하지만, 경미한 사항을 변경하는 경우에는 □□□□ 의 승인을 받지 □□ 할 수 있다. 22 · 26 · 27 · 29회

08 기본계획의 수립권자는 기본계획을 수립하거나 변경한 때에는 지체 없이 이를 해당 지방자치단체의 공보에 고시하고 일반인이 열람할 수 있도록 하여야 □□□. 26 · 30회

09 기본계획의 수립권자는 <u>기본계획을 고시한 때에는</u> 국토교통부령으로 정하는 방법 및 절차에 따라 □□□□ 에게 보고하여야 한다. 26 · 30회

DAY 08

3 정비계획

01 **임대주택 및 주택규모별 건설비율:** 정비계획의 입안권자는 주택수급의 안정과 저소득 주민의 입주기회 확대를 위하여 정비사업으로 건설하는 주택에 대하여 다음의 구분에 따른 범위에서 국토교통부장관이 정하여 고시하는 임대주택 및 주택규모별 건설비율 등을 정비계획에 반영하여야 한다.

① 「주택법」에 따른 국민주택규모의 주택이 전체 세대수의 **90/100** 이하에서 대통령령으로 정하는 범위

② 공공임대주택 및 민간임대주택이 전체 세대수 또는 전체 연면적의 **30/100** 이하에서 대통령령으로 정하는 범위

35회

02 **시장·군수등**은 정비예정구역별 정비계획의 수립시기가 도래한 때부터 사업시행계획인가 전까지 재건축진단을 실시하여야 한다.

25 · 28회

03 **재건축진단** 실시를 요청하려는 자는 정비계획의 입안을 제안하려는 자가 입안을 제안하기 전에 해당 정비예정구역 또는 사업예정구역에 위치한 건축물 및 그 부속토지의 소유자 **1/10** 이상의 동의를 받아 시장·군수등에게 요청할 수 있으며, 이 경우 시장·군수등은 재건축진단에 드는 비용을 해당 재건축진단의 실시를 요청하는 자에게 부담하게 할 수 **있다.**

22회

04 정비계획의 입안권자는 재건축진단의 요청이 있는 때에는 요청일부터 **30일** 이내에 국토교통부장관이 정하는 바에 따라 재건축진단의 실시 여부를 결정하여 요청인에게 통보하여야 한다.

05 재건축사업의 재건축진단은 주택단지(연접한 단지를 포함)의 **건축물(주택만 ×)**을 대상으로 한다. 다만, 다음의 경우에는 재건축진단 대상에서 **제외**할 수 있다.

① 정비계획의 입안권자가 천재지변 등으로 주택이 붕괴되어 신속히 재건축을 추진할 필요가 있다고 인정하는 것

② 주택의 구조안전상 사용금지가 필요하다고 정비계획의 **입안권자**가 인정하는 것

③ 정비계획의 입안권자가 진입도로 등 기반시설 설치를 위하여 불가피하게 정비구역에 포함된 것으로 인정하는 건축물

④ 「시설물의 안전 및 유지관리에 관한 특별법」의 시설물로 지정받은 안전등급이 **D**(미흡) 또는 **E**(불량)인 건축물

22 · 28회

3 정비계획

01 **임대주택 및 주택규모별 건설비율**: 정비계획의 입안권자는 주택수급의 안정과 저소득 주민의 입주기회 확대를 위하여 정비사업으로 건설하는 주택에 대하여 다음의 구분에 따른 범위에서 국토교통부장관이 정하여 고시하는 임대주택 및 주택규모별 건설비율 등을 정비계획에 반영하여야 한다.

① 「주택법」에 따른 국민주택규모의 주택이 전체 세대수의 　　　 이하에서 대통령령으로 정하는 범위

② 공공임대주택 및 민간임대주택이 전체 세대수 또는 전체 연면적의 　　　 이하에서 대통령령으로 정하는 범위
35회

02 　　　 은 정비예정구역별 정비계획의 수립시기가 도래한 때부터 사업시행계획인가 전까지 재건축진단을 실시하여야 한다.
25 · 28회

03 **재건축진단** 실시를 요청하려는 자는 정비계획의 입안을 제안하려는 자가 입안을 제안하기 전에 해당 정비예정구역 또는 사업예정구역에 위치한 건축물 및 그 부속토지의 소유자 　　　 이상의 동의를 받아 시장 · 군수등에게 요청할 수 있으며, 이 경우 시장 · 군수등은 재건축진단에 드는 비용을 해당 재건축진단의 실시를 요청하는 자에게 부담하게 할 수 　　　.
22회

04 정비계획의 입안권자는 재건축진단의 요청이 있는 때에는 요청일부터 　　　 일 이내에 국토교통부장관이 정하는 바에 따라 재건축진단의 실시 여부를 결정하여 요청인에게 통보하여야 한다.

05 재건축사업의 재건축진단은 주택단지(연접한 단지를 포함)의 　　　(주택만 　　　)을 대상으로 한다. 다만, 다음의 경우에는 재건축진단 대상에서 　　　 할 수 있다.

① 정비계획의 입안권자가 천재지변 등으로 주택이 붕괴되어 신속히 재건축을 추진할 필요가 있다고 인정하는 것

② 주택의 구조안전상 사용금지가 필요하다고 정비계획의 　　　 가 인정하는 것

③ 정비계획의 입안권자가 진입도로 등 기반시설 설치를 위하여 불가피하게 정비구역에 포함된 것으로 인정하는 건축물

④ 「시설물의 안전 및 유지관리에 관한 특별법」의 시설물로 지정받은 안전등급이 　　　(미흡) 또는 　　　(불량)인 건축물
22 · 28회

06 재건축진단 실시

① **시장 · 군수등**은 대통령령으로 정하는 재건축진단기관(한국건설기술연구원 / 국토안전관리원 / 안전진단전문기관)에 의뢰하여 주거환경 적합성, 해당 건축물의 구조안정성, 건축마감, 설비노후도 등에 관한 재건축진단을 실시하여야 **한다.**

② 시장 · 군수등은 재건축진단의 결과와 도시계획 및 지역여건 등을 종합적으로 검토하여 사업계획인가 여부를 결정하여야 한다.   21 · 28회

07 특별자치시장 및 특별자치도지사를 제외한 시장 · 군수등은 재건축진단 결과보고서를 제출받은 경우에는 지체 없이 **특별시장 · 광역시장 · 도지사**에게 결정내용과 해당 재건축진단 결과보고서를 제출하여야 한다.   28회

08 시 · 도지사(특별시장 · 광역시장 · 특별자치시장 · 도지사 · 특별자치도지사)는 필요한 경우 한국건설기술연구원 또는 국토안전관리원(안전진단전문기관 ✕)에 재건축진단 결과의 적정성에 대한 검토를 의뢰할 수 **있다.**   28회

09 정비계획의 입안권자는 정비계획(정비구역 및 그 면적 / 환경보전 및 재난방지에 관한 계획 / 세입자 주거대책 / 정비사업시행 예정시기 / 건축물의 건축선)을 입안하거나 변경하려면 주민에게 서면으로 통보한 후 주민설명회 및 **30**일 이상 주민(대상에 세입자도 포함 ○)에게 공람하여 의견을 들어야 **하며,** 제시된 의견이 타당하다고 인정되면 이를 정비계획에 반영하여야 한다.   22회

4 정비구역 지정

01 **정비구역 지정권자인 도시 · 군 관할구역의 장**(특별시장 · 광역시장 · 특별자치시장 · 특별자치도지사 · 시장 또는 군수)은 기본계획에 적합한 범위에서 노후 · 불량건축물이 밀집하는 등 대통령령으로 정하는 요건에 해당하는 구역에 대해 정비계획을 결정하여 정비구역을 지정(변경지정)할 수 **있으며,** 정비구역의 진입로 설치를 위해 필요한 경우에는 진입로 지역과 그 인접지역을 포함하여 정비구역을 지정할 수 **있다.**   30회

06 재건축진단 실시

①   은 대통령령으로 정하는 재건축진단기관(한국건설기술연구원 / 국토안전관리원 / 안전진단전문기관)에 의뢰하여 주거환경 적합성, 해당 건축물의 구조안정성, 건축마감, 설비노후도 등에 관한 재건축진단을 실시하여야   .

② 시장·군수등은 재건축진단의 결과와 도시계획 및 지역여건 등을 종합적으로 검토하여 사업계획인가 여부를 결정하여야 한다.   21·28회

07 특별자치시장 및 특별자치도지사를 제외한 시장·군수등은 재건축진단 결과보고서를 제출받은 경우에는 지체 없이   ·   ·   에게 결정내용과 해당 재건축진단 결과보고서를 제출하여야 한다.   28회

08 시·도지사(특별시장·광역시장·특별자치시장·도지사·특별자치도지사)는 필요한 경우 한국건설기술연구원 또는 국토안전관리원(안전진단전문기관   )에 재건축진단 결과의 적정성에 대한 검토를 의뢰할 수   .   28회

09 정비계획의 입안권자는 정비계획(정비구역 및 그 면적 / 환경보전 및 재난방지에 관한 계획 / 세입자 주거대책 / 정비사업시행 예정시기 / 건축물의 건축선)을 입안하거나 변경하려면 주민에게 서면으로 통보한 후 주민설명회 및   일 이상 주민(대상에 세입자도 포함   )에게 공람하여 의견을 들어야   , 제시된 의견이 타당하다고 인정되면 이를 정비계획에 반영하여야 한다.   22회

▌4▐ 정비구역 지정

01 정비구역 지정권자인   (특별시장·광역시장·특별자치시장·특별자치도지사·시장 또는 군수)은 기본계획에 적합한 범위에서 노후·불량건축물이 밀집하는 등 대통령령으로 정하는 요건에 해당하는 구역에 대해 정비계획을 결정하여 정비구역을 지정(변경지정)할 수   , 정비구역의 진입로 설치를 위해 필요한 경우에는 진입로 지역과 그 인접지역을 포함하여 정비구역을 지정할 수   .   30회

DAY 08

02 도시·군 관할구역의 장(특별시장·광역시장·특별자치시장·특별자치도지사·시장 또는 군수)은 정비구역 지정을 위하여 직접 정비계획을 입안하는 경우 **'주민 또는 산업의 현황** / 토지 및 건축물의 이용과 소유 **현황** / 토지 및 건축물의 **가격**과 임대차 **현황** / 정비구역 및 주변지역의 교통 **상황** / 정비사업의 시행계획 및 시행방법 등에 대한 **주민의 의견'**을 조사·확인하여야 한다. 31회

03 **정비구역에서 개발행위**인 다음의 어느 하나의 행위를 하려는 자는 **시장·군수등**의 허가를 받아야 하며, 허가받은 사항을 변경하려는 경우도 **동일**하다.

① **건축물의 건축**(가설건축물 및 용도변경도 포함)
② **공작물의 설치** ⇨ 농림수산물의 생산에 직접 이용되는 것으로서 간이공작물(비닐하우스·종묘배양장·탈곡장)의 설치 ✕
③ 이동이 쉽지 아니한 물건을 **1개월 이상** 쌓아놓는 행위
④ **토지의 형질변경** ⇨ 공유수면의 매립 ○, 경작을 위한 토지의 형질변경 ✕
⑤ **토석의 채취**
⑥ **토지 분할**
⑦ **죽목의 벌채 및 식재** ⇨ 관상용 죽목의 임시식재 ✕, 경작지에서의 관상용 죽목의 임시식재 ○

21·25·30회

04 정비구역 안에서 허가를 받은 행위는 「국토의 계획 및 이용에 관한 법률」에 따른 개발행위허가를 받은 것으로 **본다**. 30회

05 정비구역등(정비예정구역 또는 정비구역)에서는 「주택법」에 따른 지역주택조합의 조합원을 모집해서는 **아니** 된다. 30회

06 정비구역의 지정권자는 정비예정구역에 대하여 기본계획에서 정한 정비구역 지정 예정일부터 3년이 되는 날까지 특별자치시장, 특별자치도지사, 시장 또는 군수가 정비구역을 지정하지 아니하거나 구청장등이 정비구역의 지정을 신청하지 아니하는 경우에는 정비구역등을 해제하여야 한다. 24회

02 도시 · 군 관할구역의 장(특별시장 · 광역시장 · 특별자치시장 · 특별자치도지사 · 시장 또는 군수)은 정비구역 지정을 위하여 직접 정비계획을 입안하는 경우 '주민 또는 산업의   / 토지 및 건축물의 이용과 소유   / 토지 및 건축물의   과 임대차   / 정비구역 및 주변지역의 교통   / 정비사업의 시행계획 및 시행방법 등에 대한   의 의견'을 조사 · 확인하여야 한다.   31회

03 **정비구역에서 개발행위**인 다음의 어느 하나의 행위를 하려는 자는   의 허가를 받아야 하며, 허가받은 사항을 변경하려는 경우도   하다.
 ①   축물의 건축(가설건축물 및 용도변경도 포함)
 ②   작물의 설치 ⇨ 농림수산물의 생산에 직접 이용되는 것으로서 간이공작물(비닐하우스 · 종묘배양장 · 탈곡장)의 설치
 ③ 이동이 쉽지 아니한   건을   개월 이상 쌓아놓는 행위
 ④   지의 형질변경 ⇨ 공유수면의 매립   , 경작을 위한 토지의 형질변경
 ⑤   석의 채취
 ⑥   지 분할
 ⑦   의 벌채 및 식재 ⇨ 관상용 죽목의 임시식재   , 경작지에서의 관상용 죽목의 임시식재
                    21 · 25 · 30회

04 정비구역 안에서 허가를 받은 행위는 「국토의 계획 및 이용에 관한 법률」에 따른 개발행위허가를 받은 것으로   .   30회

05 정비구역등(정비예정구역 또는 정비구역)에서는 「주택법」에 따른 지역주택조합의 조합원을 모집해서는   된다.   30회

06 정비구역의 지정권자는 정비예정구역에 대하여 기본계획에서 정한 정비구역 지정 예정일부터   년이 되는 날까지 특별자치시장, 특별자치도지사, 시장 또는 군수가 정비구역을 지정하지 아니하거나 구청장등이 정비구역의 지정을 신청하지 아니하는 경우에는 정비구역등을 해제하여야 한다.   24회

07 **정비구역등 해제조건**: 정비구역의 지정권자는 조합이 시행하는 재개발사업 · 재건축사업으로서 정비구역등을 해제하여야 하는 경우는 다음과 같다.

① 토지등소유자가 정비구역으로 지정 · 고시된 날부터 **2년**이 되는 날까지 추진위원회의 승인을 신청하지 아니하는 경우(추진위원회를 구성하는 경우로 한정함)

② 추진위원회가 추진위원회 승인일부터 **2년**이 되는 날까지 조합설립인가를 신청하지 아니하는 경우

③ 추진위원회를 구성하지 아니하는 경우 토지등소유자가 정비구역으로 지정 · 고시된 날부터 **3년**이 되는 날까지 조합설립인가를 신청하지 아니하는 경우

④ 조합이 조합설립인가를 받은 날부터 **3년**이 되는 날까지 사업시행계획인가를 신청하지 아니하는 경우

24회

08 정비구역의 지정권자는 토지등소유자가 시행하는 재개발사업으로서 토지등소유자가 정비구역으로 지정 · 고시된 날부터 **5년**이 되는 날까지 사업시행계획인가를 신청하지 아니하는 경우에는 정비구역등을 해제하여야 한다.

24회

07 **정비구역등 해제조건**: 정비구역의 지정권자는 조합이 시행하는 재개발사업 · 재건축사업으로서 정비구역등을 해제하여야 하는 경우는 다음과 같다.

① 토지등소유자가 정비구역으로 지정 · 고시된 날부터 　　　　 년이 되는 날까지 추진위원회의 승인을 신청하지 아니하는 경우(추진위원회를 구성하는 경우로 한정함)

② 추진위원회가 추진위원회 승인일부터 　　　　 년이 되는 날까지 조합설립인가를 신청하지 아니하는 경우

③ 추진위원회를 구성하지 아니하는 경우 토지등소유자가 정비구역으로 지정 · 고시된 날부터 　　　　 년이 되는 날까지 조합설립인가를 신청하지 아니하는 경우

④ 조합이 조합설립인가를 받은 날부터 　　　　 년이 되는 날까지 사업시행계획인가를 신청하지 아니하는 경우

24회

08 정비구역의 지정권자는 토지등소유자가 시행하는 재개발사업으로서 토지등소유자가 정비구역으로 지정 · 고시된 날부터 　　　　 년이 되는 날까지 사업시행계획인가를 신청하지 아니하는 경우에는 정비구역등을 해제하여야 한다.

24회

DAY 08

핵심지문으로 키워드 학습

5 정비사업의 시행방법

01 **주거환경개선사업**은 다음의 방법 또는 이들을 혼용하는 방법으로 한다.

① 현지개량방식: 사업시행자가 정비구역에서 정비기반시설 및 공동이용시설을 새로 설치하거나 확대하고 토지등소유자가 스스로 주택을 보전·정비하거나 개량하는 방법

② 수용방식: 사업시행자가 정비구역의 전부 또는 일부를 수용하여 주택을 건설한 후 토지등소유자에게 우선 공급하거나 대지를 토지등소유자 또는 토지등소유자 외의 자에게 공급하는 방법

③ 환지방식: 사업시행자가 환지로 공급하는 방법

④ 관리처분방식: 사업시행자가 정비구역에서 인가받은 관리처분계획에 따라 주택 및 부대시설·복리시설을 건설하여 공급하는 방법 28·29·35회

02 **재개발사업**은 정비구역에서 인가받은 관리처분계획에 따라 건축물을 건설하여 공급(관리처분방식)하거나 환지로 공급(환지방식)하는 방법으로 한다. 29·35회

03 **재건축사업**은 정비구역에서 인가받은 관리처분계획에 따라 건축물을 건설하여 공급하는 방법(관리처분방식 ○, 환지방식 ✕)으로 한다. 다만, 건축물을 건설하여 공급하는 경우 주택, 부대시설 및 복리시설을 제외한 건축물(공동주택 외 건축물)은 「국토의 계획 및 이용에 관한 법률」에 따른 **준주거지역** 및 **상업**지역에서만 건설할 수 있으며, 이 경우 공동주택 외 건축물의 연면적은 전체 건축물 연면적의 **30/100** 이하이어야 한다. 29·30·35회

04 **주거환경개선사업의 시행자**가 '**수용방식 / 환지방식 / 관리처분방식**'에 따라 시행하려는 경우에는 시장·군수등이 직접 시행하거나 토지주택공사등을 시행자로 지정하기 위해 정비계획에 따른 공람공고일 현재 해당 정비예정구역의 토지 또는 건축물의 소유자 또는 지상권자의 **2/3** 이상의 동의와 세입자 세대수의 **과반수**의 동의를 각각 받아야 한다. 다만, 세입자의 세대수가 토지등소유자의 **1/2** 이하인 경우에는 세입자의 동의절차를 거치지 **아니**할 수 있다. 26·28·32회

빈칸으로 **키워드** 암기

5 정비사업의 시행방법

01 ⬜⬜⬜⬜⬜⬜⬜ 은 다음의 방법 또는 이들을 혼용하는 방법으로 한다.
① 현지개량방식: 사업시행자가 정비구역에서 정비기반시설 및 공동이용시설을 새로 설치하거나 확대하고 토지등소유자가 스스로 주택을 보전·정비하거나 개량하는 방법
② 수용방식: 사업시행자가 정비구역의 전부 또는 일부를 수용하여 주택을 건설한 후 토지등소유자에게 우선 공급하거나 대지를 토지등소유자 또는 토지등소유자 외의 자에게 공급하는 방법
③ 환지방식: 사업시행자가 환지로 공급하는 방법
④ 관리처분방식: 사업시행자가 정비구역에서 인가받은 관리처분계획에 따라 주택 및 부대시설·복리시설을 건설하여 공급하는 방법
28·29·35회

02 ⬜⬜⬜⬜⬜ 은 정비구역에서 인가받은 관리처분계획에 따라 건축물을 건설하여 공급(관리처분방식)하거나 환지로 공급(환지방식)하는 방법으로 한다.
29·35회

03 ⬜⬜⬜⬜⬜ 은 정비구역에서 인가받은 관리처분계획에 따라 건축물을 건설하여 공급하는 방법(관리처분방식⬜⬜, 환지방식⬜⬜)으로 한다. 다만, 건축물을 건설하여 공급하는 경우 주택, 부대시설 및 복리시설을 제외한 건축물(공동주택 외 건축물)은 「국토의 계획 및 이용에 관한 법률」에 따른 ⬜⬜지역 및 ⬜⬜지역에서만 건설할 수 있으며, 이 경우 공동주택 외 건축물의 연면적은 전체 건축물 연면적의 ⬜⬜⬜ 이하이어야 한다.
29·30·35회

04 **주거환경개선사업의 시행자**가 '수용방식 / 환지방식 / 관리처분방식'에 따라 시행하려는 경우에는 시장·군수등이 직접 시행하거나 토지주택공사등을 시행자로 지정하기 위해 정비계획에 따른 공람공고일 현재 해당 정비예정구역의 토지 또는 건축물의 소유자 또는 지상권자의 ⬜⬜ 이상의 동의와 세입자 세대수의 ⬜⬜ 의 동의를 각각 받아야 한다. 다만, 세입자의 세대수가 토지등소유자의 ⬜⬜ 이하인 경우에는 세입자의 동의절차를 거치지 ⬜⬜ 할 수 있다.
26·28·32회

05 **재개발사업 시행자**: 조합이 시행하거나 토지등소유자가 **20인** 미만인 경우에는 토지등소유자가 가 직접 시행할 수 있다. 32·35회

06 **재건축사업 시행자**: **조합**이 시행하거나 조합이 조합원 **과반수**의 동의를 받아 시장·군수등, 토지주택공사등, 건설업자 또는 등록사업자와 공동으로 시행할 수 있다. 26회

07 재개발사업 및 재건축사업을 시장·군수등이 직접 시행하거나 토지주택공사등을 사업시행자로 지정하여 정비사업을 시행하게 할 수 있는 경우

① 천재지변, 그 밖의 불가피한 사유로 긴급하게 정비사업을 시행할 필요가 있다고 인정하는 때

② 순환정비방식으로 정비사업을 시행할 필요가 있다고 인정하는 때

③ 고시된 정비계획에서 정한 정비사업시행 예정일부터 **2년** 이내에 사업시행계획인가를 신청하지 아니하거나 사업시행계획인가를 신청한 내용이 위법 또는 부당하다고 인정하는 때 ⇨ 재건축사업의 경우는 **제외**

④ 추진위원회가 시장·군수등의 구성승인을 받은 날부터 **3년** 이내에 조합설립인가를 신청하지 아니하거나 조합이 조합설립인가를 받은 날부터 **3년** 이내에 사업시행계획인가를 신청하지 아니한 때

⑤ 해당 정비구역의 국·공유지 면적 또는 국·공유지와 토지주택공사등이 소유한 토지를 합한 면적이 전체 토지면적의 **1/2** 이상으로서 토지등소유자의 **과반수**가 시장·군수등 또는 토지주택공사등을 사업시행자로 지정하는 것에 동의하는 때

⑥ 해당 정비구역의 토지면적 **1/2** 이상의 토지소유자와 토지등소유자의 **2/3** 이상에 해당하는 자가 시장·군수등 또는 토지주택공사등을 사업시행자로 지정할 것을 요청하는 때 26·35회

08 시장·군수등이 직접 정비사업을 시행하거나 토지주택공사등을 사업시행자로 지정·고시한 때에는 그 고시일 **다음 날**에 추진위원회의 구성승인 또는 조합설립인가가 취소된 것으로 본다. 30회

09 **시공자 선정**은 시행자가 조합인 경우 조합설립인가를 받은 후 조합총회에서 **경쟁입찰** 또는 **수의계약**(2회 이상 경쟁입찰이 유찰된 경우로 한정)의 방법으로 건설업자 또는 등록사업자를 시공자로 선정하여야 하지만, 조합원이 100인 이하인 정비사업은 조합총회에서 **정관**으로 정하는 바에 따라 선정할 수 있다. 26회

05 재개발사업 시행자: 조합이 시행하거나 토지등소유자가   인 미만인 경우에는 토지등소
유자가가 직접 시행할 수 있다.   32·35회

06 재건축사업 시행자: 이 시행하거나 조합이 조합원   의 동의를 받아 시장·군
수등, 토지주택공사등, 건설업자 또는 등록사업자와 공동으로 시행할 수 있다.   26회

**07 재개발사업 및 재건축사업을 시장·군수등이 직접 시행하거나 토지주택공사등을 사업시행자로
지정하여 정비사업을 시행하게 할 수 있는 경우**
① 천재지변, 그 밖의 불가피한 사유로 긴급하게 정비사업을 시행할 필요가 있다고 인정하는 때
② 순환정비방식으로 정비사업을 시행할 필요가 있다고 인정하는 때
③ 고시된 정비계획에서 정한 정비사업시행 예정일부터   년 이내에 사업시행계획인가를
신청하지 아니하거나 사업시행계획인가를 신청한 내용이 위법 또는 부당하다고 인정하는 때
⇨ 재건축사업의 경우는
④ 추진위원회가 시장·군수등의 구성승인을 받은 날부터   년 이내에 조합설립인가를 신
청하지 아니하거나 조합이 조합설립인가를 받은 날부터   년 이내에 사업시행계획인
가를 신청하지 아니한 때
⑤ 해당 정비구역의 국·공유지 면적 또는 국·공유지와 토지주택공사등이 소유한 토지를 합
한 면적이 전체 토지면적의   이상으로서 토지등소유자의   가 시장·군수
등 또는 토지주택공사등을 사업시행자로 지정하는 것에 동의하는 때
⑥ 해당 정비구역의 토지면적   이상의 토지소유자와 토지등소유자의   이상에 해
당하는 자가 시장·군수등 또는 토지주택공사등을 사업시행자로 지정할 것을 요청하는 때
                                                                        26·35회

08 시장·군수등이 직접 정비사업을 시행하거나 토지주택공사등을 사업시행자로 지정·고시한 때
에는 그 고시일   에 추진위원회의 구성승인 또는 조합설립인가가 취소된 것으로
본다.   30회

09 시공자 선정은 시행자가 조합인 경우 조합설립인가를 받은 후 조합총회에서   또는
          (2회 이상 경쟁입찰이 유찰된 경우로 한정)의 방법으로 건설업자 또는 등록사업자
를 시공자로 선정하여야 하지만, 조합원이 100인 이하인 정비사업은 조합총회에서   으
로 정하는 바에 따라 선정할 수 있다.   26회

DAY 09

10 토지등소유자가 재개발사업을 시행하는 경우에는 사업시행계획인가를 받은 후 **규약**에 따라 건설업자 또는 등록사업자를 시공자로 선정하여야 한다. 26회

11 시장·군수등이 직접 정비사업을 시행하거나 토지주택공사등 또는 지정개발자를 사업시행자로 지정한 경우 사업시행자는 사업시행자 지정·고시 후 **경쟁입찰** 또는 **수의계약**의 방법으로 건설업자 또는 등록사업자를 시공자로 선정하여야 한다. 26회

12 사업시행자는 선정된 시공자와 공사에 관한 계약을 체결할 때에는 기존 건축물의 철거 공사에 관한 사항을 **포함**시켜야 한다. 22·26회

6 정비사업조합

01 **조합설립추진위원회**는 조합을 설립하려는 경우에 토지등소유자 **과반수**의 동의를 받아 조합설립을 위한 추진위원회[추진위원장을 포함한 **5명** 이상의 추진위원(추진위원장 1명과 감사를 두어야 한다)]를 구성하여 국토교통부령으로 정하는 방법과 절차에 따라 **시장·군수등**의 승인을 받아야 한다. 추진위원회의 구성에 동의한 토지등소유자는 조합의 설립에 동의한 것으로 **본다**. 32회

02 추진위원회의 수행업무

① 정비사업전문관리업자의 선정 및 변경 / 설계자의 선정 및 변경 / 개략적인 정비사업 시행계획서의 작성 / 조합설립인가를 받기 위한 준비업무 / 추진위원회 운영규정의 작성 / 토지등소유자의 동의서의 접수 / 조합의 설립을 위한 창립총회의 개최 / 조합 정관의 초안 작성이다.

② '정관의 변경 / 정비사업전문관리업자의 선정 및 변경 / 조합임원의 선임 및 해임 /～사업비·비용·자금에 관한 사항'은 **총회**의 의결을 거쳐야 한다.

③ 추진위원회는 조합설립에 필요한 동의를 받기 **전**에 추정분담금 등 대통령령으로 정하는 정보를 토지등소유자에게 제공하여야 한다. 23·35회

10 토지등소유자가 재개발사업을 시행하는 경우에는 사업시행계획인가를 받은 후 _____에 따라 건설업자 또는 등록사업자를 시공자로 선정하여야 한다. 26회

11 시장 · 군수등이 직접 정비사업을 시행하거나 토지주택공사등 또는 지정개발자를 사업시행자로 지정한 경우 사업시행자는 사업시행자 지정 · 고시 후 _____ 또는 _____의 방법으로 건설업자 또는 등록사업자를 시공자로 선정하여야 한다. 26회

12 사업시행자는 선정된 시공자와 공사에 관한 계약을 체결할 때에는 기존 건축물의 철거 공사에 관한 사항을 _____ 시켜야 한다. 22 · 26회

6 정비사업조합

01 **조합설립추진위원회**는 조합을 설립하려는 경우에 토지등소유자 _____의 동의를 받아 조합설립을 위한 추진위원회[추진위원장을 포함한 _____ 명 이상의 추진위원(추진위원장 1명과 감사를 두어야 한다)]를 구성하여 국토교통부령으로 정하는 방법과 절차에 따라 _____의 승인을 받아야 한다. 추진위원회의 구성에 동의한 토지등소유자는 조합의 설립에 동의한 것으로 _____. 32회

02 **추진위원회의 수행업무**
① 정비사업전문관리업자의 선정 및 변경 / 설계자의 선정 및 변경 / 개략적인 정비사업 시행계획서의 작성 / 조합설립인가를 받기 위한 준비업무 / 추진위원회 운영규정의 작성 / 토지등소유자의 동의서의 접수 / 조합의 설립을 위한 창립총회의 개최 / 조합 정관의 초안 작성이다.
② '정관의 변경 / 정비사업전문관리업자의 선정 및 변경 / 조합임원의 선임 및 해임 /～사업비 · 비용 · 자금에 관한 사항'은 _____의 의결을 거쳐야 한다.
③ 추진위원회는 조합설립에 필요한 동의를 받기 _____에 추정분담금 등 대통령령으로 정하는 정보를 토지등소유자에게 제공하여야 한다. 23 · 35회

03 조합설립추진위원회가 운영에 필요한 사항 중 추진위원회 구성에 동의한 토지등소유자에게 조합설립동의서에 포함되는 사항으로서 정비사업비의 **분담기준** 등을 등기우편으로 통지하여야한다. _{33회}

04 **조합설립**

① 시장·군수등, 토지주택공사등 또는 지정개발자가 아닌 자가 정비사업을 시행하려는 경우에는 토지등소유자로 구성된 조합을 설립하여야 **하지만**, 토지등소유자가 재개발사업을 시행하려는 경우에는 조합을 설립하지 **아니**할 수 있다.

② 조합은 조합설립인가를 받은 때에는 정관으로 정하는 바에 따라 토지등소유자에게 그 내용을 통지하고, 이해관계인이 열람할 수 있도록 하여야 **한다**. _{29·35회}

05 **재개발사업의 조합설립인가**는 추진위원회(추진위원회를 구성하지 아니하는 경우에는 토지등소유자)가 조합을 설립할 경우 토지등소유자의 **3/4** 이상 및 토지면적의 **1/2** 이상의 토지소유자의 동의를 받아 일정한 서류를 첨부하여 정비구역 지정·고시 후 **시장·군수등**의 인가를 받아야 한다. _{21·24·25·29·31·35회}

06 추진위원회가 조합을 설립할 경우 **재건축사업의 조합설립인가**

① 주택단지의 공동주택 각 동별 구분소유자의 **과반수**(복리시설인 경우는 1/3 이상) 동의와주택단지의 전체 구분소유자의 **70/100** 이상 및 토지면적의 **70/100** 이상의 토지소유자의 동의를 받아 일정한 서류를 첨부하여 정비구역 지정·고시 후 시장·군수등의 **인가를**받아야 한다.

② 주택단지가 아닌 지역이 정비구역에 포함된 때에는 주택단지가 아닌 지역의 토지 또는 건축물소유자의 **3/4** 이상 및 토지면적의 **2/3** 이상의 토지소유자의 동의를 받아야 한다. _{21·24·25·27·31회}

07 조합설립추진위원회의 조합설립을 위한 토지등소유자의 동의는 서면동의서 또는 전자서면동의서를 제출하는 방법으로 한다. 이 경우 서면동의서는 토지등소유자가 성명을 적고 지장을 날인하는 방법(구두 ✕)으로 하며, 주민등록증, 여권 등 신원을 확인할 수 있는 신분증명서의 사본을첨부하여야 한다. _{24회}

03 **조합설립추진위원회**가 운영에 필요한 사항 중 추진위원회 구성에 동의한 토지등소유자에게 조합설립동의서에 포함되는 사항으로서 정비사업비의 _____ 등을 등기우편으로 통지하여야 한다.
33회

04 **조합설립**

① 시장·군수등, 토지주택공사등 또는 지정개발자가 아닌 자가 정비사업을 시행하려는 경우에는 토지등소유자로 구성된 조합을 설립하여야 _____, 토지등소유자가 재개발사업을 시행하려는 경우에는 조합을 설립하지 _____ 할 수 있다.

② 조합은 조합설립인가를 받은 때에는 정관으로 정하는 바에 따라 토지등소유자에게 그 내용을 통지 _____, 이해관계인이 열람할 수 있도록 하여야 _____.
29·35회

05 **재개발사업의 조합설립인가**는 추진위원회(추진위원회를 구성하지 아니하는 경우에는 토지등소유자)가 조합을 설립할 경우 토지등소유자의 _____ 이상 및 토지면적의 _____ 이상의 토지소유자의 동의를 받아 일정한 서류를 첨부하여 정비구역 지정·고시 후 _____ 의 인가를 받아야 한다.
21·24·25·29·31·35회

06 추진위원회가 조합을 설립할 경우 **재건축사업의 조합설립인가**

① 주택단지의 공동주택 각 동별 구분소유자의 _____ (복리시설인 경우는 1/3 이상) 동의와 주택단지의 전체 구분소유자의 _____ 이상 및 토지면적의 _____ 이상의 토지소유자의 동의를 받아 일정한 서류를 첨부하여 정비구역 지정·고시 후 시장·군수등의 _____ 를 받아야 한다.

② 주택단지가 아닌 지역이 정비구역에 포함된 때에는 주택단지가 아닌 지역의 토지 또는 건축물소유자의 _____ 이상 및 토지면적의 _____ 이상의 토지소유자의 동의를 받아야 한다.
21·24·25·27·31회

07 조합설립추진위원회의 조합설립을 위한 토지등소유자의 동의는 서면동의서 또는 전자서면동의서를 제출하는 방법으로 한다. 이 경우 서면동의서는 토지등소유자가 성명을 적고 지장을 날인하는 방법(구두 _____)으로 하며, 주민등록증, 여권 등 신원을 확인할 수 있는 신분증명서의 사본을 첨부하여야 한다.
24회

08 주거환경개선사업 · 재개발사업의 **토지등소유자의 동의자 수 산정방법**

① 1필지의 토지 또는 하나의 건축물을 여럿이서 공유하는 경우에는 해당 토지 또는 건축물의 토지등소유자의 **3/4** 이상의 동의를 받아 이를 **대표**하는 1인을 토지등소유자로 산정할 것

② 토지에 지상권이 설정되어 있는 경우 토지의 소유자와 해당 토지의 지상권자를 **대표**하는 1인을 토지등소유자로 산정할 것

③ 1인이 다수 필지의 토지 또는 다수의 건축물을 소유하고 있는 경우에는 필지나 건축물의 수에 관계**없이** 토지등소유자를 1인으로 산정할 것

④ 둘 이상의 토지 또는 건축물을 소유한 공유자가 동일한 경우에는 그 공유자 여럿을 **대표**하는 1인을 토지등소유자로 산정할 것

⑤ 1필지에 토지소유자, 건축물소유자가 따로 있는 경우에는 **각각** 1인을 토지등소유자로 산정할 것

23 · 25회

09 동의의 철회 또는 반대의사의 표시는 해당 동의에 따른 인 · 허가 등을 신청하기 **전**까지 할 수 있으며, 동의의 철회나 반대의 의사표시는 철회서가 동의의 상대방에게 도달한 때 또는 시장 · 군수등이 동의의 상대방에게 철회서가 접수된 사실을 통지한 때 중 **빠른** 때에 효력이 발생한다.

21회

10 조합은 조합설립인가를 받은 날부터 **30일** 이내에 주된 사무소의 소재지에서 **등기**하는 때에 성립한다. 조합은 명칭에 '정비사업조합'이라는 문자를 사용**하여야** 한다.

26회

11 **정비사업의 조합원**은 토지등소유자를 조합원으로 보지만, 재건축사업의 경우에는 재건축사업에 **동의**한 자만 조합원으로 본다.

25회

12 **정비사업의 조합**은 조합장 1명과 이사, 감사를 임원으로 두며, 조합에 두는 이사의 수는 **3명** 이상, 감사의 수는 **1명** 이상 **3명** 이하로 한다. 다만, 토지등소유자의 수가 **100인**을 초과하는 경우에는 이사의 수를 **5명** 이상으로 한다.

27 · 33회

13 조합임원의 임기는 **3년** 이하의 범위에서 정관으로 정하되, 연임할 수 있다.

33회

14 조합장 또는 이사가 자기를 위하여 조합과 계약이나 소송을 할 때에는 **감사**가 조합을 대표하며, 조합임원은 같은 목적의 정비사업을 하는 다른 조합의 임원 또는 직원을 겸할 수 **없다**.

23 · 26 · 30 · 33회

08 주거환경개선사업 · 재개발사업의 토지등소유자의 동의자 수 산정방법

① 1필지의 토지 또는 하나의 건축물을 여럿이서 공유하는 경우에는 해당 토지 또는 건축물의 토지등소유자의   이상의 동의를 받아 이를   하는   인을 토지등소유자로 산정할 것

② 토지에 지상권이 설정되어 있는 경우 토지의 소유자와 해당 토지의 지상권자를   하는   인을 토지등소유자로 산정할 것

③ 1인이 다수 필지의 토지 또는 다수의 건축물을 소유하고 있는 경우에는 필지나 건축물의 수에 관계   토지등소유자를   인으로 산정할 것

④ 둘 이상의 토지 또는 건축물을 소유한 공유자가 동일한 경우에는 그 공유자 여럿을   하는   인을 토지등소유자로 산정할 것

⑤ 1필지에 토지소유자, 건축물소유자가 따로 있는 경우에는   인을 토지등소유자로 산정할 것

23 · 25회

09 동의의 철회 또는 반대의사의 표시는 해당 동의에 따른 인 · 허가 등을 신청하기   까지 할 수 있으며, 동의의 철회나 반대의 의사표시는 철회서가 동의의 상대방에게 도달한 때 또는 시장 · 군수등이 동의의 상대방에게 철회서가 접수된 사실을 통지한 때 중   때에 효력이 발생한다.

21회

10 조합은 조합설립인가를 받은 날부터   일 이내에 주된 사무소의 소재지에서   하는 때에 성립한다. 조합은 명칭에 '정비사업조합'이라는 문자를 사용   한다.

26회

11 **정비사업의 조합원**은 토지등소유자를 조합원으로 보지만, 재건축사업의 경우에는 재건축사업에   한 자만 조합원으로 본다.

25회

12 **정비사업의 조합**은 조합장 1명과 이사, 감사를 임원으로 두며, 조합에 두는 이사의 수는   명 이상, 감사의 수는   명 이상   명 이하로 한다. 다만, 토지등소유자의 수가   인을 초과하는 경우에는 이사의 수를   명 이상으로 한다.

27 · 33회

13 조합임원의 임기는   년 이하의 범위에서 정관으로 정하되, 연임할 수 있다.

33회

14 조합장 또는 이사가 자기를 위하여 조합과 계약이나 소송을 할 때에는   가 조합을 대표하며, 조합임원은 같은 목적의 정비사업을 하는 다른 조합의 임원 또는 직원을 겸할 수   .

23 · 26 · 30 · 33회

15 '금고 이상의 형의 집행유예를 받고 그 유예기간 중에 있는 자 / 그 외'에 해당하는 자는 조합임원 또는 전문조합관리인이 될 수 **없다.**   23 · 24 · 26회

16 조합임원이 결격사유 어느 하나에 해당하게 되거나 선임 당시 그에 해당하는 자이었음이 밝혀진 경우에는 당연 퇴임하여야 **하며,** 퇴임된 임원이 퇴임 전에 관여한 행위는 그 효력을 잃지 **아니** 한다.   23 · 24 · 26 · 34회

17 시장 · 군수등이 전문조합관리인을 선정한 경우 전문조합관리인이 업무를 대행할 임원은 당연 **퇴임**한다.   33 · 34회

18 조합이 정관을 변경하려는 경우에는 총회를 개최하여 조합원 **과반수**의 찬성으로 시장 · 군수등의 인가를 받아야 한다. 다만, 다음의 경우에는 조합원 **2/3** 이상의 찬성으로 한다.

① 조합원의 자격
② 조합원의 제명 · 탈퇴 및 교체
③ 정비구역의 위치 및 면적
④ 조합의 비용부담 및 조합의 회계
⑤ 정비사업비의 부담 시기 및 절차
⑥ 시공자 · 설계자의 선정 및 계약서에 포함될 내용   25 · 34회

19 총회의 소집

① 총회는 조합장이 직권으로 소집하거나 조합원 **1/5** 이상(정관의 기재사항 중 조합임원의 권리 · 의무 · 보수 · 선임방법 · 변경 및 해임에 관한 사항을 변경하기 위한 총회의 경우는 **1/10** 이상) 또는 대의원 **2/3** 이상의 요구로 조합장이 소집하며, 조합원 또는 대의원의 요구로 총회를 소집하는 경우 조합은 소집을 요구하는 자가 본인인지 여부를 대통령령으로 정하는 절차에 따라 정관으로 정하는 방법으로 확인하여야 한다.
② 조합임원의 사임, 해임 또는 임기만료 후 **6개월** 이상 조합임원이 선임되지 아니한 경우에는 시장 · 군수등이 조합임원 선출을 위한 총회를 소집할 수 있다.
③ 총회를 소집하려는 자는 총회가 개최되기 **7일** 전까지 회의 목적 · 안건 · 일시 및 장소를 정하여 조합원에게 통지하여야 한다.   30회

15 '금고 이상의 형의 집행유예를 받고 그 유예기간 중에 있는 자 / 그 외'에 해당하는 자는 조합임
원 또는 전문조합관리인이 될 수   .   23 · 24 · 26회

16 조합임원이 결격사유 어느 하나에 해당하게 되거나 선임 당시 그에 해당하는 자이었음이 밝혀
진 경우에는 당연 퇴임하여야   , 퇴임된 임원이 퇴임 전에 관여한 행위는 그 효력을 잃지
        한다.   23 · 24 · 26 · 34회

17 시장 · 군수등이 전문조합관리인을 선정한 경우 전문조합관리인이 업무를 대행할 임원은 당연
        한다.   33 · 34회

18 **조합이 정관을 변경하려는 경우**에는 총회를 개최하여 조합원   의 찬성으로 시장 · 군
수등의 인가를 받아야 한다. 다만, 다음의 경우에는 조합원   이상의 찬성으로 한다.
① 조합원의 자격
② 조합원의 제명 · 탈퇴 및 교체
③ 정비구역의 위치 및 면적
④ 조합의 비용부담 및 조합의 회계
⑤ 정비사업비의 부담 시기 및 절차
⑥ 시공자 · 설계자의 선정 및 계약서에 포함될 내용   25 · 34회

19 **총회의 소집**
① 총회는 조합장이 직권으로 소집하거나 조합원   이상(정관의 기재사항 중 조합임원의
권리 · 의무 · 보수 · 선임방법 · 변경 및 해임에 관한 사항을 변경하기 위한 총회의 경우는
        이상) 또는 대의원   이상의 요구로 조합장이 소집하며, 조합원 또는 대의원의
요구로 총회를 소집하는 경우 조합은 소집을 요구하는 자가 본인인지 여부를 대통령령으로 정
하는 절차에 따라 정관으로 정하는 방법으로 확인하여야 한다.
② 조합임원의 사임, 해임 또는 임기만료 후   이상 조합임원이 선임되지 아니한 경
우에는 시장 · 군수등이 조합임원 선출을 위한 총회를 소집할 수 있다.
③ 총회를 소집하려는 자는 총회가 개최되기   일 전까지 회의 목적 · 안건 · 일시 및 장소
를 정하여 조합원에게 통지하여야 한다.   30회

DAY 09

20 총회의 의결

① 총회의 의결은 조합원 과반수의 출석과 출석 조합원 **과반수**의 찬성으로 의결하지만, 정비사업비가 10/100 이상 늘어나는 경우에는 조합원 **2/3** 이상의 찬성으로 의결하여야 한다.

② 총회의 의결은 조합원의 **10/100** 이상이 직접 출석(대리인을 통하거나 전자적 방법으로 의결권을 행사하는 경우 직접 출석한 것으로 본다)하여야 한다. 다만, 시공자의 선정을 의결하는 총회의 경우에는 조합원의 과반수가 직접 출석하여야 하고, '창립총회 / 시공자 선정 취소를 위한 총회 / 사업시행계획서의 작성 및 변경 / 관리처분계획의 수립 및 변경 등'을 의결하는 총회의 경우에는 조합원의 **20/100** 이상이 직접 출석하여야 한다. 　24·27회

21 대의원회

① 조합원의 수가 **100명** 이상인 조합에 두어야 하며, 조합원의 **1/10** 이상으로 구성한다. 다만, 조합원의 1/10이 100명을 넘는 경우에는 조합원의 1/10의 범위에서 100명 이상으로 구성할 수 있다.

② 조합장이 아닌 조합임원(이사 또는 감사)은 대의원이 될 수 **없다.**

③ 대의원회는 총회의 의결사항 중 조합임원의 선임 및 해임과 대의원의 선임 및 해임에 관한 사항을 대행할 수 **없지만**, 정관으로 정하는 바에 따라 임기 중 궐위된 자(조합장은 제외)를 보궐선임하는 경우는 총회의 권한을 대행할 수 **있다.** 　23·24·25·27·33·34회

22 주민대표회의

① 토지등소유자 **과반수**의 동의를 받아 구성하며, 위원장을 포함하여 **5명** 이상 **25명** 이하로 구성한다.

② 위원장과 부위원장 각 1명과 1명 이상 **3명** 이하의 감사를 둔다.

③ 주민대표회의 또는 세입자(상가세입자 포함)는 사업시행자가 건축물의 철거 등에 관하여 시행규정을 정하는 때에 의견을 제시할 수 **있다.** 　31·32회

7 정비사업시행계획

01 사업시행자는 정비사업을 시행하려는 경우에는 사업시행계획서에 정관 등과 그 밖에 서류를 첨부하여 **시장·군수등**에게 제출하고 사업시행계획인가를 받아야 하며, 인가받은 사항을 변경하거나 정비사업을 중지 또는 폐지하려는 경우에도 또한 **같다.** 다만, 경미한 사항을 변경하려는 때에는 **시장·군수등**에게 **신고**하여야 한다. 　25회

20 총회의 의결

① 총회의 의결은 조합원 과반수의 출석과 출석 조합원 [   ]의 찬성으로 의결하지만, 정비사업비가 10/100 이상 늘어나는 경우에는 조합원 [   ] 이상의 찬성으로 의결하여야 한다.

② 총회의 의결은 조합원의 [   ] 이상이 직접 출석(대리인을 통하거나 전자적 방법으로 의결권을 행사하는 경우 직접 출석한 것으로 본다)하여야 한다. 다만, 시공자의 선정을 의결하는 총회의 경우에는 조합원의 과반수가 직접 출석하여야 하고, '창립총회 / 시공자 선정 취소를 위한 총회 / 사업시행계획서의 작성 및 변경 / 관리처분계획의 수립 및 변경 등'을 의결하는 총회의 경우에는 조합원의 [   ] 이상이 직접 출석하여야 한다. 24 · 27회

21 대의원회

① 조합원의 수가 [   ] 명 이상인 조합에 두어야 하며, 조합원의 [   ] 이상으로 구성한다. 다만, 조합원의 1/10이 100명을 넘는 경우에는 조합원의 1/10의 범위에서 100명 이상으로 구성할 수 [   ].

② 조합장이 아닌 조합임원(이사 또는 감사)은 대의원이 될 수 [   ].

③ 대의원회는 총회의 의결사항 중 조합임원의 선임 및 해임과 대의원의 선임 및 해임에 관한 사항을 대행할 수 [   ], 정관으로 정하는 바에 따라 임기 중 궐위된 자(조합장은 [   ])를 보궐선임하는 경우는 총회의 권한을 대행할 수 [   ]. 23 · 24 · 25 · 27 · 33 · 34회

22 주민대표회의

① 토지등소유자 [   ]의 동의를 받아 구성하며, 위원장을 포함하여 [   ] 명 이상 [   ] 명 이하로 구성한다.

② 위원장과 부위원장 각 1명과 1명 이상 [   ] 명 이하의 감사를 둔다.

③ 주민대표회의 또는 세입자(상가세입자 포함)는 사업시행자가 건축물의 철거 등에 관하여 시행규정을 정하는 때에 의견을 제시할 수 [   ]. 31 · 32회

⑦ 정비사업시행계획

01 사업시행자는 정비사업을 시행하려는 경우에는 사업시행계획서에 정관 등과 그 밖에 서류를 첨부하여 [   ]에게 제출하고 사업시행계획인가를 받아야 하며, 인가받은 사항을 변경하거나 정비사업을 중지 또는 폐지하려는 경우에도 또한 [   ]. 다만, 경미한 사항을 변경하려는 때에는 [   ]에게 [   ]하여야 한다. 25회

02 사업시행자(시장·군수등 또는 토지주택공사등은 제외)는 사업시행계획인가를 신청하기 전에 미리 총회의 의결을 거쳐야 **하며**, 인가받은 사항을 변경하거나 정비사업을 중지 또는 폐지하려는 경우에도 또한 **같다.**
25회

03 **사업시행계획서 작성내용**: 사업시행자는 정비계획에 따라 사업시행계획서를 작성할 경우 다음의 사항을 포함하여야 한다.
  ① 사업시행기간 동안 정비구역 내 가로등 설치, 폐쇄회로 텔레비전 설치 등 범죄예방**대책**
  ② 임시거주시설을 포함한 주민이주**대책**
  ③ 세입자의 주거 및 이주**대책**
  ④ 토지이용**계획**
  ⑤ 정비기반시설 및 공동이용시설의 설치**계획**
  ⑥ 임대주택의 건설계획 ⇨ 재건축사업의 경우는 **제외**
  ⑦ 건축물의 높이 및 용적률 등에 관한 건축계획
  ⑧ 정비구역부터 200m 이내에 교육시설이 설치되어 있는 경우 교육시설의 교육환경 보호에 관한 **계획**
22·25·31회

04 시장·군수등, 한국토지주택공사 또는 신탁업자가 단독으로 정비사업을 시행하는 경우에 작성하는 시행규정에 다음의 사항을 포함하여야 한다.
  ① 정비사업의 시행연도 및 시행방법
  ② 토지등소유자의 권리·의무
  ③ 공고·공람 및 통지의 방법
  ④ 토지 및 건축물에 관한 권리의 평가방법
  ⑤ 토지등소유자 전체회의 ⇨ **신탁업자**가 사업시행자인 경우로 한정
33회

05 시장·군수등은 사업시행계획인가를 하거나 사업시행계획서를 작성하려는 경우에는 대통령령으로 정하는 방법 및 절차에 따라 관계 서류의 사본을 **14일** 이상 일반인이 공람할 수 있게 하여야 한다.
25회

06 시장·군수등은 사업시행계획인가를 하려는 경우 정비구역부터 **200m** 이내에 교육시설이 설치되어 있는 때에는 해당 지방자치단체의 교육감 또는 교육장과 협의하여야 **하며**, 인가받은 사항을 변경하는 경우에도 또한 **같다.**
25회

02 사업시행자(시장 · 군수등 또는 토지주택공사등은 제외)는 사업시행계획인가를 신청하기 전에 미리 총회의 의결을 거쳐야   , 인가받은 사항을 변경하거나 정비사업을 중지 또는 폐지하려는 경우에도 또한   .

25회

03 **사업시행계획서 작성내용**: 사업시행자는 정비계획에 따라 사업시행계획서를 작성할 경우 다음의 사항을 포함하여야 한다.

① 사업시행기간 동안 정비구역 내 가로등 설치, 폐쇄회로 텔레비전 설치 등 범죄예방

② 임시거주시설을 포함한 주민이주

③ 세입자의 주거 및 이주

④ 토지이용

⑤ 정비기반시설 및 공동이용시설의 설치

⑥ 임대주택의 건설 ⇨ 재건축사업의 경우는

⑦ 건축물의 높이 및 용적률 등에 관한 건축

⑧ 정비구역부터 200m 이내에 교육시설이 설치되어 있는 경우 교육시설의 교육환경 보호에 관한

22 · 25 · 31회

04 시장 · 군수등, 한국토지주택공사 또는 신탁업자가 단독으로 정비사업을 시행하는 경우에 작성하는 시행규정에 다음의 사항을 포함하여야 한다.

① 정비사업의 시행연도 및 시행방법

② 토지등소유자의 권리 · 의무

③ 공고 · 공람 및 통지의 방법

④ 토지 및 건축물에 관한 권리의 평가방법

⑤ 토지등소유자 전체회의 ⇨   가 사업시행자인 경우로 한정

33회

05 시장 · 군수등은 사업시행계획인가를 하거나 사업시행계획서를 작성하려는 경우에는 대통령령으로 정하는 방법 및 절차에 따라 관계 서류의 사본을   일 이상 일반인이 공람할 수 있게 하여야 한다.

25회

06 시장 · 군수등은 사업시행계획인가를 하려는 경우 정비구역부터   m 이내에 교육시설이 설치되어 있는 때에는 해당 지방자치단체의 교육감 또는 교육장과 협의하여야   , 인가받은 사항을 변경하는 경우에도 또한   .

25회

DAY 09

07 사업시행자는 일부 건축물의 존치 또는 리모델링에 관한 내용이 포함된 사업시행계획서를 작성하여 사업시행계획인가를 신청할 수 **있다.** 25회

08 시장·군수등은 재개발사업의 사업시행계획인가를 하는 경우 해당 정비사업의 사업시행자가 지정개발자(지정개발자가 토지등소유자인 경우로 한정)인 때에는 정비사업비의 **20/100**의 범위에서 시·도조례로 정하는 금액을 예치하게 할 수 있다. 25회

09 사업시행자는 **주거환경개선**사업 및 **재개발**사업의 시행으로 철거되는 주택의 소유자 또는 세입자에게 해당 정비구역 안과 밖에 위치한 임대주택 등의 시설에 임시로 거주하게 하거나 주택자금의 융자를 알선하는 등 임시거주에 상응하는 조치를 하여야 한다. 28회

10 국가 또는 지방자치단체는 사업시행자로부터 임시거주시설에 필요한 건축물이나 토지의 사용신청을 받은 때에는 임시거주시설의 설치를 위하여 필요한 건축물이나 토지에 대하여 제3자와 이미 매매계약을 체결한 경우(⇨ **사용신청을 거부할 수 있음**)에 해당하는 사유가 없으면 이를 거절하지 못하며, 이 경우 사용료 또는 대부료는 **면제**한다. 22·25회

11 사업시행자는 정비사업의 공사를 완료한 때에는 완료한 날부터 **30일** 이내에 임시거주시설을 철거하고, 사용한 건축물이나 토지를 원상회복하여야 한다. 22회

12 **재개발**사업의 사업시행자는 사업시행으로 이주하는 상가세입자가 사용할 수 있도록 정비구역 또는 정비구역 인근에 임시상가를 설치할 수 있다. 25회

07 사업시행자는 일부 건축물의 존치 또는 리모델링에 관한 내용이 포함된 사업시행계획서를 작성하여 사업시행계획인가를 신청할 수   .　　　　　25회

08 시장·군수등은 재개발사업의 사업시행계획인가를 하는 경우 해당 정비사업의 사업시행자가 지정개발자(지정개발자가 토지등소유자인 경우로 한정)인 때에는 정비사업비의   의 범위에서 시·도조례로 정하는 금액을 예치하게 할 수 있다.　　　　　25회

09 사업시행자는   사업 및   사업의 시행으로 철거되는 주택의 소유자 또는 세입자에게 해당 정비구역 안과 밖에 위치한 임대주택 등의 시설에 임시로 거주하게 하거나 주택자금의 융자를 알선하는 등 임시거주에 상응하는 조치를 하여야 한다.　　　　　28회

10 국가 또는 지방자치단체는 사업시행자로부터 임시거주시설에 필요한 건축물이나 토지의 사용신청을 받은 때에는 임시거주시설의 설치를 위하여 필요한 건축물이나 토지에 대하여 제3자와 이미 매매계약을 체결한 경우(⇨ 사용신청을 거부할 수   )에 해당하는 사유가 없으면 이를 거절하지 못하며, 이 경우 사용료 또는 대부료는   한다.　　　　　22·25회

11 사업시행자는 정비사업의 공사를 완료한 때에는 완료한 날부터   일 이내에 임시거주시설을 철거하고, 사용한 건축물이나 토지를 원상회복하여야 한다.　　　　　22회

12   사업의 사업시행자는 사업시행으로 이주하는 상가세입자가 사용할 수 있도록 정비구역 또는 정비구역 인근에 임시상가를 설치할 수 있다.　　　　　25회

DAY 09

핵심지문으로 키워드 학습

8 관리처분계획 등

01 분양통지 및 분양공고

① 사업시행자는 사업시행계획인가의 고시가 있은 날부터 **90일**(1회에 한정하여 30일의 범위에서 연장할 수 있음) 이내에 분양통지 시 내용인 '분양**대상자**별 종전의 토지 또는 건축물의 명세 및 사업시행계획인가의 고시가 있은 날을 기준으로 한 가격 / 분양**대상자**별 분담금의 추산액 / 분양신청서 / 분양신청기간 / 그 밖에 대통령령으로 정하는 사항'을 토지등소유자에게 통지하여야 한다.

② 분양공고 시 포함사항인 '사업시행인가의 내용 / 정비사업의 종류·명칭 및 정비구역의 위치·면적 / 분양신청기간 및 장소 / 분양대상 대지 또는 건축물의 내역 / 분양신청자격 / 분양신청방법 / 분양을 신청하지 아니한 자에 대한 조치 / 토지등소유자 외의 권리자의 권리신고방법 / 분양신청서 ✕'를 해당 지역에서 발간되는 일간신문에 **공고**하여야 한다.

30·34회

02 분양신청기간은 통지한 날부터 **30일** 이상 **60일** 이내로 하여야 한다. 다만, 사업시행자는 관리처분계획의 수립에 지장이 없다고 판단하는 경우에는 분양신청기간을 **20일**의 범위에서 **한** 차례만 연장할 수 있다.

21·32회

03 분양신청을 하지 아니한 자 등에 대해서는 다음과 같이 조치한다.

① '분양신청을 하지 아니한 자 또는 할 수 없는 자, 분양신청기간 종료 **이전**에 분양신청을 철회한 자, 인가된 관리처분계획에 따라 분양대상에서 제외된 자'가 있는 경우 사업시행자는 관리처분계획이 인가·고시된 다음 날부터 **90일** 이내에 그 자와 토지, 건축물 또는 그 밖의 권리의 손실보상에 관한 협의를 하여야 한다.

② 위 협의가 성립되지 아니하면 사업시행자는 그 기간의 만료일 다음 날부터 **60일** 이내에 수용재결을 신청하거나 매도청구소송을 제기하여야 한다.

33·35회

빈칸으로 키워드 암기

8 관리처분계획 등

01 분양통지 및 분양공고

① 사업시행자는 사업시행계획인가의 고시가 있은 날부터 [   ]일(1회에 한정하여 30일의 범위에서 연장할 수 있음) 이내에 분양통지 시 내용인 '분양[   ]별 종전의 토지 또는 건축물의 명세 및 사업시행계획인가의 고시가 있은 날을 기준으로 한 가격 / 분양[   ]별 분담금의 추산액 / 분양신청서 / 분양신청기간 / 그 밖에 대통령령으로 정하는 사항'을 토지등소유자에게 통지하여야 한다.

② 분양공고 시 포함사항인 '사업시행인가의 내용 / 정비사업의 종류 · 명칭 및 정비구역의 위치 · 면적 / 분양신청기간 및 장소 / 분양대상 대지 또는 건축물의 내역 / 분양신청자격 / 분양신청방법 / 분양을 신청하지 아니한 자에 대한 조치 / 토지등소유자 외의 권리자의 권리신고방법 / 분양신청서[   ]'를 해당 지역에서 발간되는 일간신문에 [   ]하여야 한다.

30 · 34회

02 분양신청기간은 통지한 날부터 [   ]일 이상 [   ]일 이내로 하여야 한다. 다만, 사업시행자는 관리처분계획의 수립에 지장이 없다고 판단하는 경우에는 분양신청기간을 [   ]일의 범위에서 [   ]차례만 연장할 수 있다.

21 · 32회

03 분양신청을 하지 아니한 자 등에 대해서는 다음과 같이 조치한다.

① '분양신청을 하지 아니한 자 또는 할 수 없는 자, 분양신청기간 종료 [   ]에 분양신청을 철회한 자, 인가된 관리처분계획에 따라 분양대상에서 제외된 자'가 있는 경우 사업시행자는 관리처분계획이 인가 · 고시된 다음 날부터 [   ]일 이내에 그 자와 토지, 건축물 또는 그 밖의 권리의 손실보상에 관한 협의를 하여야 한다.

② 위 협의가 성립되지 아니하면 사업시행자는 그 기간의 만료일 다음 날부터 [   ]일 이내에 수용재결을 신청하거나 매도청구소송을 제기하여야 한다.

33 · 35회

04 사업시행자는 분양신청기간이 종료된 때에는 분양신청의 현황을 기초로 '분양대상자별 종전의 토지 또는 건축물 명세 및 사업시행계획인가 고시가 있은 날을 기준으로 한 가격 / 그 외'의 사항이 포함된 관리처분계획을 수립하여 시장 · 군수등의 **인가**를 받아야 하며, 관리처분계획을 변경 · 중지 또는 폐지하려는 경우에도 또한 **같다.** 21 · 22 · 29회

05 사업시행자는 다음의 경미한 사항을 변경하려는 경우에는 시장 · 군수등에게 **신고**하여야 한다.

① 계산착오 · 오기 · 누락 등에 **따른** 조서의 단순정정인 경우로서 불이익을 받는 자가 **없는** 경우

② 정관 및 사업시행계획인가의 변경에 **따라** 관리처분계획을 변경하는 경우

③ 매도청구에 대한 판결에 **따라** 관리처분계획을 변경하는 경우

④ 권리 · 의무의 변동이 있는 경우로서 분양설계의 변경을 수반하지 **아니**하는 경우

⑤ 주택분양에 관한 권리를 포기하는 토지등소유자에 대한 임대주택의 공급에 **따라** 관리처분계획을 변경하는 경우 21 · 22 · 29회

06 관리처분계획의 기준

① 지나치게 좁거나 넓은 토지 또는 건축물은 넓히거나 좁혀 대지 또는 건축물이 적정 규모가 되도록 **한다.**

② 너무 좁은 토지 또는 건축물을 취득한 자나 정비구역 지정 후 분할된 토지 또는 집합건물의 구분소유권을 취득한 자에게는 현금으로 청산할 수 **있다.**

③ 재해 또는 위생상의 위해를 방지하기 위하여 토지의 규모를 조정할 특별한 필요가 있는 때에는 너무 좁은 토지를 넓혀 토지를 갈음하여 보상을 하거나 건축물의 일부와 그 건축물이 있는 대지의 공유지분을 교부할 수 **있다.** 22 · 23회

07 관리처분계획의 기준

① 분양설계에 관한 계획은 분양신청기간이 **만료**하는 날을 기준으로 하여 수립한다.

② 1세대 또는 1명이 하나 이상의 주택 또는 토지를 소유한 경우 1주택을 공급하며, 같은 세대에 속하지 아니하는 2명 이상이 1주택 또는 1토지를 공유한 경우에는 1주택만 공급한다. 23 · 32회

04 사업시행자는 분양신청기간이 종료된 때에는 분양신청의 현황을 기초로 '분양대상자별 종전의 토지 또는 건축물 명세 및 사업시행계획인가 고시가 있은 날을 기준으로 한 가격 / 그 외'의 사항이 포함된 관리처분계획을 수립하여 시장 · 군수등의 ▨▨▨▨ 를 받아야 하며, 관리처분계획을 변경 · 중지 또는 폐지하려는 경우에도 또한 ▨▨▨ .　　　　　　　　　　　21 · 22 · 29회

05 사업시행자는 다음의 경미한 사항을 변경하려는 경우에는 시장 · 군수등에게 ▨▨▨ 하여야 한다.
　① 계산착오 · 오기 · 누락 등에 ▨▨▨▨ 조서의 단순정정인 경우로서 불이익을 받는 자가 ▨▨▨▨ 경우
　② 정관 및 사업시행계획인가의 변경에 ▨▨▨ 관리처분계획을 변경하는 경우
　③ 매도청구에 대한 판결에 ▨▨▨ 관리처분계획을 변경하는 경우
　④ 권리 · 의무의 변동이 있는 경우로서 분양설계의 변경을 수반하지 ▨▨▨ 하는 경우
　⑤ 주택분양에 관한 권리를 포기하는 토지등소유자에 대한 임대주택의 공급에 ▨▨▨ 관리처분계획을 변경하는 경우　　　　　　　　　　　21 · 22 · 29회

06 **관리처분계획의 기준**
　① 지나치게 좁거나 넓은 토지 또는 건축물은 넓히거나 좁혀 대지 또는 건축물이 적정 규모가 되도록 ▨▨▨▨ .
　② 너무 좁은 토지 또는 건축물을 취득한 자나 정비구역 지정 후 분할된 토지 또는 집합건물의 구분소유권을 취득한 자에게는 현금으로 청산할 수 ▨▨▨ .
　③ 재해 또는 위생상의 위해를 방지하기 위하여 토지의 규모를 조정할 특별한 필요가 있는 때에는 너무 좁은 토지를 넓혀 토지를 갈음하여 보상을 하거나 건축물의 일부와 그 건축물이 있는 대지의 공유지분을 교부할 수 ▨▨▨ .　　　　　　　　　　　22 · 23회

07 **관리처분계획의 기준**
　① 분양설계에 관한 계획은 분양신청기간이 ▨▨▨ 하는 날을 기준으로 하여 수립한다.
　② 1세대 또는 1명이 하나 이상의 주택 또는 토지를 소유한 경우 ▨▨▨ 주택을 공급하며, 같은 세대에 속하지 아니하는 2명 이상이 1주택 또는 1토지를 공유한 경우에는 ▨▨▨ 주택만 공급한다.　　　　　　　　　　　23 · 32회

08 **관리처분계획의 기준**에서 분양대상자별 종전의 토지 또는 건축물 명세 및 사업시행계획인가 고시가 있은 날을 기준으로 한 가격의 범위 또는 종전 주택의 주거전용면적의 범위에서 **2주택** (단, 이 중 1주택은 주거전용면적이 **60m²** 이하)을 공급할 수 있다. 28회

09 **관리처분계획의 기준**에서 과밀억제권역에 위치한 재건축사업의 경우에는 토지등소유자(투기 과열지구 또는 조정대상지역에서 사업시행계획인가를 신청하는 재건축사업의 토지등소유자는 제외)가 소유한 주택 수의 범위에서 **3주택**까지 공급할 수 있다.

10 **관리처분계획의 기준**에서 과밀억제권역에 위치하지 아니한 재건축사업의 토지등소유자(투기 과열지구 또는 조정대상지역에서 사업시행계획인가를 신청하는 재건축사업의 토지등소유자는 제외)에게는 소유한 주택 **수**만큼 공급할 수 있다.

11 **관리처분계획의 기준**에서 '근로자(공무원인 근로자 포함) 숙소, 기숙사 용도로 주택을 소유하고 있는 토지등소유자 / 국가, 지방자치단체 및 토지주택공사등'에게는 소유한 주택 **수**만큼 공급할 수 있다. 23회

12 시장 · 군수등은 사업시행자의 관리처분계획인가의 신청이 있은 날부터 **30일** 이내에 인가 여부를 결정하여 사업시행자에게 통보하여야 한다. 27회

13 정비사업을 통하여 분양받을 건축물이 다음의 어느 하나에 해당하는 경우에는 정비구역의 지정 및 고시가 있은 날 또는 시 · 도지사가 투기를 억제하기 위하여 기본계획 수립을 위한 주민 공람의 공고일 후 정비구역 지정 · 고시 전에 따로 정하는 날(기준일)의 **다음 날**을 기준으로 건축물을 분양받을 권리를 산정한다.

① 1필지의 토지가 여러 개의 필지로 분할되는 경우

②「집합건물의 소유 및 관리에 관한 법률」에 따른 집합건물이 아닌 건축물이 집합건물로 전환되는 경우

③ 하나의 대지 범위에 속하는 동일인 소유의 토지와 주택 등 건축물을 토지와 주택 등 건축물로 각각 분리하여 소유하는 경우

④ 나대지에 건축물을 새로 건축하거나 기존 건축물을 철거하고 다세대주택, 그 밖의 공동주택을 건축하여 토지등소유자의 수가 **증가**하는 경우

⑤「집합건물의 소유 및 관리에 관한 법률」에 따른 전유부분의 분할로 토지등소유자의 수가 증가하는 경우 23회

08 **관리처분계획의 기준**에서 분양대상자별 종전의 토지 또는 건축물 명세 및 사업시행계획인가 고시가 있은 날을 기준으로 한 가격의 범위 또는 종전 주택의 주거전용면적의 범위에서 [   ] 주택(단, 이 중 1주택은 주거전용면적이 [   ] m² 이하)을 공급할 수 있다. <small>28회</small>

09 **관리처분계획의 기준**에서 과밀억제권역에 위치한 재건축사업의 경우에는 토지등소유자(투기과열지구 또는 조정대상지역에서 사업시행계획인가를 신청하는 재건축사업의 토지등소유자는 [   ])가 소유한 주택 수의 범위에서 [   ] 주택까지 공급할 수 있다.

10 **관리처분계획의 기준**에서 과밀억제권역에 위치하지 아니한 재건축사업의 토지등소유자(투기과열지구 또는 조정대상지역에서 사업시행계획인가를 신청하는 재건축사업의 토지등소유자는 [   ])에게는 소유한 주택 [   ] 만큼 공급할 수 있다.

11 **관리처분계획의 기준**에서 '근로자(공무원인 근로자 포함) 숙소, 기숙사 용도로 주택을 소유하고 있는 토지등소유자 / 국가, 지방자치단체 및 토지주택공사등'에게는 소유한 주택 [   ] 만큼 공급할 수 있다. <small>23회</small>

12 시장·군수등은 사업시행자의 관리처분계획인가의 신청이 있는 날부터 [   ] 일 이내에 인가 여부를 결정하여 사업시행자에게 통보하여야 한다. <small>27회</small>

13 정비사업을 통하여 분양받을 건축물이 다음의 어느 하나에 해당하는 경우에는 정비구역의 지정 및 고시가 있는 날 또는 시·도지사가 투기를 억제하기 위하여 기본계획 수립을 위한 주민 공람의 공고일 후 정비구역 지정·고시 전에 따로 정하는 날(기준일)의 [   ] 을 기준으로 건축물을 분양받을 권리를 산정한다.
① 1필지의 토지가 여러 개의 필지로 분할되는 경우
② 「집합건물의 소유 및 관리에 관한 법률」에 따른 집합건물이 아닌 건축물이 집합건물로 전환되는 경우
③ 하나의 대지 범위에 속하는 동일인 소유의 토지와 주택 등 건축물을 토지와 주택 등 건축물로 각각 분리하여 소유하는 경우
④ 나대지에 건축물을 새로 건축하거나 기존 건축물을 철거하고 다세대주택, 그 밖의 공동주택을 건축하여 토지등소유자의 수가 [   ] 하는 경우
⑤ 「집합건물의 소유 및 관리에 관한 법률」에 따른 전유부분의 분할로 토지등소유자의 수가 증가하는 경우 <small>23회</small>

DAY 10

14 시장·군수등은 조합원 1/5 이상이 관리처분계획인가 신청이 있은 날부터 15일 이내에 타당성 검증을 요청한 경우에는 공공기관에 관리처분계획의 타당성 검증을 요청하여야 한다.

32회

15 정비사업의 시행으로 조성된 대지 및 건축물은 **관리처분계획**에 따라 처분 또는 관리하여야 하고, 사업시행자는 정비사업의 시행으로 건설된 건축물을 인가받은 **관리처분계획**에 따라 **토지등소유자**에게 공급하여야 한다.

21·28·31회

16 사업시행자는 정비구역에 주택을 건설하는 경우 주택의 공급방법에 관하여 「주택법」에도 불구하고 시장·군수등의 승인을 받아 따로 정할 수 **있다.**

31회

17 사업시행자는 분양신청을 받은 후 잔여분이 있는 경우에는 사업시행계획으로 정하는 목적을 위하여 그 잔여분을 보류지로 정하거나 조합원 또는 토지등소유자 이외의 자에게 분양할 수 **있다.**

31회

18 국토교통부장관, 시·도지사, 시장, 군수, 구청장 또는 토지주택공사등은 조합이 요청하는 경우 재개발(재건축 ✕)사업의 시행으로 건설된 임대주택을 인수하여야 한다.

28회

19 조합이 재개발사업의 시행으로 건설된 임대주택(재개발임대주택)의 인수를 요청하는 경우 시·도지사 또는 시장, 군수, 구청장이 **우선**하여 인수하여야 하며, 시·도지사 또는 시장, 군수, 구청장이 예산·관리인력의 부족 등 부득이한 사정으로 인수하기 어려운 경우에는 **국토교통부장관**에게 토지주택공사등을 인수자로 지정할 것을 요청할 수 있다.

25·31회

20 국토교통부장관, 시·도지사, 시장, 군수, 구청장 또는 토지주택공사등은 정비구역에 **세입자**와 '면적 90㎡ 미만의 토지를 소유한 자로서 건축물을 소유하지 않은 자 / 바닥면적이 40㎡ 미만의 사실상 주거를 위하여 사용하는 건축물을 소유한 자로서 토지를 소유하지 아니한 자'의 요청이 있는 경우에는 인수한 임대주택의 일부를 「주택법」에 따른 토지임대부 분양주택으로 전환하여 공급하여야 한다.

28·34회

21 사업시행자는 정비사업의 시행으로 임대주택을 건설하는 경우 공급대상자에게 주택을 공급하고 남은 주택을 공급대상자 외의 자에게 공급할 수 **있다.**

28회

14 시장·군수등은 조합원   이상이 관리처분계획인가 신청이 있은 날부터   일 이내
에 타당성 검증을 요청한 경우에는 공공기관에 관리처분계획의 타당성 검증을 요청하여야 한다.

32회

15 정비사업의 시행으로 조성된 대지 및 건축물은   에 따라 처분 또는 관리하여야
하고, 사업시행자는 정비사업의 시행으로 건설된 건축물을 인가받은   에 따라 토
지등소유자에게 공급하여야 한다.

21·28·31회

16 사업시행자는 정비구역에 주택을 건설하는 경우 주택의 공급방법에 관하여 「주택법」에도 불구
하고 시장·군수등의 승인을 받아 따로 정할 수   .

31회

17 사업시행자는 분양신청을 받은 후 잔여분이 있는 경우에는 사업시행계획으로 정하는 목적을
위하여 그 잔여분을 보류지로 정하거나 조합원 또는 토지등소유자 이외의 자에게 분양할 수
     .

31회

18 국토교통부장관, 시·도지사, 시장, 군수, 구청장 또는 토지주택공사등은 조합이 요청하는 경우
재개발(재건축   )사업의 시행으로 건설된 임대주택을 인수하여야 한다.

28회

19 조합이 재개발사업의 시행으로 건설된 임대주택(재개발임대주택)의 인수를 요청하는 경우
시·도지사 또는 시장, 군수, 구청장이   하여 인수하여야 하며, 시·도지사 또는 시
장, 군수, 구청장이 예산·관리인력의 부족 등 부득이한 사정으로 인수하기 어려운 경우에는
     에게 토지주택공사등을 인수자로 지정할 것을 요청할 수 있다.

25·31회

DAY 10

20 국토교통부장관, 시·도지사, 시장, 군수, 구청장 또는 토지주택공사등은 정비구역에
와 '면적   m² 미만의 토지를 소유한 자로서 건축물을 소유하지 않은 자 / 바닥면적이
     m² 미만의 사실상 주거를 위하여 사용하는 건축물을 소유한 자로서 토지를 소유하지 아
니한 자'의 요청이 있는 경우에는 인수한 임대주택의 일부를 「주택법」에 따른 토지임대부 분양
주택으로 전환하여 공급하여야 한다.

28·34회

21 사업시행자는 정비사업의 시행으로 임대주택을 건설하는 경우 공급대상자에게 주택을 공급하
고 남은 주택을 공급대상자 외의 자에게 공급할 수   .

28회

22 지분형주택의 규모는 주거전용면적 **60m² 이하인 주택**으로 한정하며, 공동 소유기간은 소유권을 취득한 날부터 10년의 범위에서 사업시행자가 정하는 기간으로 한다. <small>32회</small>

23 종전의 토지 또는 건축물의 소유자 · 지상권자 · 전세권자 · 임차권자 등 권리자는 관리처분계획인가의 고시가 있은 때에는 이전고시가 있는 날까지 종전의 토지 또는 건축물을 사용하거나 수익할 수 **없다**. 다만, 사업시행자의 동의를 받은 경우에는 사용하거나 수익할 수 **있다**. <small>22 · 27회</small>

24 사업시행자는 관리처분계획인가를 받은 **후** 기존의 건축물을 철거하여야 하지만, 폐공가의 밀집으로 범죄발생의 우려가 있는 경우에는 기존 건축물소유자의 동의 및 시장 · 군수등의 허가를 받아 해당 건축물을 철거할 수 **있다**. <small>27회</small>

25 사업별 관리처분

① 주거환경개선사업과 재개발사업의 경우 관리처분은 정비구역 안의 지상권자를 **제외**한 토지등소유자에게 분양하여야 한다.

② 재건축사업의 경우 관리처분은 조합이 조합원 전원의 동의를 받아 그 기준을 따로 정할 수 **있다**. <small>21 · 22 · 27회</small>

9 정비사업 준공인가

01 시장 · 군수등이 **아닌** 사업시행자가 정비사업 공사를 완료한 때에는 시장 · 군수등의 준공인가를 받아야 한다. 시장 · 군수등이 **직접** 시행하는 정비사업에 관한 공사가 완료된 때에는 그 완료를 해당 지방자치단체의 공보에 고시하여야 한다. <small>29회</small>

02 준공인가신청을 받은 시장 · 군수등은 **지체 없이** 준공검사를 실시하여야 한다. 이 경우 시장 · 군수등은 효율적인 준공검사를 위하여 필요한 때에는[건축위원회 심의를 거쳐(×)] 관계 행정기관 · 공공기관 · 연구기관, 그 밖의 전문기관 또는 단체에게 준공검사의 실시를 의뢰할 수 **있다**. <small>21회</small>

22 **지분형주택**의 규모는 주거전용면적 [   ] m² 이하인 주택으로 한정하며, 공동 소유기간은 소유권을 취득한 날부터 [   ]년의 범위에서 사업시행자가 정하는 기간으로 한다.   32회

23 종전의 토지 또는 건축물의 소유자 · 지상권자 · 전세권자 · 임차권자 등 권리자는 관리처분계획인가의 고시가 있는 때에는 이전고시가 있는 날까지 종전의 토지 또는 건축물을 사용하거나 수익할 수 [   ]. 다만, 사업시행자의 동의를 받은 경우에는 사용하거나 수익할 수 [   ].   22 · 27회

24 사업시행자는 관리처분계획인가를 받은 [   ] 기존의 건축물을 철거하여야 하지만, 폐공가의 밀집으로 범죄발생의 우려가 있는 경우에는 기존 건축물소유자의 동의 및 시장 · 군수등의 허가를 받아 해당 건축물을 철거할 수 [   ].   27회

25 **사업별 관리처분**
　① 주거환경개선사업과 재개발사업의 경우 관리처분은 정비구역 안의 지상권자를 [   ]한 토지등소유자에게 분양하여야 한다.
　② 재건축사업의 경우 관리처분은 조합이 조합원 전원의 동의를 받아 그 기준을 따로 정할 수 [   ].   21 · 22 · 27회

9 **정비사업 준공인가**

01 시장 · 군수등이 [   ]사업시행자가 정비사업 공사를 완료한 때에는 시장 · 군수등의 준공인가를 받아야 한다. 시장 · 군수등이 [   ]시행하는 정비사업에 관한 공사가 완료된 때에는 그 완료를 해당 지방자치단체의 공보에 고시하여야 한다.   29회

02 준공인가신청을 받은 시장 · 군수등은 [   ] 준공검사를 실시하여야 한다. 이 경우 시장 · 군수등은 효율적인 준공검사를 위하여 필요한 때에는[건축위원회 심의를 거쳐([   ])] 관계 행정기관 · 공공기관 · 연구기관, 그 밖의 전문기관 또는 단체에게 준공검사의 실시를 의뢰 [   ].   21회

03 시장·군수등은 준공인가를 하기 전이라도 완공된 건축물이 사용에 지장이 없는 등 대통령령으로 정하는 기준에 적합한 경우에는 입주예정자가 완공된 건축물을 사용할 수 있도록 사업시행자에게 허가할 수 **있다.** 시장·군수등은 준공인가 전 사용허가를 하는 때에는 동별·세대별 또는 구획별로 사용허가를 할 수 **있다.**

21·29회

04 정비구역의 지정은 준공인가의 고시가 있은 날(관리처분계획을 수립하는 경우에는 소유권이전고시가 있은 때)의 **다음 날**에 해제된 것으로 보지만, 정비구역의 해제는 조합의 존속에 영향을 주지 **아니**한다.

29·31회

05 **소유권이전 절차**에서 사업시행자는 준공인가 및 공사완료에 따른 고시가 있은 때에는 지체 없이 **대지확정측량**을 하고 토지의 **분할**절차를 거쳐 관리처분계획에서 정한 사항을 분양받을 자에게 **통지**하고 대지 또는 건축물의 **소유권**을 이전하여야 한다.

27회

06 정비사업의 효율적인 추진을 위하여 필요한 경우에는 해당 정비사업에 관한 공사가 전부 완료되기 **전**이라도 완공된 부분은 준공인가를 받아 대지 또는 건축물별로 분양받을 자에게 소유권을 이전할 수 **있다.**

31회

07 사업시행자는 대지 및 건축물의 소유권을 이전하려는 때에는 그 내용을 해당 지방자치단체의 공보에 고시한 후 시장·군수등에게 보고하여야 한다. 이 경우 대지 또는 건축물을 분양받을 자는 고시가 있은 날의 **다음 날**에 그 대지 또는 건축물의 소유권을 취득한다.

21·29회

08 정비사업에 관하여 소유권의 이전고시가 있은 날부터 이전의 등기가 있을 때까지는 저당권 등의 다른 등기를 하지 **못한다.**

31회

03 시장·군수등은 준공인가를 하기 전이라도 완공된 건축물이 사용에 지장이 없는 등 대통령령으로 정하는 기준에 적합한 경우에는 입주예정자가 완공된 건축물을 사용할 수 있도록 사업시행자에게 허가할 수 [ ]. 시장·군수등은 준공인가 전 사용허가를 하는 때에는 <u>동별·세대별 또는 구획별로 사용허가를 할 수</u> [ ]. 21·29회

04 정비구역의 지정은 준공인가의 고시가 있는 날(관리처분계획을 수립하는 경우에는 소유권이전고시가 있는 때)의 [ ]에 해제된 것으로 보지만, 정비구역의 해제는 조합의 존속에 영향을 주지 [ ] 한다. 29·31회

05 **소유권이전 절차**에서 사업시행자는 준공인가 및 공사완료에 따른 고시가 있는 때에는 지체 없이 [ ]을 하고 토지의 [ ] 절차를 거쳐 관리처분계획에서 정한 사항을 분양받을 자에게 [ ] 하고 대지 또는 건축물의 [ ]을 이전하여야 한다. 27회

06 정비사업의 효율적인 추진을 위하여 필요한 경우에는 해당 정비사업에 관한 공사가 전부 완료되기 [ ] 이라도 완공된 부분은 준공인가를 받아 대지 또는 건축물별로 분양받을 자에게 소유권을 이전할 수 [ ]. 31회

07 사업시행자는 대지 및 건축물의 소유권을 이전하려는 때에는 그 내용을 해당 지방자치단체의 공보에 고시한 후 시장·군수등에게 보고하여야 한다. 이 경우 대지 또는 건축물을 분양받을 자는 고시가 있는 날의 [ ]에 그 대지 또는 건축물의 소유권을 취득한다. 21·29회

08 정비사업에 관하여 소유권의 이전고시가 있는 날부터 이전의 등기가 있을 때까지는 저당권 등의 다른 등기를 하지 [ ]. 31회

DAY 10

10 정비사업 청산금

01 사업시행자는 청산금을 원칙적으로 일괄징수 · 일괄지급하지만, 정관등에서 분할징수 및 분할지급을 정하고 있거나 총회의 의결을 거쳐 따로 정한 경우에는 관리처분계획인가 후부터 소유권의 이전고시가 있은 날까지 일정 기간별로 분할징수하거나 분할지급할 수 **있다.**   21 · 26회

02 사업시행자는 종전에 소유하고 있던 토지 또는 건축물의 가격과 분양받은 대지 또는 건축물의 가격을 평가하는 경우 그 토지 또는 건축물의 규모 · 위치 · 용도 · 이용상황 · 정비사업비 등을 참작하여 평가하여야 **한다.**   26회

03 **시장 · 군수등인 사업시행자**는 청산금을 납부할 자가 이를 납부하지 아니하는 경우 지방세 체납처분의 예에 따라 징수(분할징수 포함)할 수 **있다.**
시장 · 군수등이 아닌 사업시행자는 시장 · 군수등에게 청산금(부과금 또는 연체료)의 징수(부과)를 위탁할 수 **있다.** 이 경우 사업시행자는 징수한 금액의 **4/100**에 해당하는 금액을 해당 시장 · 군수등에게 교부하여야 한다.   21 · 26 · 32회

04 청산금을 지급받을 자가 받을 수 없거나 받기를 거부한 때에는 사업시행자는 그 청산금을 공탁할 수 **있다.**   32회

05 청산금을 지급(분할지급 포함)받을 권리 또는 이를 징수할 권리는 소유권이전고시일의 **다음 날**부터 **5년간** 행사하지 아니하면 소멸한다.   21 · 26 · 32회

06 정비구역에 있는 토지 또는 건축물에 저당권을 설정한 권리자는 사업시행자가 저당권이 설정된 토지 또는 건축물의 소유자에게 청산금을 지급하기 **전에** 압류절차를 거쳐 저당권을 행사할 수 **있다.**   21 · 26회

10 정비사업 청산금

01 사업시행자는 청산금을 원칙적으로 일괄징수 · 일괄지급하지만, 정관등에서 분할징수 및 분할지급을 정하고 있거나 총회의 의결을 거쳐 따로 정한 경우에는 관리처분계획인가 후부터 소유권의 이전고시가 있은 날까지 일정 기간별로 분할징수하거나 분할지급할 수 ▨▨▨ .   21 · 26회

02 사업시행자는 종전에 소유하고 있던 토지 또는 건축물의 가격과 분양받은 대지 또는 건축물의 가격을 평가하는 경우 그 토지 또는 건축물의 규모 · 위치 · 용도 · 이용상황 · 정비사업비 등을 참작하여 평가하여야 ▨▨ .   26회

03 **시장 · 군수등인 사업시행자**는 청산금을 납부할 자가 이를 납부하지 아니하는 경우 지방세 체납처분의 예에 따라 징수(분할징수 포함)할 수 ▨▨▨ .
시장 · 군수등이 아닌 사업시행자는 시장 · 군수등에게 청산금(부과금 또는 연체료)의 징수(부과)를 위탁할 수 ▨▨▨ . 이 경우 사업시행자는 징수한 금액의 ▨▨▨ 에 해당하는 금액을 해당 시장 · 군수등에게 교부하여야 한다.   21 · 26 · 32회

04 청산금을 지급받을 자가 받을 수 없거나 받기를 거부한 때에는 사업시행자는 그 청산금을 공탁할 수 ▨▨▨ .   32회

05 청산금을 지급(분할지급 포함)받을 권리 또는 이를 징수할 권리는 소유권이전고시일의 ▨▨▨▨ 부터 ▨▨ 년간 행사하지 아니하면 소멸한다.   21 · 26 · 32회

06 정비구역에 있는 토지 또는 건축물에 저당권을 설정한 권리자는 사업시행자가 저당권이 설정된 토지 또는 건축물의 소유자에게 청산금을 지급하기 ▨▨ 에 압류절차를 거쳐 저당권을 행사할 수 ▨▨▨ .   21 · 26회

DAY 10

인생에 새로운 시도가 없다면 결코 실패하지 않습니다.
단 한 번도 실패하지 않은 인생은
결코 새롭게 시도해 보지 않았기 때문입니다.

— 조정민, 『인생은 선물이다』, 두란노

건축법

핵심지문으로 키워드 학습

1 용어정의

01 **지하층**이란 건축물의 바닥이 지표면 아래에 있는 층으로서 바닥에서 지표면까지 **평균높이**가 해당 층 높이의 1/2 이상인 것을 말한다. 또한, 지하층은 층수에 포함되지 **않으며**, 연면적 산정 시에는 지하층 면적이 포함**되지만**, 용적률을 산정할 경우에는 연면적에서 지하층 면적을 **제외**한다.

23회

02 **주요구조부**란 **바닥**, **지붕틀**, **보**, **내력벽**, 주계단, **기둥**을 말한다. 다만, 사이 기둥, 최하층 바닥, 작은 보, 차양, 옥외 계단, 그 밖에 이와 유사한 것으로 건축물의 구조상 중요하지 아니한 부분은 **제외**한다.

24 · 27회

03 **고층건축물**이란 층수가 **30층** 이상이거나 높이가 **120m** 이상인 건축물을 말한다.
초고층 건축물이란 층수가 **50층** 이상이거나 높이가 **200m** 이상인 건축물을 말한다.

28 · 31회

04 **다중이용 건축물**이란 다음의 어느 하나에 해당하는 건축물을 말한다.
① '숙박시설 중 **관광숙박시설** / **판매시설** / **문화 및 집회시설**(동물원 및 **식물원**은 제외) / **종교시설** / **의료시설** 중 **종합병원** / **운수시설** 중 **여객용 시설**' 중 어느 하나에 해당하는 용도로 쓰는 바닥면적의 합계가 **5천m²** 이상인 건축물
② **16층** 이상인 건축물

26 · 29회

05 **설계도서**란 건축물의 건축 등에 관한 공사용 **도면**, **구조** 계산서, **시방서**, 그 밖에 국토교통부령으로 정하는 공사에 필요한 서류를 말한다.

28회

빈칸으로 **키워드** 암기

1 용어정의

01 **지하층**이란 건축물의 바닥이 지표면 아래에 있는 층으로서 바닥에서 지표면까지   높이가
해당 층 높이의   이상인 것을 말한다. 또한, 지하층은 층수에 포함되지   , 연
면적 산정 시에는 지하층 면적이 포함   , 용적률을 산정할 경우에는 연면적에서 지하
층 면적을   한다.   23회

02 **주요구조부**란   닥,   붕틀,   ,   력벽,   계단,   둥을 말한
다. 다만, 사이 기둥, 최하층 바닥, 작은 보, 차양, 옥외 계단, 그 밖에 이와 유사한 것으로 건축물
의 구조상 중요하지 아니한 부분은   한다.   24 · 27회

03 **고층건축물**이란 층수가   층 이상이거나 높이가   m 이상인 건축물을 말한다.
    초고층 건축물이란 층수가   층 이상이거나 높이가   m 이상인 건축물을 말한다.
                                                                          28 · 31회

04 **다중이용 건축물**이란 다음의 어느 하나에 해당하는 건축물을 말한다.
    ① '숙박시설 중   광숙박시설 /   매시설 /   화 및 집회시설(및
          은 제외) /   교시설 / 의료시설 중   합병원 / 운수시설 중
    용 시설' 중 어느 하나에 해당하는 용도로 쓰는 바닥면적의 합계가   m² 이상인 건축물
    ②   층 이상인 건축물   26 · 29회

05 **설계도서**란 건축물의 건축 등에 관한 공사용   면,   조 계산서,   방서, 그 밖
에 국토교통부령으로 정하는 공사에 필요한 서류를 말한다.   28회

DAY 11

06 **특수구조 건축물**이란 다음의 어느 하나에 해당하는 건축물을 말한다.

① 한쪽 끝은 고정되고 다른 끝은 지지되지 아니한 구조로 된 보 · 차양 등이 외벽(외벽이 없는 경우에는 외곽 기둥)의 중심선으로부터 **3**m 이상 돌출된 건축물

② 기둥(내력벽)과 기둥(내력벽) 사이의 중심거리가 **20**m 이상인 건축물　　　　32회

07 **건축물**

① 토지에 정착하는 공작물 중 **지붕**과 **기둥** 또는 **벽**이 있는 것과 이에 딸린 시설물을 말한다.

② 지하나 고가의 공작물에 설치하는 **점포** · **차고** · **창고** · **공연장** · **사무소** 등으로 정하는 것을 말한다.　　　　28회

08 **건축**이란 건축물을 신축 · 증축 · 개축 · 재축 또는 이전(대수선 ✕)하는 것을 말한다.

09 **신축**

① 건축물이 없는 대지(나대지)에 **새로** 건축물을 축조하는 것(부속건축물만 있는 대지에 새로 주된 건축물을 축조하는 것 포함)을 말한다.

② 기존 주택을 전부 해체한 후 기존보다 규모를 더 크게 하여 축조하는 것도 신축에 해당한다.

23 · 25회

10 **증축**

① 기존 건축물이 있는 대지에서 건축물의 '건축면적 / 연면적 / 층수 / 높이'를 늘리는 것을 말한다.

② 기존 5층의 건축물이 있는 대지에서 '건축물의 층수를 7층으로 늘리는 것 / 기둥 4개를 해체하고 다시 축조하여 건축물의 높이를 늘리는 것 / 지붕틀 3개를 증설하여 연면적을 넓히는 것'도 모두 증축에 해당된다.　　　　31회

11 **개축**이란 기존 건축물의 전부 또는 일부(지붕틀 · 보 · 내력벽 · 기둥 중 **셋** 이상이 포함되는 경우)를 **해체**하고 그 대지에 종전과 **같은** 규모의 범위에서 건축물을 다시 축조하는 것을 말한다.

06 **특수구조 건축물**이란 다음의 어느 하나에 해당하는 건축물을 말한다.

① 한쪽 끝은 고정되고 다른 끝은 지지되지 아니한 구조로 된 보 · 차양 등이 외벽(외벽이 없는
경우에는 외곽 기둥)의 중심선으로부터 　　　　 m 이상 돌출된 건축물

② 기둥(내력벽)과 기둥(내력벽) 사이의 중심거리가 　　　　 m 이상인 건축물　　　　32회

07 **건축물**

① 토지에 정착하는 공작물 중 　　　 과 　　　 또는 　　　 이 있는 것과 이에 딸린 시설물
을 말한다.

② 지하나 고가의 공작물에 설치하는 　　　 포 · 　　　 고 · 　　　 고 · 　　　 연장 ·
　　　 무소 등으로 정하는 것을 말한다.　　　　28회

08 **건축**이란 건축물을 신축 · 증축 · 개축 · 재축 또는 이전(대수선　　　　)하는 것을 말한다.

09 **신축**

① 건축물이 없는 대지(나대지)에 　　　 건축물을 축조하는 것(부속건축물만 있는 대지에 새
로 주된 건축물을 축조하는 것 포함)을 말한다.

② 기존 주택을 전부 해체한 후 기존보다 규모를 더 크게 하여 축조하는 것도 신축에 해당한다.

23 · 25회

10 **증축**

① 기존 건축물이 있는 대지에서 건축물의 '건축면적 / 연면적 / 층수 / 높이'를 　　　　 는 것
을 말한다.

② 기존 5층의 건축물이 있는 대지에서 '건축물의 층수를 7층으로 늘리는 것 / 기둥 4개를 해
체하고 다시 축조하여 건축물의 높이를 늘리는 것 / 지붕틀 3개를 증설하여 연면적을 넓히
는 것'도 모두 증축에 해당된다.　　　　31회

11 **개축**이란 기존 건축물의 전부 또는 일부(지붕틀 · 보 · 내력벽 · 기둥 중 　　　　 이상이 포함되
는 경우)를 　　　 하고 그 대지에 종전과 　　　 규모의 범위에서 건축물을 다시 축조하는 것
을 말한다.

DAY 11

12 재축이란 건축물이 천재지변이나 그 밖의 **재해**로 멸실된 경우 그 대지에 연면적 합계, 동수, 층수 및 높이가 모두 종전 규모 **이하**로 하여 다시 축조하는 것을 말하며, 태풍으로 멸실된 건축물을 그 대지에 종전과 같은 규모의 범위에서 다시 축조하는 것도 재축에 해당한다. 23 · 25 · 31회

13 이전이란 건축물의 주요구조부를 해체하지 **아니**하고 **같은** 대지의 다른 위치로 옮기는 것을 말한다. 31회

14 대수선이란 건축물의 기둥, 보, 내력벽, 주계단 등의 구조나 외부 형태를 수선 · 변경하거나 증설하는 것으로서 다음의 것을 말한다.

① '방화벽 또는 방화구획을 위한 바닥 또는 벽 / 주계단 · 피난계단 또는 특별피난계단 / 다가구주택의 가구 간 경계벽 또는 다세대주택의 세대 간 경계벽'을 증설 또는 해체하거나 수선 또는 변경하는 것

② 지붕틀 · 보 · 내력벽 · 기둥 · 건축물의 외벽에 사용하는 마감재료를 증설 또는 해체하는 것

③ '지붕틀 · 보 · 기둥을 **3개** 이상 / 내력벽 · 건축물의 외벽에 사용하는 마감재료 벽면적을 **30m² 이상**' 수선 또는 변경하는 것 28 · 35회

15 용도별 건축물의 종류

① **단독주택** ⇨ **단독주택, 다중주택, 다가구주택, 공관**

② **공동주택** ⇨ **아파트, 다세대주택, 연립주택, 기숙사**

③ **제1종 근린생활시설** ⇨ 부동산중개사무소 30m² 미만, 동물병원 · 동물미용실로서 300m² 미만, 일용품을 판매하는 소매점으로서 1,000m² 미만, 산후조리원, 마을회관

④ **제2종 근린생활시설** ⇨ 골프연습장 500m² 미만, 부동산중개사무소 500m² 미만, 주문배송시설로서 500m² 미만, 자동차영업소 1,000m² 미만, 일반음식점, 서점, 안마시술소, 노래연습장

⑤ **문화 및 집회시설** ⇨ 동 · 식물원

⑥ **운수시설** ⇨ 공항시설

⑦ **수련시설** ⇨ 유스호스텔

⑧ **업무시설** ⇨ 오피스텔

⑨ **위락시설** ⇨ 무도학원, 카지노영업소

⑩ **위험물 저장 및 처리시설** ⇨ 주유소

⑪ **자동차 관련시설** ⇨ 운전학원 및 정비학원

⑫ **관광휴게시설** ⇨ 어린이회관, 야외음악당, 야외극장 33 · 34회

12 **재축**이란 건축물이 천재지변이나 그 밖의 　　　로 멸실된 경우 그 대지에 연면적 합계, 동수, 층수 및 높이가 모두 종전 규모 　　　로 하여 다시 축조하는 것을 말하며, 태풍으로 멸실된 건축물을 그 대지에 종전과 같은 규모의 범위에서 다시 축조하는 것도 재축에 해당한다.

23 · 25 · 31회

13 **이전**이란 건축물의 주요구조부를 해체하지 　　　하고 　　　 대지의 다른 위치로 옮기는 것을 말한다.

31회

14 **대수선**이란 건축물의 기둥, 보, 내력벽, 주계단 등의 구조나 외부 형태를 수선 · 변경하거나 증설하는 것으로서 다음의 것을 말한다.
① '방화벽 또는 방화구획을 위한 바닥 또는 벽 / 주계단 · 피난계단 또는 특별피난계단 / 다가구주택의 가구 간 경계벽 또는 다세대주택의 세대 간 경계벽'을 증설 또는 해체하거나 수선 또는 변경하는 것
② 지붕틀 · 보 · 내력벽 · 기둥 · 건축물의 외벽에 사용하는 마감재료를 증설 또는 해체하는 것
③ '지붕틀 · 보 · 기둥을 　　　 개 이상 / 내력벽 · 건축물의 외벽에 사용하는 마감재료 벽면적을 　　　 m² 이상' 　　　 또는 　　　 하는 것

28 · 35회

15 **용도별 건축물의 종류**
① 단독주택 ⇨ 　　　독주택, 　　　중주택, 　　　가구주택, 　　　관
② 공동주택 ⇨ 　　　파트, 　　　주택, 　　　립주택, 　　　숙사
③ 　　　시설 ⇨ 부동산중개사무소 30m² 미만, 동물병원 · 동물미용실로서 300m² 미만, 일용품을 판매하는 소매점으로서 1,000m² 미만, 산후조리원, 마을회관
④ 　　　시설 ⇨ 골프연습장 500m² 미만, 부동산중개사무소 500m² 미만, 주문배송시설로서 500m² 미만, 자동차영업소 1,000m² 미만, 일반음식점, 서점, 안마시술소, 노래연습장
⑤ 　　　시설 ⇨ 동 · 식물원
⑥ 　　　시설 ⇨ 공항시설
⑦ 　　　시설 ⇨ 유스호스텔
⑧ 　　　시설 ⇨ 오피스텔
⑨ 　　　시설 ⇨ 무도학원, 카지노영업소
⑩ 　　　시설 ⇨ 주유소
⑪ 　　　시설 ⇨ 운전학원 및 정비학원
⑫ 　　　시설 ⇨ 어린이회관, 야외음악당, 야외극장

33 · 34회

2 건축법 적용대상지역

01 공작물을 축조(건축물과 분리하여 축조하는 것)할 때 **3서열의 장**(특별자치시장 · 특별자치도지사 또는 시장 · 군수 · 구청장)에게 신고해야 하는 공작물은 다음과 같다.

① 높이 2m를 넘는 옹벽, 담장

② 바닥면적 30m²를 넘는 지하대피호

③ 높이 4m를 넘는 첨탑, 장식탑, 기념탑, 광고탑, 광고판

④ 높이 5m를 넘는 「신에너지 및 재생에너지 개발 · 이용 · 보급 촉진법」에 따른 태양에너지를 이용하는 발전설비

⑤ 높이 6m를 넘는 굴뚝, 골프연습장 등의 운동시설을 위한 철탑, 주거지역 · 상업지역에 설치하는 통신용 철탑

⑥ 높이 8m를 넘는 고가수조

⑦ 높이 8m(위험을 방지하기 위한 난간의 높이는 제외) **이하**의 기계식 주차장 및 철골조립식 주차장으로서 외벽이 없는 것

27 · 30회

02 지구단위계획구역이 **아닌** 도시지역 외의 지역(관리지역, 농림지역, 자연환경보전지역)으로서 동이나 읍의 지역(섬은 인구 500인 이상인 경우만 해당)이 **아닌** 지역은 「건축법」상 일부 규정 (**건축선**의 지정 / **건축선**에 따른 건축제한 / **방화지구** 안의 건축물 / **대지**의 분할제한 / **대지와 도로와의 관계 / 도로**의 지정 · 폐지 또는 변경)을 적용하지 아니한다.

22회

03 다음에 해당하는 건축물에는 「건축법」 전부를 적용하지 아니한다.

① **컨테이너**를 이용한 간이 **창고**(공장의 용도로만 사용되는 건축물의 대지에 설치하는 것으로서 이동이 쉬운 것만 해당)

② 고속도로 통행료 징수시설

③ 「**문화유산의 보존 및 활용에 관한 법률**」에 따른 지정문화유산이나 임시지정문화유산 또는 「**자연유산의 보존 및 활용에 관한 법률**」에 따라 지정된 천연기념물등이나 임시지정천연기념물, 임시지정명승, 임시지정시 · 도자연유산, 임시자연유산자료

④ 철도나 궤도의 선로 부지에 있는 시설(운전보안시설, 철도 선로의 위나 아래를 가로지르는 보행시설, 플랫폼, 해당 철도 또는 궤도사업용 급수 · 급탄 및 급유시설)

⑤ 「**하천법**」에 따른 하천구역 내의 **수문조작실**

22 · 26 · 28 · 30회

2 건축법 적용대상지역

01 공작물을 축조(건축물과 분리하여 축조하는 것)할 때 ⬚⬚⬚⬚ (특별자치시장 · 특별자치
도지사 또는 시장 · 군수 · 구청장)에게 신고해야 하는 공작물은 다음과 같다.

① 높이 ⬚⬚ m를 넘는 옹벽, 담장

② 바닥면적 ⬚⬚ m²를 넘는 지하대피호

③ 높이 ⬚⬚ m를 넘는 첨탑, 장식탑, 기념탑, 광고탑, 광고판

④ 높이 ⬚⬚ m를 넘는 「신에너지 및 재생에너지 개발 · 이용 · 보급 촉진법」에 따른 태양에
너지를 이용하는 발전설비

⑤ 높이 ⬚⬚ m를 넘는 굴뚝, 골프연습장 등의 운동시설을 위한 철탑, 주거지역 · 상업지역
에 설치하는 통신용 철탑

⑥ 높이 ⬚⬚ m를 넘는 고가수조

⑦ 높이 ⬚⬚ m(위험을 방지하기 위한 난간의 높이는 제외) ⬚⬚ 의 기계식 주차장 및 철골
조립식 주차장으로서 외벽이 없는 것

27 · 30회

02 지구단위계획구역이 ⬚⬚ 도시지역 외의 지역(관리지역, 농림지역, 자연환경보전지역)으로
서 동이나 읍의 지역(섬은 인구 500인 이상인 경우만 해당)이 ⬚⬚ 지역은 「건축법」상 일부
규정(⬚⬚ 의 지정 / ⬚⬚ 에 따른 건축제한 / ⬚⬚ 지구 안의 건축물 / ⬚⬚ 의
분할제한 / ⬚⬚ 와 도로와의 관계 / ⬚⬚ 의 지정 · 폐지 또는 변경)을 적용하지 아니한다.

22회

03 다음에 해당하는 건축물에는 「건축법」 전부를 적용하지 아니한다.

① ⬚⬚ 를 이용한 간이 ⬚⬚ (공장의 용도로만 사용되는 건축물의 대지에 설치하는 것
으로서 이동이 쉬운 것만 해당)

② ⬚⬚ 속도로 통행료 징수시설

③ 「⬚⬚ 화유산의 보존 및 활용에 관한 법률」에 따른 지정문화유산이나 임시지정문화유산 또
는 「자연유산의 보존 및 활용에 관한 법률」에 따라 지정된 천연기념물등이나 임시지정천연기
념물, 임시지정명승, 임시지정시 · 도자연유산, 임시자연유산자료

④ ⬚⬚ 도나 궤도의 선로 부지에 있는 시설(운전보안시설, 철도 선로의 위나 아래를 가로지
르는 보행시설, 플랫폼, 해당 철도 또는 궤도사업용 급수 · 급탄 및 급유시설)

⑤ 「하천법」에 따른 하천구역 내의 ⬚⬚ 문조작실

22 · 26 · 28 · 30회

③ 건축위원회

01 건축분쟁전문위원회: 건축등과 관련된 '건축관계자와 해당 건축물의 건축등으로 피해를 입은 인근주민 간의 분쟁 / 관계전문기술자와 인근주민 간의 분쟁 / 건축관계자와 관계전문기술자 간의 분쟁 / 건축관계자 간의 분쟁 / 인근주민 간의 분쟁 / 관계전문기술자 간의 분쟁 / 건축허 가권자(×), 건축지도원(×), 건축신고수리자(×)'의 조정 및 재정을 하기 위하여 국토교통부에 건 축분쟁전문위원회를 둔다.

32회

02 건축민원전문위원회

① 시 · 도지사 및 시장 · 군수 · 구청장(국토교통부장관 ×)은 건축위원회의 심의 등을 효율적 으로 수행하기 위하여 필요하면 자신이 설치하는 건축위원회에 **건축민원전문위원회**를 두 어 운영할 수 있으며, 건축물의 건축 등과 관련된 건축법령의 운영 및 집행에 관한 민원 을 심의한다.

② 건축민원전문위원회에 질의민원의 심의를 신청하려는 자는 문서로 신청하여야 하지만, 문 서에 의할 수 없는 특별한 사정이 있는 경우에는 구술로도 신청할 수 **있다.**

③ 건축민원전문위원회는 심의에 필요하다고 인정하면 위원 또는 사무국의 소속 공무원에게 관계 서류를 열람하게 하거나 관계 사업장에 출입하여 조사하게 할 수 **있고,** '신청인 / 허가 권자의 업무담당자 / **참고인** / **이해관계자**'를 위원회에 출석하게 하여 의견을 들을 수 있다.

30회

④ 건축허가

01 사전결정신청은 건축허가 대상건축물(신고대상은 **제외**)을 건축하려는 자가 건축허가를 신청하 기 **전**에 허가권자에게 그 건축물의 건축에 관한 다음의 사항에 대한 사전결정을 신청할 수 **있다.** 사전결정을 할 수 있는 자는 **건축허가권자**이다.

① 해당 대지에 건축하는 것이 「건축법」이나 관계 법령에서 허용되는지 여부

②「건축법」 또는 관계 법령에 따른 건축기준 및 건축제한, 그 완화에 관한 사항 등을 고려하 여 해당 대지에 건축 가능한 건축물의 규모

③ 건축허가를 받기 위하여 신청자가 고려하여야 할 사항

25 · 28회

3 건축위원회

01 건축분쟁전문위원회: 건축등과 관련된 '건축관계자와 해당 건축물의 건축등으로 피해를 입은 인근주민 간의 분쟁 / 관계전문기술자와 인근주민 간의 분쟁 / 건축관계자와 관계전문기술자 간의 분쟁 / 건축관계자 간의 분쟁 / 인근주민 간의 분쟁 / 관계전문기술자 간의 분쟁 / 건축허가권자(　　　　), 건축지도원(　　　　), 건축신고수리자(　　　　)'의 조정 및 재정을 하기 위하여 국토교통부에 건축분쟁전문위원회를 둔다.　　　　32회

02 건축민원전문위원회

① 시 · 도지사 및 시장 · 군수 · 구청장(국토교통부장관　　　　)은 건축위원회의 심의 등을 효율적으로 수행하기 위하여 필요하면 자신이 설치하는 건축위원회에 　　　　　　를 두어 운영할 수 있으며, 건축물의 건축 등과 관련된 건축법령의 운영 및 집행에 관한 민원을 심의한다.

② 건축민원전문위원회에 질의민원의 심의를 신청하려는 자는 문서로 신청하여야 하지만, 문서에 의할 수 없는 특별한 사정이 있는 경우에는 구술로도 신청할 수 　　　　.

③ 건축민원전문위원회는 심의에 필요하다고 인정하면 위원 또는 사무국의 소속 공무원에게 관계 서류를 열람하게 하거나 관계 사업장에 출입하여 조사하게 할 수 　　　　, '신청인 / 허가권자의 업무담당자 / 　　　　 / 　　　　'를 위원회에 출석하게 하여 의견을 들을 수 있다.　　　　30회

4 건축허가

01 사전결정신청은 건축허가 대상건축물(신고대상은 　　　　)을 건축하려는 자가 건축허가를 신청하기 　　　에 허가권자에게 그 건축물의 건축에 관한 다음의 사항에 대한 사전결정을 신청할 수 　　　. 사전결정을 할 수 있는 자는 　　　　　　이다.

① 해당 대지에 건축하는 것이 「건축법」이나 관계 법령에서 허용되는지 여부

② 「건축법」 또는 관계 법령에 따른 건축기준 및 건축제한, 그 완화에 관한 사항 등을 고려하여 해당 대지에 건축 가능한 건축물의 규모

③ 건축허가를 받기 위하여 신청자가 고려하여야 할 사항　　　　25 · 28회

02 사전결정신청자는 건축위원회 심의와 「도시교통정비 촉진법」에 따른 교통영향평가서의 검토를 동시에 신청할 수 **있다**. 허가권자는 사전결정이 신청된 건축물의 대지면적이 「환경영향평가법」에 따른 소규모 환경영향평가 대상사업인 경우 환경부장관이나 지방환경관서의 장과 소규모 환경영향평가에 관한 협의를 하여야 **한다**. 28회

03 허가권자는 사전결정신청을 받으면 입지, 건축물의 규모, 용도 등을 사전결정한 후 사전결정일부터 **7일** 이내에 사전결정서를 사전결정을 신청한 자에게 송부하여야 한다.

04 사전결정 통지를 받은 경우에는 다음의 허가를 받거나 신고 또는 협의를 한 것으로 **본다**. 허가권자는 이와 같이 의제된 어느 하나에 해당되는 내용이 포함된 사전결정을 하려면 미리 관계 행정기관의 장과 협의하여야 **하며**, 협의를 요청받은 관계 행정기관의 장은 요청받은 날부터 **15일** 이내에 의견을 제출하여야 한다.

> ① 「국토의 계획 및 이용에 관한 법률」에 따른 **개발행위**허가
> ② 「산지관리법」에 따른 **도시지역** 안의 보전산지에 대한 산지전용허가와 산지전용신고, 산지일시사용허가 · 신고
> ③ 「농지법」에 따른 농지전용허가 · 신고 및 협의
> ④ 「하천법」에 따른 하천점용허가 28 · 30 · 33회

05 사전결정신청자는 사전결정을 통지받은 날부터 **2년** 이내에 **건축허가**를 신청하여야 하며, 이 기간에 **건축허가**를 신청하지 아니하면 사전결정의 효력이 **상실**된다. 28회

06 **건축허가권자**

> ① 원칙: 건축물을 건축하거나 대수선하려는 자는 **3서열의 장**(특별자치시장 · 특별자치도지사 또는 시장 · 군수 · 구청장)의 허가를 받아야 한다.
> ② 예외: **특별시장** 또는 **광역시장**의 허가를 받아야 하는 경우는 특별시나 광역시에 **층수가 21층** 이상이거나 연면적의 합계가 **10만**m² 이상인 건축물(연면적의 **3/10** 이상을 증축하여 층수가 21층 이상으로 되거나 연면적의 합계가 10만m² 이상으로 되는 경우를 **포함**)을 건축할 경우이며, 다만 '**공장 / 창고 /** 지방건축위원회의 **심의**를 거친 건축물'에 해당하는 건축물을 건축할 경우는 제외한다. 22 · 23 · 25 · 31회

02 사전결정신청자는 건축위원회 심의와 「도시교통정비 촉진법」에 따른 교통영향평가서의 검토를
동시에 신청할 수 ⬚⬚⬚⬚. 허가권자는 사전결정이 신청된 건축물의 대지면적이 「환경영향평가
법」에 따른 소규모 환경영향평가 대상사업인 경우 환경부장관이나 지방환경관서의 장과 소규모
환경영향평가에 관한 협의를 하여야 ⬚⬚⬚⬚. 　　　　　　　　　　　　　　　　　　　　　　 28회

03 허가권자는 사전결정신청을 받으면 입지, 건축물의 규모, 용도 등을 사전결정한 후 사전결정일
부터 ⬚⬚⬚⬚ 일 이내에 사전결정서를 사전결정을 신청한 자에게 송부하여야 한다.

04 사전결정 통지를 받은 경우에는 다음의 허가를 받거나 신고 또는 협의를 한 것으로 ⬚⬚⬚⬚. 허
가권자는 이와 같이 의제된 어느 하나에 해당되는 내용이 포함된 사전결정을 하려면 미리 관계
행정기관의 장과 협의하여야 ⬚⬚⬚⬚, 협의를 요청받은 관계 행정기관의 장은 요청받은 날부터
⬚⬚⬚⬚ 일 이내에 의견을 제출하여야 한다.
① 「국토의 계획 및 이용에 관한 법률」에 따른 ⬚⬚⬚⬚⬚ 허가
② 「산지관리법」에 따른 ⬚⬚⬚⬚⬚ 지역 안의 보전산지에 대한 산지전용허가와 산지전용신고, 산
지일시사용허가 · 신고
③ 「농지법」에 따른 농지전용허가 · 신고 및 협의
④ 「하천법」에 따른 하천점용허가 　　　　　　　　　　　　　　　　　　　 28 · 30 · 33회

05 사전결정신청자는 사전결정을 통지받은 날부터 ⬚⬚⬚ 년 이내에 ⬚⬚⬚⬚⬚ 를 신청하여야 하
며, 이 기간에 ⬚⬚⬚⬚⬚ 를 신청하지 아니하면 사전결정의 효력이 ⬚⬚⬚⬚ 된다. 　　 28회

06 **건축허가권자**
① 원칙: 건축물을 건축하거나 대수선하려는 자는 ⬚⬚⬚⬚⬚⬚⬚⬚ (특별자치시장 · 특별자치도
지사 또는 시장 · 군수 · 구청장)의 허가를 받아야 한다.
② 예외: ⬚⬚⬚⬚ 또는 ⬚⬚⬚⬚⬚ 의 허가를 받아야 하는 경우는 특별시나 광역시에 <u>층수</u>
가 ⬚⬚⬚ 층 이상이거나 <u>연면적의 합계가</u> ⬚⬚⬚⬚ m² 이상인 건축물(연면적의 ⬚⬚⬚ 이상
을 증축하여 층수가 21층 이상으로 되거나 연면적의 합계가 10만m² 이상으로 되는 경우를
⬚⬚⬚⬚)을 건축할 경우이며, 다만 '⬚⬚⬚ 장 / ⬚⬚⬚ 고 / 지방건축위원회의 ⬚⬚⬚ 를 거
친 건축물'에 해당하는 건축물을 건축할 경우는 제외한다. 　　　　 22 · 23 · 25 · 31회

07 도지사의 사전승인을 받아야 하는 경우: 시장 · 군수가 다음에 해당하는 건축물의 건축을 **허가**하려면 미리 건축계획서와 국토교통부령으로 정하는 건축물의 용도, 규모 및 형태가 표시된 기본설계도서를 첨부하여 **승인**을 받아야 한다(공장과 창고는 제외).

① 층수가 **21층 이상**

② 연면적의 합계가 **10만m² 이상**

③ **자연환경**이나 **수질**을 보호하기 위하여 도지사가 지정 · 공고한 구역에 건축하는 ⊕ 연면적의 합계가 **1천m² 이상** 또는 3층 이상인 건축물로서 ⊕ **숙박시설**과 **위락시설** 등 대통령령으로 정하는 용도

④ **교육환경**이나 **주거환경** 등 주변환경을 보호하기 위하여 필요하다고 인정하여 도지사가 지정 · 공고한 구역에 건축하는 **숙박시설** 및 **위락시설**

21 · 22 · 24회

08 건축물 안전영향평가

① 허가권자는 '**초고층** 건축물 또는 **16층 이상**이고 연면적이 **10만m² 이상인 건축물**'에 대하여는 건축허가 이후 지체 없이 건축물 안전영향평가를 실시하여야 한다.

② 안전영향평가기관은 안전영향평가를 의뢰받은 날부터 **30일 이내**에 안전영향평가 결과를 허가권자에게 제출하여야 한다. 다만, 부득이한 경우에는 **20일**의 범위에서 그 기간을 한 차례만 연장할 수 **있다**.

③ 건축물 안전영향평가 결과는 **건축위원회**의 심의를 거쳐 확정한다.

④ 허가권자는 안전영향평가에 대한 심의 결과 및 안전영향평가 내용을 **국토교통부령**으로 정하는 방법에 따라 **즉시** 공개하여야 한다.

⑤ 안전영향평가를 실시하여야 하는 건축물이 다른 법률에 따라 구조안전과 인접 대지의 안전에 미치는 영향 등을 평가받은 경우에는 안전영향평가의 해당 항목을 평가받은 것으로 **본다**.

35회

09 대지소유권 확보: 건축허가를 받으려는 자는 해당 대지의 소유권을 확보하여야 하지만, 다음의 경우에는 소유권을 확보하지 **않아도** 된다.

① 건축주가 대지의 소유권을 확보하지 못하였으나 그 대지를 사용할 수 있는 권원을 확보한 경우 ⇨ 분양을 목적으로 하는 공동주택은 제외

② 건축하려는 대지에 포함된 국유지 또는 공유지에 대하여 허가권자가 해당 토지의 관리청이 해당 토지를 건축주에게 매각하거나 양여할 것을 확인한 경우

③ 건축주가 집합건물의 공용부분을 변경하거나 재건축하기 위하여 「집합건물의 소유 및 관리에 관한 법률」에 따른 결의가 있었음을 증명한 경우

28회

07 도지사의 사전승인을 받아야 하는 경우: 시장 · 군수가 다음에 해당하는 건축물의 건축을 [   ] 하려면 미리 건축계획서와 국토교통부령으로 정하는 건축물의 용도, 규모 및 형태가 표시된 기본설계도서를 첨부하여 [   ] 을 받아야 한다(공장과 창고는 제외).

① 층수가 [   ] 층 이상

② 연면적의 합계가 [   ] m² 이상

③ [   ] 연환경이나 [   ] 질을 보호하기 위하여 도지사가 지정 · 공고한 구역에 건축하는
   ⊕ 연면적의 합계가 [   ] m² 이상 또는 [   ] 층 이상인 건축물로서 ⊕ [   ] 박시설과 [   ] 락시설 등 대통령령으로 정하는 용도

④ [   ] 육환경이나 [   ] 거환경 등 주변환경을 보호하기 위하여 필요하다고 인정하여 도지사가 지정 · 공고한 구역에 건축하는 [   ] 박시설 및 [   ] 락시설   21 · 22 · 24회

08 건축물 안전영향평가

① 허가권자는 '[   ] 건축물 또는 [   ] 층 이상이고 연면적이 [   ] m² 이상인 건축물'에 대하여는 건축허가 이후 지체 없이 건축물 안전영향평가를 실시하여야 한다.

② 안전영향평가기관은 안전영향평가를 의뢰받은 날부터 [   ] 일 이내에 안전영향평가 결과를 허가권자에게 제출하여야 한다. 다만, 부득이한 경우에는 [   ] 일의 범위에서 그 기간을 한 차례만 연장할 수 [   ].

③ 건축물 안전영향평가 결과는 [   ] 위원회의 심의를 거쳐 확정한다.

④ 허가권자는 안전영향평가에 대한 심의 결과 및 안전영향평가 내용을 [   ] 으로 정하는 방법에 따라 [   ] 공개하여야 한다.

⑤ 안전영향평가를 실시하여야 하는 건축물이 다른 법률에 따라 구조안전과 인접 대지의 안전에 미치는 영향 등을 평가받은 경우에는 안전영향평가의 해당 항목을 평가받은 것으로 [   ].   35회

09 대지소유권 확보: 건축허가를 받으려는 자는 해당 대지의 소유권을 확보하여야 하지만, 다음의 경우에는 소유권을 확보하지 [   ] 된다.

① 건축주가 대지의 소유권을 확보하지 못하였으나 그 대지를 사용할 수 있는 권원을 확보한 경우 ⇨ 분양을 목적으로 하는 공동주택은 [   ]

② 건축하려는 대지에 포함된 국유지 또는 공유지에 대하여 허가권자가 해당 토지의 관리청이 해당 토지를 건축주에게 매각하거나 양여할 것을 확인한 경우

③ 건축주가 집합건물의 공용부분을 변경하거나 재건축하기 위하여 「집합건물의 소유 및 관리에 관한 법률」에 따른 결의가 있었음을 증명한 경우   28회

DAY 11

10 **건축허가 거부**: 허가권자는 다음의 어느 하나에 해당하는 경우에는 「건축법」이나 다른 법률에
도 불구하고 건축위원회의 심의를 거쳐 건축허가를 하지 아니할 수 있다.

  ① 숙박시설이나 **위락시설**에 해당하는 건축물의 건축을 허가하는 경우 해당 대지에 건축하려
    는 건축물의 용도 · 규모 또는 형태가 **교육환경**이나 **주거환경** 등 주변환경을 고려할 때 부
    적합하다고 인정되는 경우

  ② 방재지구 및 자연재해위험개선지구 등 상습적으로 침수되거나 침수가 우려되는 대통령령
    으로 정하는 지역에 건축하려는 건축물에 대하여 일부 공간에 **거실**을 설치하는 것이 부적
    합하다고 인정되는 경우
                                                        22회

11 **건축허가 취소**: 허가를 받은 자가 다음의 어느 하나에 해당하면 허가권자는 허가를 취소해야 한다.

  ① 허가를 받은 날부터 **2년** 이내에 공사에 착수하지 아니한 경우 ⇨ 정당한 사유가 있다고 인정
    되면 **1년**의 범위에서 공사의 착수기간을 연장

  ② 기간 이내에 공사에 착수하였으나 공사의 완료가 **불가능**하다고 인정되는 경우

  ③ 착공신고 전에 경매 또는 공매 등으로 건축주가 대지의 소유권을 상실한 때부터 6개월이
    지난 이후 공사의 착수가 **불가능**하다고 판단되는 경우

12 **건축허가 및 착공의 제한**

  ① **국토교통부장관**은 국토관리를 위하여 특히 필요하다고 인정하거나 주무부장관이 국방, 「국
    가유산기본법」에 따른 국가유산의 보존, 환경보전 또는 국민경제를 위하여 특히 필요하다고
    인정하여 요청하면 **허가권자**의 건축허가나 허가를 받은 건축물의 착공을 제한할 수 있다.

  ② **특별시장 · 광역시장 · 도지사**는 지역계획이나 도시 · 군계획에 특히 필요하다고 인정하면
    시장 · 군수 · 구청장의 건축허가나 허가를 받은 건축물의 착공을 제한할 수 **있다**.

  ③ 특별시장 · 광역시장 · 도지사는 시장 · 군수 · 구청장의 건축허가나 건축물의 착공을 제한
    한 경우 즉시 **국토교통부장관**에게 보고하여야 하며, 보고를 받은 **국토교통부장관**은 제한
    내용이 지나치다고 인정하면 해제를 명할 수 **있다**.

  ④ 국토교통부장관이나 시 · 도지사는 건축허가나 건축허가를 받은 건축물의 **착공**을 제한하
    려는 경우에는 「토지이용규제 기본법」에 따라 주민의견을 청취한 후 건축위원회의 심의를
    거쳐야 하고, 제한 목적 · 기간, 대상 건축물의 용도와 대상 구역의 위치 · 면적 · 경계 등
    을 상세하게 정하여 **허가권자**에게 통보하여야 하며, 통보를 받은 **허가권자**는 지체 없이 이
    를 공고하여야 한다.

  ⑤ 건축허가나 건축물의 착공을 제한하는 경우 제한기간은 **2년** 이내로 한다. 다만, 1회에 한
    하여 **1년** 이내의 범위에서 제한기간을 연장할 수 있다.
                        21 · 22 · 23 · 24 · 26 · 31 · 32 · 35회

10 **건축허가 거부**: 허가권자는 다음의 어느 하나에 해당하는 경우에는 「건축법」이나 다른 법률에도 불구하고 건축위원회의 심의를 거쳐 건축허가를 하지 아니할 수 있다.

① ░░░░░박시설이나 ░░░░░░락시설에 해당하는 건축물의 건축을 허가하는 경우 해당 대지에 건축하려는 건축물의 용도 · 규모 또는 형태가 ░░░░░육환경이나 ░░░░거환경 등 주변환경을 고려할 때 부적합하다고 인정되는 경우

② 방재지구 및 자연재해위험개선지구 등 상습적으로 침수되거나 침수가 우려되는 대통령령으로 정하는 지역에 건축하려는 건축물에 대하여 일부 공간에 ░░░░░을 설치하는 것이 부적합하다고 인정되는 경우

22회

11 **건축허가 취소**: 허가를 받은 자가 다음의 어느 하나에 해당하면 허가권자는 허가를 취소해야 한다.

① 허가를 받은 날부터 ░░░░░년 이내에 공사에 착수하지 아니한 경우 ⇨ 정당한 사유가 있다고 인정되면 ░░░░░년의 범위에서 공사의 착수기간을 연장

② 기간 이내에 공사에 착수하였으나 공사의 완료가 ░░░░░░░하다고 인정되는 경우

③ 착공신고 전에 경매 또는 공매 등으로 건축주가 대지의 소유권을 상실한 때부터 6개월이 지난 이후 공사의 착수가 ░░░░░░하다고 판단되는 경우

12 **건축허가 및 착공의 제한**

① ░░░░░░░░░은 국토관리를 위하여 특히 필요하다고 인정하거나 주무부장관이 국방, 「국가유산기본법」에 따른 국가유산의 보존, 환경보전 또는 국민경제를 위하여 특히 필요하다고 인정하여 요청하면 ░░░░░░░░의 건축허가나 허가를 받은 건축물의 착공을 제한할 수 있다.

② ░░ · ░░░░░ · ░░░는 지역계획이나 도시 · 군계획에 특히 필요하다고 인정하면 시장 · 군수 · 구청장의 건축허가나 허가를 받은 건축물의 착공을 제한할 수 ░░░░.

③ 특별시장 · 광역시장 · 도지사는 시장 · 군수 · 구청장의 건축허가나 건축물의 착공을 제한한 경우 즉시 ░░░░░░░░░에게 보고하여야 하며, 보고를 받은 ░░░░░░░░░은 제한 내용이 지나치다고 인정하면 해제를 명할 수 ░░░░.

④ 국토교통부장관이나 시 · 도지사는 건축허가나 건축허가를 받은 건축물의 ░░░░░을 제한하려는 경우에는 「토지이용규제 기본법」에 따라 주민의견을 청취한 ░░░░░건축위원회의 심의를 거쳐야 하고, 제한 목적 · 기간, 대상 건축물의 용도와 대상 구역의 위치 · 면적 · 경계 등을 상세하게 정하여 ░░░░░░에게 통보하여야 하며, 통보를 받은 ░░░░░░░는 지체 없이 이를 공고하여야 한다.

⑤ 건축허가나 건축물의 착공을 제한하는 경우 제한기간은 ░░░░░년 이내로 한다. 다만, ░░░░░회에 한하여 ░░░░░년 이내의 범위에서 제한기간을 연장할 수 있다.

21 · 22 · 23 · 24 · 26 · 31 · 32 · 35회

13 건축공사현장 안전관리예치금

① 건축허가를 받은 자는 건축물의 건축공사를 중단하고 장기간 공사현장을 방치할 경우 공사현장의 미관개선과 안전관리 등 필요한 조치를 하여야 **한다.**

② 허가권자는 연면적이 **1천**m² 이상인 건축물로서 해당 지방자치단체의 조례로 정하는 건축물에 대하여는 착공신고를 하는 건축주에게 장기간 건축물의 공사현장이 방치되는 것에 대비하여 미리 예치금(미관개선과 안전관리에 필요한 비용)을 건축공사비의 **1%**의 범위에서 예치하게 할 수 있다.

③ 건축공사현장 안전관리예치금을 대통령령으로 정하는 보증서로 대신할 수 **있으며,** 허가권자는 안전에 위해하다고 판단되는 경우 안전관리를 위한 개선명령을 명할 수 **있다.**

④ 허가권자는 개선명령을 받은 자가 개선을 하지 아니하면 건축주가 예치한 예치금을 행정대집행에 필요한 비용에 사용할 수 **있다.**

30회

5 건축신고

01 다음의 어느 하나에 해당하는 경우에는 **건축신고**를 미리 3서열의 장(특별자치시장 · 특별자치도지사 또는 시장 · 군수 · 구청장)에게 하면, 허가대상 건축물이라 하더라도 건축허가를 받은 것으로 본다.

① 연면적의 합계가 **100**m² **이하**인 건축물

② 대수선 중 **수선**은 전부 해당, 대수선 중 수선이 아닌 경우에는 **연면적**이 **200**m² 미만이고 **3층 미만**인 건축물

③ 건축물의 **높이**를 **3**m **이하**의 범위에서 **증축**하는 건축물

④ **공업지역, 지구**단위계획구역 및 **산업**단지에서 건축하는 **연면적** 합계 **500**m² 이하인 건축물로서 **2층 이하**인 **공장**

22 · 23 · 24 · 25 · 29 · 32회

02 건축신고를 한 자가 신고일부터 **1년** 이내에 공사에 착수하지 아니하면 그 신고의 효력은 없어진다.

22 · 24 · 25 · 32회

13 건축공사현장 안전관리예치금

① 건축허가를 받은 자는 건축물의 건축공사를 중단하고 장기간 공사현장을 방치할 경우 공사현장의 미관개선과 안전관리 등 필요한 조치를 하여야   .

② 허가권자는 연면적이   m² 이상인 건축물로서 해당 지방자치단체의 조례로 정하는 건축물에 대하여는 착공신고를 하는 건축주에게 장기간 건축물의 공사현장이 방치되는 것에 대비하여 미리 예치금(미관개선과 안전관리에 필요한 비용)을 건축공사비의   %의 범위에서 예치하게 할 수 있다.

③ 건축공사현장 안전관리예치금을 대통령령으로 정하는 보증서로 대신할 수   , 허가권자는 안전에 위해하다고 판단되는 경우 안전관리를 위한 개선명령을 명할 수   .

④ 허가권자는 개선명령을 받은 자가 개선을 하지 아니하면 건축주가 예치한 예치금을 행정대집행에 필요한 비용에 사용할 수   .   30회

5 건축신고

01 다음의 어느 하나에 해당하는 경우에는 **건축신고**를 미리 3서열의 장(특별자치시장 · 특별자치도지사 또는 시장 · 군수 · 구청장)에게 하면, 허가대상 건축물이라 하더라도 건축허가를 받은 것으로 본다.

① 연   의 합계가   m²   하인 건축물

② 대수선 중   은 전부 해당, 대수선 중 수선이 아닌 경우에는   면적이   m² 미만이고   층   만인 건축물

③ 건축물의   이를   m   하의 범위에서   하는 건축물

④   업지역,   구단위계획구역 및   업단지에서 건축하는   면적 합계   m² 이하인 건축물로서   층   하인   22 · 23 · 24 · 25 · 29 · 32회

02 건축신고를 한 자가 신고일부터   년 이내에 공사에 착수하지 아니하면 그 신고의 효력은 없어진다.   22 · 24 · 25 · 32회

03 건축주가 허가를 받았거나 신고한 사항을 변경하려면 변경하기 전에 허가권자의 허가를 받거나 신고하여야 **한다**. 단, 건축허가를 받은 건축의 '건축주 / 공사시공자 / 공사감리자'를 변경하는 경우에는 **신고**하여야 한다.
23 · 31 · 32회

04 건축허가를 받으면 '공사용 가설건축물의 축조신고 / 공작물의 축조신고 / 「국토의 계획 및 이용에 관한 법률」에 따른 개발행위허가 / 그 외 20가지 법률에 따른 의제'의 허가 등을 받거나 신고를 한 것으로 **본다**.
23 · 25 · 31회

05 국가나 지방자치단체가 건축물을 건축 · 대수선 · 용도변경하거나 가설건축물을 건축하려는 경우에는 미리 건축물의 소재지를 관할하는 허가권자와 **협의**한 경우에는 허가를 받았거나 신고한 것으로 **본다**.
22회

6 가설건축물

01 도시 · 군계획시설 및 도시 · 군계획시설예정지에서 가설건축물을 건축하려는 자는 3서열의 장(특별자치시장 · 특별자치도지사 또는 시장 · 군수 · 구청장)의 **허가**를 받아야 한다.
21회

02 **허가대상 가설건축물의 요건**
① **3층 이하인 경우**
② 존치기간은 **3년 이내일 것**(단, 도시 · 군계획사업이 시행될 때까지 그 기간을 연장할 수 있음)
③ 철근콘크리트조 또는 철골철근콘크리트조가 **아닐 것**
④ 공동주택 · 판매시설 · 운수시설 등으로서 분양을 목적으로 건축하는 건축물이 **아닐 것**
⑤ 전기 · 수도 · 가스 등 새로운 간선 공급설비의 설치를 필요로 하지 **아니할 것**
21회

03 가설건축물을 도시 · 군계획 예정도로에도 건축할 수 **있으며**, 이 경우에는 「건축법」 **일부**를 적용하지 아니한다.
21회

03 건축주가 허가를 받았거나 신고한 사항을 변경하려면 변경하기 전에 허가권자의 허가를 받거나 신고하여야 ▨▨▨. 단, 건축허가를 받은 건축의 '<u>건축주 / 공사시공자 / 공사감리자</u>'를 변경하는 경우에는 ▨▨▨ 하여야 한다. 23 · 31 · 32회

04 건축허가를 받으면 '<u>공사용 가설건축물의 축조신고 / 공작물의 축조신고 / 「국토의 계획 및 이용에 관한 법률」</u>에 따른 개발행위허가 / 그 외 20가지 법률에 따른 의제'의 허가 등을 받거나 신고를 한 것으로 ▨▨▨▨. 23 · 25 · 31회

05 국가나 지방자치단체가 건축물을 건축 · 대수선 · 용도변경하거나 가설건축물을 건축하려는 경우에는 미리 건축물의 소재지를 관할하는 허가권자와 ▨▨▨ 한 경우에는 허가를 받았거나 신고한 것으로 ▨▨▨▨. 22회

6 가설건축물

01 도시 · 군계획시설 및 도시 · 군계획시설예정지에서 가설건축물을 건축하려는 자는 3서열의 장(특별자치시장 · 특별자치도지사 또는 시장 · 군수 · 구청장)의 ▨▨▨ 를 받아야 한다. 21회

02 **허가대상 가설건축물의 요건**
① ▨▨▨ 층 이하인 경우
② 존치기간은 ▨▨▨ 년 이내일 것(단, 도시 · 군계획사업이 시행될 때까지 그 기간을 연장할 수 있음)
③ 철근콘크리트조 또는 철골철근콘크리트조가 ▨▨▨▨ 것
④ 공동주택 · 판매시설 · 운수시설 등으로서 분양을 목적으로 건축하는 건축물이 ▨▨▨ 것
⑤ 전기 · 수도 · 가스 등 새로운 간선 공급설비의 설치를 필요로 하지 ▨▨▨ 할 것 21회

03 가설건축물을 도시 · 군계획 예정도로에도 건축할 수 ▨▨▨▨, 이 경우에는 「건축법」 ▨▨▨▨를 적용하지 아니한다. 21회

04 **신고대상 가설건축물**: 다음의 어느 하나에 해당하는 것을 축조하려는 자는 **신고**한 후 착공하여야 한다.

① 공사에 필요한 규모의 **공사용** 가설건축물 및 공작물

② 전시를 위한 **견본주택**이나 그 밖에 이와 비슷한 것

③ 조립식 구조로 된 경비용으로 쓰는 가설건축물로서 연면적이 10m² 이하인 것

④ 야외흡연실 용도로 쓰는 가설건축물로서 연면적이 50m² 이하인 것

⑤ 도시지역 중 주거지역·상업지역 또는 공업지역에 설치하는 농업·어업용 비닐하우스로서 연면적이 100m² **이상**인 것

⑥ 그 외에는 임시~, 한시적인~, 일시사용~, 미관~, 간이~, 야외~   28 · 31회

05 신고해야 하는 가설건축물의 존치기간은 **3년** 이내로 하며, 존치기간의 연장이 필요한 경우에는 횟수별 3년의 범위에서 가설건축물별로 건축조례로 정하는 횟수만큼 존치기간을 연장할 수 **있다.**

31회

04 **신고대상 가설건축물**: 다음의 어느 하나에 해당하는 것을 축조하려는 자는 ░░░░░ 한 후 착공하여야 한다.

① 공사에 필요한 규모의 ░░░░ 용 가설건축물 및 공작물

② 전시를 위한 ░░░░ 주택이나 그 밖에 이와 비슷한 것

③ 조립식 구조로 된 경비용으로 쓰는 가설건축물로서 연면적이 ░░░░ m² 이하인 것

④ 야외흡연실 용도로 쓰는 가설건축물로서 연면적이 ░░░░ m² 이하인 것

⑤ 도시지역 중 주거지역 · 상업지역 또는 공업지역에 설치하는 농업 · 어업용 비닐하우스로서 연면적이 ░░░░ m² ░░░░ 인 것

⑥ 그 외에는 임시~, 한시적인~, 일시사용~, 미관~, 간이~, 야외~   28 · 31회

05 신고해야 하는 가설건축물의 존치기간은 ░░░░ 년 이내로 하며, 존치기간의 연장이 필요한 경우에는 횟수별 ░░░░ 년의 범위에서 가설건축물별로 건축조례로 정하는 횟수만큼 존치기간을 연장할 수 ░░░░ .   31회

핵심지문으로 키워드 학습

7 사용승인

01 건축주가 허가를 받았거나 신고를 한 건축물의 건축공사를 완료한 후 그 건축물을 사용하려면 공사감리자가 작성한 감리**완료**보고서와 국토교통부령으로 정하는 공사**완료**도서를 첨부하여 **허가권자**에게 사용승인을 신청하여야 한다.

02 건축주가 사용승인을 받은 경우에는 「대기환경보전법」에 따른 대기오염물질 배출시설의 가동개시의 신고 / 그 외 설치검사 · 사용전검사 · 준공확인 · 준공검사 · 신고'를 받거나 한 것으로 **보며**, 공장건축물의 경우에는 「산업집적활성화 및 공장설립에 관한 법률」에 따라 관련 법률의 검사 등을 받은 것으로 **본다**.

03 건축주는 사용승인을 받은 후가 아니면 건축물을 사용하거나 사용하게 할 수 **없다**. 다만, 다음의 경우에는 사용하거나 사용하게 할 수 **있다**.
① 허가권자가 7일 내에 사용승인서를 교부하지 **아니한** 경우
② 사용승인서를 교부받기 전에 공사가 완료된 부분이 건폐율, 용적률, 설비, 피난 · 방화 등 국토교통부령으로 정하는 기준에 적합한 경우로서 기간을 정하여 대통령령으로 정하는 바에 따라 **임시**로 사용의 승인을 한 경우

04 **임시사용승인**의 기간은 2년 이내로 한다. 다만, 허가권자는 대형 건축물 또는 암반공사 등으로 인하여 공사기간이 긴 건축물에 대하여는 그 기간을 연장할 수 **있다**.

8 건축물의 용도변경

01 상위시설군에서부터 하위시설군 순서
자동차 관련 시설군 ⇨ **산업** 등 시설군 ⇨ **전기통신시설군** ⇨ **문화집회시설군** ⇨ **영업**시설군 ⇨
교육 및 **복지시설군** ⇨ **근린생활시설군** ⇨ **주거업무시설군** ⇨ **그 밖의** 시설군   29회

빈칸으로 키워드 암기

7 사용승인

01 건축주가 허가를 받았거나 신고를 한 건축물의 건축공사를 완료한 후 그 건축물을 사용하려면
공사감리자가 작성한 감리 ▨▨▨ 보고서와 국토교통부령으로 정하는 공사 ▨▨▨ 도서를 첨부
하여 ▨▨▨ 에게 사용승인을 신청하여야 한다.

02 건축주가 사용승인을 받은 경우에는 '「대기환경보전법」에 따른 대기오염물질 배출시설의 가동
개시의 신고 / 그 외 설치검사 · 사용전검사 · 준공확인 · 준공검사 · 신고'를 받거나 한 것으로
▨▨▨, 공장건축물의 경우에는 「산업집적활성화 및 공장설립에 관한 법률」에 따라 관련 법률
의 검사 등을 받은 것으로 ▨▨▨.

03 건축주는 사용승인을 받은 후가 아니면 건축물을 사용하거나 사용하게 할 수 ▨▨▨. 다만,
다음의 경우에는 사용하거나 사용하게 할 수 ▨▨▨.
① 허가권자가 ▨▨▨ 일 내에 사용승인서를 교부하지 ▨▨▨ 한 경우
② 사용승인서를 교부받기 전에 공사가 완료된 부분이 건폐율, 용적률, 설비, 피난 · 방화 등 국
토교통부령으로 정하는 기준에 적합한 경우로서 기간을 정하여 대통령령으로 정하는 바에
따라 ▨▨▨ 로 사용의 승인을 한 경우

04 **임시사용승인**의 기간은 ▨▨▨ 년 이내로 한다. 다만, 허가권자는 대형 건축물 또는 암반공사
등으로 인하여 공사기간이 긴 건축물에 대하여는 그 기간을 연장할 수 ▨▨▨.

8 건축물의 용도변경

01 **상위시설군에서부터 하위시설군 순서**
▨▨▨ 동차 관련 시설군 ⇨ ▨▨▨ 업 등 시설군 ⇨ ▨▨▨ 기통신시설군 ⇨ ▨▨▨ 화집회시
설군 ⇨ ▨▨▨ 시설군 ⇨ ▨▨▨ 육 및 복지시설군 ⇨ ▨▨▨ 린생활시설군 ⇨ ▨▨▨ 거업무
시설군 ⇨ ▨▨▨ 시설군

29회

DAY 12

02 상위시설군 용도에서부터 하위시설군 용도 순서

자동차 관련 시설 ⇨

자원순환 관련 시설 / **묘지** 관련 시설 / **운수**시설 / **창고시설** / **위험물저장 및 처리시설** / **공장** /

장례시설 ⇨

방송통신시설 / **발전**시설 ⇨

위락시설 / **관광휴게시설** / **종교시설** / **문화 및 집회시설** ⇨

운동시설 / **숙박시설** / **판매시설** / 제2종 근린생활시설 중 **다중생활시설** ⇨

의료시설 / **노유자시설** / **교육연구시설** / **수련시설** / **야영장** 시설 ⇨

제1종 **근린생활시설** / 제2종 **근린생활시설** ⇨

업무시설 / **단독주택** / **공동주택** / 교정시설 / 국방 · 군사시설

03 사용승인을 받은 건축물의 용도를 변경하려는 자는 다음의 국토교통부령으로 정하는 바에 따라 **3서열의 장**(특별자치시장 · 특별자치도지사 또는 시장 · 군수 · 구청장)의 허가를 받거나 신고를 하여야 한다.

① **허가**대상: 해당 시설군에 속하는 건축물의 용도를 상위군에 해당하는 용도로 변경하는 경우

② **신고**대상: 해당 시설군에 속하는 건축물의 용도를 하위군에 해당하는 용도로 변경하는 경우 22 · 23 · 24 · 25 · 29 · 31 · 34회

04 시설군 중 같은 시설군 안에서 용도를 변경하려는 자는 3서열의 장(특별자치시장 · 특별자치도지사 또는 시장 · 군수 · 구청장)에게 건축물대장 **기재사항의 변경**을 신청하여야 하지만, '**같은 용도에 속하는 건축물 상호 간의 용도변경 / 제1종 근린생활시설과 제2종 근린생활시설 상호 간의 용도변경**'의 경우에는 하지 **않는다.** 22 · 23회

05 허가나 신고대상인 경우로서 용도변경하려는 부분의 바닥면적 합계가 **100m²** 이상인 경우에는 사용승인을 받아야 **한다.** 허가대상인 경우로서 용도변경하려는 부분의 바닥면적 합계가 **500m²** 이상인 용도변경의 설계에 관하여는 **건축사**가 설계를 하여야 한다. 22 · 23 · 31 · 34회

06 건축주는 건축물의 용도를 복수로 하여 건축허가, 건축신고 및 용도변경 허가 · 신고 또는 건축물대장 기재내용의 변경 신청을 할 수 **있으며,** 허가권자는 건축위원회의 심의를 거쳐 이를 허용할 수 **있다.** 29 · 31회

02 상위시설군 용도에서부터 하위시설군 용도 순서

　　　　　　관련 시설 ⇨

　　　　순환 관련 시설 /　　　관련 시설 /　　　시설 /　　　고시설 /　　　물저장 및

처리시설 /　　　장 /　　　례시설 ⇨

　　　통신시설 /　　　시설 ⇨

　　　시설 /　　　광휴게시설 /　　　교시설 /　　　화 및 집회시설 ⇨

　　　시설 /　　　시설 /　　매시설 / 제2종 근린생활시설 중　　　중생활시설 ⇨

　　　시설 /　　유자시설 /　　　육연구시설 /　　　련시설 /　　　영장 시설 ⇨

제1종　　　생활시설 / 제2종　　　생활시설 ⇨

　　　시설 / 단독　　　/ 공동　　　/ 교정시설 / 국방 · 군사시설

03
사용승인을 받은 건축물의 용도를 변경하려는 자는 다음의 국토교통부령으로 정하는 바에 따라
　　　　　　(특별자치시장 · 특별자치도지사 또는 시장 · 군수 · 구청장)의 허가를 받거나 신
고를 하여야 한다.

① 　　　대상: 해당 시설군에 속하는 건축물의 용도를 상위군에 해당하는 용도로 변경하는
경우

② 　　　대상: 해당 시설군에 속하는 건축물의 용도를 하위군에 해당하는 용도로 변경하는
경우
　　　　　　　　　　　　　　　　　　　　　　　　　　22 · 23 · 24 · 25 · 29 · 31 · 34회

04
시설군 중 같은 시설군 안에서 용도를 변경하려는 자는 3서열의 장(특별자치시장 · 특별자치
도지사 또는 시장 · 군수 · 구청장)에게 건축물대장　　　　　　　　을 신청하여야 하지만,
'같은 용도에 속하는 건축물 상호 간의 용도변경 / 제1종 근린생활시설과 제2종 근린생활시설
<u>상호 간의 용도변경</u>'의 경우에는 하지　　　　　.
　　　　　　　　　　　　　　　　　　　　　　　　　　　　　　　22 · 23회

05
허가나 신고대상인 경우로서 용도변경하려는 부분의 바닥면적 합계가　　　　m² 이상인 경
우에는 사용승인을 받아야　　　　. 허가대상인 경우로서 용도변경하려는 부분의 바닥면적
합계가　　　m² 이상인 용도변경의 설계에 관하여는　　　　　　　가 설계를 하여야 한다.
　　　　　　　　　　　　　　　　　　　　　　　　　　　　　　22 · 23 · 31 · 34회

06
건축주는 건축물의 용도를 복수로 하여 건축허가, 건축신고 및 용도변경 허가 · 신고 또는 건축
물대장 기재내용의 변경 신청을 할 수　　　　　, 허가권자는 건축위원회의 심의를 거쳐 이를
허용할 수　　　　.
　　　　　　　　　　　　　　　　　　　　　　　　　　　　　　　29 · 31회

9 대지와 도로

01 대지는 인접한 도로면보다 낮아서는 아니 되지만, 대지의 배수에 지장이 없거나 건축물의 용도 상 방습의 필요가 없는 경우에는 인접한 도로면보다 낮아도 **된다.**　　　　　22회

02 습한 토지, 물이 나올 우려가 많은 토지, 쓰레기, 그 밖에 이와 유사한 것으로 매립된 토지에 건축 물을 건축하는 경우에는 성토, 지반 개량 등 필요한 조치를 하여야 **한다.**　　　　　25회

03 손궤의 우려가 있는 토지에 대지를 조성하려면 옹벽의 외벽면에는 이의 지지 또는 배수를 위한 시설 **외**의 구조물이 밖으로 튀어 나오게 해서는 아니 된다.　　　　　23회

04 공개공지등의 확보

　① **'일반주거지역 / 준주거지역 / 상업지역 / 준공업지역 / 노후 산업단지의 정비가 필요하다고** 인정하여 지정·공고하는 지역'에 해당하는 지역의 환경을 쾌적하게 조성하기 위하여 '문화 및 집회시설 / 종교시설 / 판매시설(농수산물유통시설 **제외**) / 운수시설(여객용 시설 만 **해당**) / 숙박시설 및 업무시설'로서 해당 용도로 쓰는 바닥면적의 합계가 **5천㎡** 이상인 건축물은 일반이 사용할 수 있도록 공개공지등(소규모 휴식시설 등의 공개공지 또는 공개 공간)을 설치하여야 한다.

　② 공개공지등의 설치면적은 대지면적의 **10/100 이하**의 범위에서 건축조례로 정한다.

　③ 건축물에 공개공지등을 설치하는 경우에는 '건축물의 건폐율 / 건축물의 용적률은 해당 지역에 적용하는 용적률의 **1.2배 이하** / 건축물의 높이제한은 해당 건축물에 적용하는 높이 기준의 **1.2배 이하**'를 완화하여 적용할 수 있다.

　④ 공개공지는 필로티의 구조로 설치할 수 **있다.**

　⑤ 공개공지등을 설치할 때에는 모든 사람들이 환경친화적으로 편리하게 이용할 수 있도록 긴 의자 또는 조경시설 등 건축조례로 정하는 시설을 설치해야 **한다.**

　⑥ 공개공지등에는 연간 **60일** 이내의 기간 동안 건축조례로 정하는 바에 따라 주민들을 위한 문화행사를 열거나 판촉활동을 할 수 있다.

　⑦ 누구든지 공개공지등에 물건을 쌓아놓거나 울타리나 담장 등의 시설을 설치 또는 출입구 를 폐쇄하는 등 공개공지등의 출입을 차단하는 행위 등 공개공지등의 활용을 저해하는 행 위를 하여서는 **아니 된다.**　　　　22·23·24·25·26·27·34·35회

9 대지와 도로

01 **대지**는 인접한 도로면보다 낮아서는 아니 되지만, 대지의 배수에 지장이 없거나 건축물의 용도상 방습의 필요가 없는 경우에는 인접한 도로면보다 낮아도 [   ]. 　22회

02 습한 토지, 물이 나올 우려가 많은 토지, 쓰레기, 그 밖에 이와 유사한 것으로 매립된 토지에 건축물을 건축하는 경우에는 성토, 지반 개량 등 필요한 조치를 하여야 [   ]. 　25회

03 손궤의 우려가 있는 토지에 대지를 조성하려면 옹벽의 외벽면에는 이의 지지 또는 배수를 위한 시설 [   ]의 구조물이 밖으로 튀어 나오게 해서는 아니 된다. 　23회

04 **공개공지등의 확보**

① '[   ]지역 / [   ]지역 / [   ]지역 / [   ]지역 / 노후 산업단지의 정비가 필요하다고 인정하여 지정·공고하는 지역'에 해당하는 지역의 환경을 쾌적하게 조성하기 위하여 '문화 및 집회시설 / 종교시설 / 판매시설(농수산물유통시설 [   ]) / 운수시설(여객용 시설만 [   ]) / 숙박시설 및 업무시설'로서 해당 용도로 쓰는 바닥면적의 합계가 [   ] m² 이상인 건축물은 일반이 사용할 수 있도록 공개공지등(소규모 휴식시설 등의 공개공지 또는 공개공간)을 설치하여야 한다.

② 공개공지등의 설치면적은 대지면적의 [   ]의 범위에서 건축조례로 정한다.

③ 건축물에 공개공지등을 설치하는 경우에는 '건축물의 건폐율 / 건축물의 용적률은 해당 지역에 적용하는 용적률의 [   ]배 이하 / 건축물의 높이제한은 해당 건축물에 적용하는 높이 기준의 [   ]배 이하'를 완화하여 적용할 수 있다.

④ 공개공지는 필로티의 구조로 설치할 수 [   ].

⑤ 공개공지등을 설치할 때에는 모든 사람들이 환경친화적으로 편리하게 이용할 수 있도록 긴 의자 또는 조경시설 등 건축조례로 정하는 시설을 설치해야 [   ].

⑥ 공개공지등에는 연간 [   ]일 이내의 기간 동안 건축조례로 정하는 바에 따라 주민들을 위한 문화행사를 열거나 판촉활동을 할 수 있다.

⑦ 누구든지 공개공지등에 물건을 쌓아놓거나 울타리나 담장 등의 시설을 설치 또는 출입구를 폐쇄하는 등 공개공지등의 출입을 차단하는 행위 등 공개공지등의 활용을 저해하는 행위를 하여서는 [   ]. 　22·23·24·25·26·27·34·35회

05 대지의 조경: 면적이 **200㎡ 이상**인 대지에 건축을 하는 건축주는 용도지역 및 건축물의 규모에 따라 대지에 조경이나 그 밖에 필요한 조치를 하여야 하지만, 다음의 어느 하나에 해당하는 건축물에 대하여는 조경 등의 조치를 하지 않아도 된다.

① 도시 · 군계획시설에서 허가를 받아 건축하는 **가설건축물**
② 연면적의 합계가 1,500㎡ 미만인 **공장**
③ 면적 5천㎡ 미만인 대지에 건축하는 **공장**
④ 산업단지의 **공장**
⑤ **축사**
⑥ 연면적의 합계가 1,500㎡ 미만인 물류시설 ⇨ 주거지역, 상업지역에 건축하는 것은 **제외**
⑦ 녹지지역에 건축하는 건축물
⑧ **관리지역 · 농림지역 · 자연환경보전지역**의 건축물 ⇨ 지구단위계획구역으로 지정된 지역 **제외**

22 · 23 · 25 · 27 · 31 · 35회

06 대지와 도로: 건축물의 대지는 **2m 이상**이 보행과 자동차의 통행이 가능한 도로에 접하여야 하고, 연면적의 합계가 **2천㎡**(공장인 경우에는 **3천㎡**) 이상인 건축물의 대지는 너비 **6m 이상**의 도로에 **4m 이상** 접하여야 한다. 다만, '해당 건축물의 출입에 지장이 없다고 인정되는 경우 / 건축물의 주변에 허가권자가 인정한 공지인 광장, 공원, 유원지가 있는 경우'에 해당하면 접하지 **않아도** 된다.

22 · 23 · 25회

07 건축선의 지정방법

① 소요너비에 못 미치는 너비의 도로인 경우에는 그 중심선으로부터 그 소요너비의 **1/2**의 수평거리만큼 물러난 선을 건축선으로 한다.
② 소요너비에 못 미치는 너비의 도로인 경우에는 그 도로의 반대쪽에 경사지, 하천, 철도, 선로부지, 그 밖에 이와 유사한 것이 있는 경우에는 그 경사지 등이 있는 쪽의 도로경계선에서 **소요너비**에 해당하는 수평거리의 선을 건축선으로 한다.
③ 위의 건축선과 도로 사이의 대지면적은 건축물의 대지면적 산정 시 **제외**한다.

21 · 34회

08 지정 건축선: 3서열의 장(특별자치시장 · 특별자치도지사 또는 시장 · 군수 · 구청장)이 시가지 안에서 건축물의 위치나 환경을 정비하기 위하여 필요하다고 인정하면 「국토의 계획 및 이용에 관한 법률」에 따른 도시지역에는 **4m 이하**의 범위에서 건축선을 따로 지정할 수 **있다.**

25회

05 대지의 조경: 면적이 _____ m² 이상인 대지에 건축을 하는 건축주는 용도지역 및 건축물의 규모에 따라 대지에 조경이나 그 밖에 필요한 조치를 하여야 하지만, 다음의 어느 하나에 해당하는 건축물에 대하여는 조경 등의 조치를 하지 않아도 된다.

① 도시·군계획시설에서 허가를 받아 건축하는 _____ 건축물

② 연면적의 합계가 1,500m² 미만인 _____ 장

③ 면적 5천m² 미만인 대지에 건축하는 _____ 장

④ 산업단지의 _____ 장

⑤ _____ 사

⑥ 연면적의 합계가 1,500m² 미만인 _____ 류시설 ⇨ 주거지역, 상업지역에 건축하는 것은 _____

⑦ _____ 지지역에 건축하는 건축물

⑧ _____ 리지역·_____ 림지역·_____ 연환경보전지역의 건축물 ⇨ 지구단위계획구역으로 지정된 지역

22·23·25·27·31·35회

06 대지와 도로: 건축물의 대지는 _____ m 이상이 보행과 자동차의 통행이 가능한 도로에 접하여야 하고, 연면적의 합계가 _____ m²(공장인 경우에는 _____ m²) 이상인 건축물의 대지는 너비 _____ m 이상의 도로에 _____ m 이상 접하여야 한다. 다만, '해당 건축물의 출입에 지장이 없다고 인정되는 경우 / 건축물의 주변에 허가권자가 인정한 공지인 광장, 공원, 유원지가 있는 경우'에 해당하면 접하지 _____ 된다.

22·23·25회

07 건축선의 지정방법

① 소요너비에 못 미치는 너비의 도로인 경우에는 그 중심선으로부터 그 소요너비의 _____ 의 수평거리만큼 물러난 선을 건축선으로 한다.

② 소요너비에 못 미치는 너비의 도로인 경우에는 그 도로의 반대쪽에 경사지, 하천, 철도, 선로부지, 그 밖에 이와 유사한 것이 있는 경우에는 그 경사지 등이 있는 쪽의 도로경계선에서 _____ 에 해당하는 수평거리의 선을 건축선으로 한다.

③ 위의 건축선과 도로 사이의 대지면적은 건축물의 대지면적 산정 시 _____ 한다. 21·34회

08 지정 건축선: 3서열의 장(특별자치시장·특별자치도지사 또는 시장·군수·구청장)이 시가지 안에서 건축물의 위치나 환경을 정비하기 위하여 필요하다고 인정하면 「국토의 계획 및 이용에 관한 법률」에 따른 도시지역에는 _____ m 이하의 범위에서 건축선을 따로 지정할 수 _____.

25회

DAY 12

09 건축물과 담장은 건축선의 수직면을 넘어서는 **아니** 되고, 도로면으로부터 높이 **4.5m** 이하에 있는 출입구, 창문, 그 밖에 이와 유사한 구조물은 열고 닫을 때 건축선의 수직면을 넘지 아니하는 구조로 하여야 한다. 다만, 지표 아래 부분은 건축선의 수직면을 넘을 수 **있다.** 22 · 23 · 25회

---

10 **건축물의 구조 및 대지**

01 **구조안전 확인서류 제출 대상건축물**: 건축물을 허가하거나 대수선하는 경우 구조안전을 확인한 건축물 중 다음의 어느 하나에 해당하는 건축물의 건축주는 건축물의 설계자로부터 구조안전의 확인서류를 받아 착공신고를 하는 때에 그 확인서류를 허가권자에게 제출하여야 한다 (건축허가 대상 건축물로서 내진능력을 공개하여야 하는 건축물 대상도 동일).

① 층수가 2층(기둥과 보가 목재인 목구조 건축물은 3층) 이상인 건축물

② 연면적이 200m²(목구조 건축물은 500m²) 이상인 건축물

③ 높이가 13m 이상인 건축물 / 처마높이가 9m 이상인 건축물

④ 기둥과 기둥 사이의 거리가 10m 이상인 건축물

⑤ 단독주택 및 공동주택

⑥ 건축물의 용도 및 규모를 고려한 중요도가 **높은** 건축물로서 국토교통부령으로 정하는 건축물

⑦ 국가적 문화유산으로 보존할 가치가 있는 건축물로서 **국토교통부령**으로 정하는 것

29 · 34 · 35회

02 **대지가 지역 · 지구 또는 구역에 걸치는 경우**

① **건축물이 방화지구와 그 밖의 구역에 걸치는 경우**에는 그 **전부**에 대하여 방화지구 안의 건축물에 관한 「건축법」 규정을 적용**하지만**, 건축물의 방화지구에 속한 부분과 그 밖의 구역에 속한 부분의 경계가 방화벽으로 구획되는 경우에는 그 밖의 구역에 있는 부분에 대하여는 적용하지 **않는다.**

② **대지가 녹지지역과 그 밖의 지역 · 지구 또는 구역에 걸치는 경우**에는 **각** 지역 · 지구 또는 구역 안의 건축물과 대지에 관한 「건축법」의 규정을 적용**하지만**, 녹지지역 안의 건축물이 방화지구에 걸치는 경우에는 **방화지구**에 걸치는 규정에 따른다. 22 · 26회

---

09 건축물과 담장은 건축선의 수직면을 넘어서는   되고, 도로면으로부터 높이   m 이하에 있는 출입구, 창문, 그 밖에 이와 유사한 구조물은 열고 닫을 때 건축선의 수직면을 넘지 아니하는 구조로 하여야 한다. 다만, 지표 아래 부분은 건축선의 수직면을 넘을 수   .

22 · 23 · 25회

10 건축물의 구조 및 대지

01 **구조안전 확인서류 제출 대상건축물**: 건축물을 허가하거나 대수선하는 경우 구조안전을 확인한 건축물 중 다음의 어느 하나에 해당하는 건축물의 건축주는 건축물의 설계자로부터 구조안전의 확인서류를 받아 착공신고를 하는 때에 그 확인서류를 허가권자에게 제출하여야 한다 (건축허가 대상 건축물로서 내진능력을 공개하여야 하는 건축물 대상도 동일).

① 층수가   층(기둥과 보가 목재인 목구조 건축물은   층) 이상인 건축물

② 연면적이   m²(목구조 건축물은   m²) 이상인 건축물

③ 높이가   m 이상인 건축물 / 처마높이가   m 이상인 건축물

④ 기둥과 기둥 사이의 거리가   m 이상인 건축물

⑤ 단독주택 및 공동주택

⑥ 건축물의 용도 및 규모를 고려한 중요도가   건축물로서 국토교통부령으로 정하는 건축물

⑦ 국가적 문화유산으로 보존할 가치가 있는 건축물로서   으로 정하는 것

29 · 34 · 35회

02 **대지가 지역 · 지구 또는 구역에 걸치는 경우**

① **건축물이 방화지구와 그 밖의 구역에 걸치는 경우**에는 그   에 대하여 방화지구 안의 건축물에 관한 「건축법」 규정을 적용   , 건축물의 방화지구에 속한 부분과 그 밖의 구역에 속한 부분의 경계가 방화벽으로 구획되는 경우에는 그 밖의 구역에 있는 부분에 대하여는 적용하지   .

② **대지가 녹지지역과 그 밖의 지역 · 지구 또는 구역에 걸치는 경우**에는   지역 · 지구 또는 구역 안의 건축물과 대지에 관한 「건축법」의 규정을 적용   , 녹지지역 안의 건축물이 방화지구에 걸치는 경우에는   지구에 걸치는 규정에 따른다. 22 · 26회

03 대지분할 제한면적은 건축물이 있는 대지를 조례로 정하는 면적에 못 미치게 분할할 수 없으며, 조례로 정할 수 있는 용도지역별 최소 분할면적은 다음과 같다. 또한 건축물이 있는 대지는 건폐율·용적률 기준에 못 미치게 분할할 수 **없다.**

① 주거지역·그 밖의 지역: **60m²**

② 공업지역·상업지역: **150m²**

③ 녹지지역: **200m²**

24회

11 면적·층수·높이 산정

01 바닥면적에 산입하는 경우

① 벽·기둥의 구획이 없는 건축물은 그 지붕 끝부분으로부터 수평거리 **1m**를 후퇴한 선으로 둘러싸인 수평투영면적

② 건축물의 노대 등의 바닥은 난간 등의 설치 여부에 관계없이 노대 등의 면적에서 노대 등이 접한 가장 긴 외벽에 접한 길이에 **1.5m**를 곱한 값을 뺀 면적

21·29회

02 바닥면적에 산입하지 않는 경우

① **필로티**나 그 밖에 이와 비슷한 구조의 부분은 그 부분이 공중의 통행이나 차량의 통행 또는 주차에 전용되는 경우와 공동주택의 경우

② 공동주택으로서 지상층에 설치한 **어린이놀**이터, **전기실, 기계실, 조경시설** 및 **생활폐기물** 보관시설의 면적

③ 건축물을 리모델링하는 경우로서 미관 향상, 열의 손실 방지 등을 위하여 외벽에 부가하여 **마감재** 등을 설치하는 부분

④ 승강기탑, 계단탑, 장식탑, 층고가 **1.5m** 이하인 다락(경사진 형태의 지붕인 경우에는 **1.8m**)

21·24·29·31회

03 건축면적

① 태양열을 주된 에너지원으로 이용하는 주택의 건축면적은 건축물의 외벽 중 **내측** 내력벽의 중심선을 기준으로 한다.

② 지하주차장 경사로의 면적은 건축면적에 산입하지 **않는다.**

33회

03 **대지분할 제한면적**은 건축물이 있는 대지를 조례로 정하는 면적에 못 미치게 분할할 수 없으며, 조례로 정할 수 있는 용도지역별 최소 분할면적은 다음과 같다. 또한 건축물이 있는 대지는 건폐율 · 용적률 기준에 못 미치게 분할할 수 [   ].

① 주거지역 · 그 밖의 지역: [   ] m²

② 공업지역 · 상업지역: [   ] m²

③ 녹지지역: [   ] m² 24회

11 면적 · 층수 · 높이 산정

01 바닥면적에 산입하는 경우

① 벽 · 기둥의 구획이 없는 건축물은 그 지붕 끝부분으로부터 수평거리 [   ] m를 후퇴한 선으로 둘러싸인 수평투영면적

② 건축물의 노대 등의 바닥은 난간 등의 설치 여부에 관계없이 노대 등의 면적에서 노대 등이 접한 가장 긴 외벽에 접한 길이에 [   ] m를 곱한 값을 뺀 면적 21 · 29회

02 바닥면적에 산입하지 않는 경우

① [   ] 나 그 밖에 이와 비슷한 구조의 부분은 그 부분이 공중의 통행이나 차량의 통행 또는 주차에 전용되는 경우와 공동주택의 경우

② 공동주택으로서 지상층에 설치한 [   ] 놀이터, [   ] 기실, [   ] 계실, [   ] 경시설 및 [   ] 활폐기물 보관시설의 면적

③ 건축물을 리모델링하는 경우로서 미관 향상, 열의 손실 방지 등을 위하여 외벽에 부가하여 [   ] 등을 설치하는 부분

④ 승강기탑, 계단탑, 장식탑, 층고가 [   ] m 이하인 다락(경사진 형태의 지붕인 경우에는 [   ] m) 21 · 24 · 29 · 31회

03 건축면적

① 태양열을 주된 에너지원으로 이용하는 주택의 건축면적은 건축물의 외벽 중 [   ] 내력벽의 중심선을 기준으로 한다.

② 지하주차장 경사로의 면적은 건축면적에 산입 [   ]. 33회

04 건폐율·용적률

① 건폐율은 대지면적에 대한 **건축면적**(대지에 건축물이 둘 이상 있는 경우에는 이들 건축면적의 합계)의 비율이다.

② 용적률은 대지면적에 대한 **연면적**(대지에 건축물이 둘 이상 있는 경우에는 이들 연면적의 합계)의 비율이다.

③ 건폐율과 용적률의 최대한도는 「국토의 계획 및 이용에 관한 법률」의 기준에 따르지만, 「건축법」에서 이 기준을 완화하거나 강화하여 적용할 수 **있다.**

23회

05 용적률을 산정할 때에는 다음에 해당하는 면적은 제외한다.

① **지하층**의 면적

② 지상층의 **주차용**으로 쓰는 면적

③ 초고층 건축물과 준초고층 건축물에 설치하는 **피난안전구역**의 면적

④ 건축물의 경사지붕 아래에 설치하는 **대피공간**의 면적

22·23·24·31·33회

06 층수·층고

① 층수 산정 시 층의 구분이 명확하지 아니한 건축물은 그 건축물의 높이 **4m**마다 하나의 층으로 보고 그 층수를 산정한다.

② 건축물이 부분에 따라 그 층수가 다른 경우에는 그중 가장 **많은** 층수를 그 건축물의 층수로 본다.

③ 층고는 방의 바닥구조체 **윗면**으로부터 위층 바닥구조체의 **윗면**까지의 높이로 한다.

21·23·24·31·33회

07 건축물의 높이제한 규정을 적용할 때, 건축물의 1층 전체에 필로티가 설치되어 있는 경우 건축물의 높이는 필로티의 층고를 **제외**하고 산정한다.

31회

08 가로구역 단위의 높이제한

① 허가권자가 가로구역별 건축물의 높이를 지정할 경우 지방건축위원회 심의를 거쳐야 **하며**, 허가권자는 같은 가로구역에서 건축물의 용도 및 형태에 따라 건축물의 높이를 다르게 정할 수 있다.

② **특별시장**이나 **광역시장**은 도시의 관리를 위하여 필요하면 가로구역별 건축물의 높이를 특별시나 광역시의 조례로 정할 수 **있다.**

25·26회

04 건폐율 · 용적률

① 건폐율은 대지면적에 대한 ▒▒▒ 면적(대지에 건축물이 둘 이상 있는 경우에는 이들 건축면적의 ▒▒▒)의 비율이다.

② 용적률은 대지면적에 대한 ▒▒▒ 면적(대지에 건축물이 둘 이상 있는 경우에는 이들 연면적의 ▒▒▒)의 비율이다.

③ 건폐율과 용적률의 최대한도는 「국토의 계획 및 이용에 관한 법률」의 기준에 따르지만, 「건축법」에서 이 기준을 완화하거나 강화하여 적용할 수 ▒▒▒. 23회

05 용적률을 산정할 때에는 다음에 해당하는 면적은 제외한다.

① ▒▒▒ 층의 면적

② 지상층의 ▒▒▒ 용으로 쓰는 면적

③ 초고층 건축물과 준초고층 건축물에 설치하는 ▒▒▒ 구역의 면적

④ 건축물의 경사지붕 아래에 설치하는 ▒▒▒ 공간의 면적 22 · 23 · 24 · 31 · 33회

06 층수 · 층고

① 층수 산정 시 층의 구분이 명확하지 아니한 건축물은 그 건축물의 높이 ▒▒▒ m마다 하나의 층으로 보고 그 층수를 산정한다.

② 건축물이 부분에 따라 그 층수가 다른 경우에는 그중 가장 ▒▒▒ 층수를 그 건축물의 층수로 본다.

③ 층고는 방의 바닥구조체 ▒▒▒ 으로부터 위층 바닥구조체의 ▒▒▒ 까지의 높이로 한다.

21 · 23 · 24 · 31 · 33회

07 건축물의 높이제한 규정을 적용할 때, 건축물의 1층 전체에 필로티가 설치되어 있는 경우 건축물의 높이는 필로티의 층고를 ▒▒▒ 하고 산정한다. 31회

08 가로구역 단위의 높이제한

① 허가권자가 가로구역별 건축물의 높이를 지정할 경우 지방건축위원회 심의를 거쳐야 ▒▒▒, 허가권자는 같은 가로구역에서 건축물의 용도 및 형태에 따라 건축물의 높이를 다르게 정할 수 ▒▒▒.

② ▒▒▒ 이나 ▒▒▒ 은 도시의 관리를 위하여 필요하면 가로구역별 건축물의 높이를 특별시나 광역시의 조례로 정할 수 ▒▒▒. 25 · 26회

09 **일조 등의 확보를 위한 높이제한**: **전용주거지역**과 **일반주거지역** 안에서 건축하는 건축물의 높이는 일조 등의 확보를 위하여 정북방향의 인접 대지경계선으로부터 다음과 같이 정하는 거리 이상을 띄어 건축하여야 한다.

① 높이 10m 이하인 부분: 인접 대지경계선으로부터 **1.5m 이상**

② 높이 10m를 초과하는 부분: 인접 대지경계선으로부터 해당 건축물 각 부분 높이의 **1/2 이상**

25 · 26회

10 '인접 대지경계선 등의 방향으로 채광을 위한 창문 등을 두는 경우 / 하나의 대지에 두 동 이상을 건축하는 경우'에 해당하는 공동주택은 채광 등의 확보를 위하여 대통령령으로 정하는 높이 이하로 하여야 하지만, **일반상업**지역과 **중심상업**지역에 건축하는 것은 제외한다. 25회

11 2층 이하로서 높이가 8m 이하인 소형 건축물에는 해당 지방자치단체의 조례로 정하는 바에 따라 일조 등의 확보를 위한 높이제한의 규정을 적용하지 **아니**할 수 있다. 25회

12 건축협정

01 해당 지역의 소유자등(토지 또는 건축물의 소유자, 지상권자)은 **전원**의 합의로 '건축물의 건축 / 대수선 / 리모델링'에 관한 협정을 체결할 수 있다. 27 · 31회

02 협정체결자 또는 건축협정운영회의 대표자는 건축협정서를 작성하여 해당 건축협정인가권자의 **인가**를 받아야 하고, 인가받은 건축협정을 변경할 경우에도 **변경인가**를 받아야 한다. 이때, 건축협정 체결대상 토지가 둘 이상의 특별자치시 또는 시 · 군 · 구에 걸치는 경우 건축협정 체결대상 토지면적의 **과반**이 속하는 건축협정인가권자에게 **인가**를 신청할 수 있다. 27 · 31회

03 협정체결자 또는 건축협정운영회의 대표자는 건축협정을 폐지하려는 경우에는 협정체결자 **과반수**의 동의를 받아 건축협정인가권자의 **인가**를 받아야 한다. 27 · 31회

04 건축협정인가권자가 건축협정을 인가하였을 때에는 해당 지방자치단체의 공보에 그 내용을 공고하여야 **한다**. 건축협정에서 달리 정하지 않는 한, 건축협정이 공고된 후에 건축협정구역에 있는 토지 · 건축물에 관한 권리를 협정체결자로부터 이전받거나 설정받은 자도 건축협정에 따라야 **한다**. 31회

09 **일조 등의 확보를 위한 높이제한**: ⬚⬚⬚⬚⬚⬚ 지역과 ⬚⬚⬚⬚⬚⬚ 지역 안에서 건축하는 건축물
의 높이는 일조 등의 확보를 위하여 정북방향의 인접 대지경계선으로부터 다음과 같이 정하는
거리 이상을 띄어 건축하여야 한다.
① 높이 10m 이하인 부분: 인접 대지경계선으로부터 ⬚⬚⬚⬚ m 이상
② 높이 10m를 초과하는 부분: 인접 대지경계선으로부터 해당 건축물 각 부분 높이의 ⬚⬚⬚
이상
25 · 26회

10 '인접 대지경계선 등의 방향으로 채광을 위한 창문 등을 두는 경우 / 하나의 대지에 두 동 이상
을 건축하는 경우'에 해당하는 공동주택은 채광 등의 확보를 위하여 대통령령으로 정하는 높이
이하로 하여야 하지만, ⬚⬚⬚⬚⬚⬚ 지역과 ⬚⬚⬚⬚⬚ 지역에 건축하는 것은 제외한다. 25회

11 ⬚⬚⬚⬚ 층 이하로서 높이가 ⬚⬚⬚⬚ m 이하인 소형 건축물에는 해당 지방자치단체의 조례로 정
하는 바에 따라 일조 등의 확보를 위한 높이제한의 규정을 적용하지 ⬚⬚⬚ 할 수 있다. 25회

12 건축협정

01 해당 지역의 소유자등(토지 또는 건축물의 소유자, 지상권자)은 ⬚⬚⬚⬚ 의 합의로 '건축물의 건
축 / 대수선 / 리모델링'에 관한 협정을 체결할 수 있다. 27 · 31회

02 협정체결자 또는 건축협정운영회의 대표자는 건축협정서를 작성하여 해당 건축협정인가권자
의 ⬚⬚⬚⬚ 를 받아야 하고, 인가받은 건축협정을 변경할 경우에도 ⬚⬚⬚⬚ 를 받아야 한다.
이때, 건축협정 체결대상 토지가 둘 이상의 특별자치시 또는 시 · 군 · 구에 걸치는 경우 건축협
정 체결대상 토지면적의 ⬚⬚⬚⬚ 이 속하는 건축협정인가권자에게 ⬚⬚⬚⬚ 를 신청할 수 있다.
27 · 31회

03 협정체결자 또는 건축협정운영회의 대표자는 건축협정을 폐지하려는 경우에는 협정체결자
의 ⬚⬚⬚⬚ 의 동의를 받아 건축협정인가권자의 ⬚⬚⬚⬚ 를 받아야 한다. 27 · 31회

04 건축협정인가권자가 건축협정을 인가하였을 때에는 해당 지방자치단체의 공보에 그 내용을 공
고하여야 ⬚⬚⬚. 건축협정에서 달리 정하지 않는 한, 건축협정이 공고된 후에 건축협정구역에
있는 토지 · 건축물에 관한 권리를 협정체결자로부터 이전받거나 설정받은 자도 건축협정에 따
라야 ⬚⬚⬚. 31회

05 건축협정인가를 받은 건축협정구역에서는 '대지의 조경 / 대지와 도로와의 관계 / 지하층의 설치 (계단의 설치 ✕) / 건폐율(용적률 ✕) / 부설주차장의 설치 / 개인하수처리시설의 설치' 규정 을 개별 건축물마다 적용하지 아니하고 전부 또는 일부를 대상으로 통합하여 적용할 수 있다.

28 · 34회

13 이행강제금

01 허가대상 건축물을 허가받지 아니하고 건축하여 벌금이 부과된 자에게는 이행강제금을 부과할 수 **있으며**, 허가권자는 이행강제금을 부과하기 전에 이행강제금을 부과 · 징수한다는 뜻을 미리 문서로써 계고하여야 **한다.**

02 **이행강제금 부과비율**은 다음의 기준에 따라 곱하여 부과한다.
 ① 용적률을 초과하여 건축한 경우: 100분의 **90**
 ② 신고를 하지 아니하고 건축한 경우: 100분의 **70**
 ③ 허가를 받지 아니하고 건축한 경우: 100분의 **100**
 ④ 건폐율을 초과하여 건축한 경우: 100분의 **80**   29회

03 연면적이 60m² 이하인 주거용 건축물의 경우에는 법정이행강제금의 **1/2** 범위에서 해당 지방자 치단체의 조례로 정하는 금액을 부과한다.

04 허가권자는 최초의 시정명령이 있은 날을 기준으로 하여 1년에 **2회** 이내의 범위 안에서 해당 시 정명령이 이행될 때까지 반복하여 이행강제금을 부과 · 징수할 수 **있다.**

05 시정명령을 받은 자가 시정명령을 이행하는 경우에는 새로운 이행강제금의 부과를 즉시 **중지**하 되, 이미 부과된 이행강제금은 이를 징수하여야 **한다.**

05 건축협정인가를 받은 건축협정구역에서는 '대지의 조경 / 대지와 도로와의 관계 / 지하층의 설치 (계단의 설치   ) / 건폐율(용적률   ) / 부설주차장의 설치 / 개인하수처리시설의 설치' 규정을 개별 건축물마다 적용하지 아니하고 전부 또는 일부를 대상으로 통합하여 적용할 수 있다.

28 · 34회

13 이행강제금

01 허가대상 건축물을 허가받지 아니하고 건축하여 벌금이 부과된 자에게는 이행강제금을 부과할 수   , 허가권자는 이행강제금을 부과하기 전에 이행강제금을 부과 · 징수한다는 뜻을 미리 문서로써 계고하여야   .

02 **이행강제금 부과비율**은 다음의 기준에 따라 곱하여 부과한다.
① 용적률을 초과하여 건축한 경우: 100분의
② 신고를 하지 아니하고 건축한 경우: 100분의
③ 허가를 받지 아니하고 건축한 경우: 100분의
④ 건폐율을 초과하여 건축한 경우: 100분의

29회

03 연면적이 60m² 이하인 주거용 건축물의 경우에는 법정이행강제금의   범위에서 해당 지방자치단체의 조례로 정하는 금액을 부과한다.

04 허가권자는 최초의 시정명령이 있은 날을 기준으로 하여 1년에   회 이내의 범위 안에서 해당 시정명령이 이행될 때까지 반복하여 이행강제금을 부과 · 징수할 수   .

05 시정명령을 받은 자가 시정명령을 이행하는 경우에는 새로운 이행강제금의 부과를 즉시   하되, 이미 부과된 이행강제금은 이를 징수하여야   .

주택법

핵심지문으로 키워드 학습

1 용어정의

01 **주택**이란 세대의 구성원이 장기간 독립된 주거생활을 할 수 있는 구조로 된 건축물의 **전부** 또는 **일부** 및 그 부속토지를 **포함**하는 개념을 말하며, 단독주택과 공동주택으로 구분한다.　　30회

02 **주택법령상 주택분류**

① 단독주택의 종류는 **단독주택, 다중주택, 다가구주택**이 있다.

② 공동주택의 종류는 **아파트, 다세대주택, 연립주택**이 있다.

③ 건축법령상 단독주택의 종류에는 **공관**이 추가되고, 공동주택의 종류에는 **기숙사**가 추가된다.　　30 · 34회

03 **다중주택**은 다음의 요건을 모두 갖춘 주택을 말한다.

① 학생 또는 직장인 등 여러 사람이 장기간 거주할 수 있는 구조로 되어 있는 것

② 독립된 주거의 형태를 갖추지 **않은** 것

③ 1개 동의 주택으로 쓰이는 바닥면적의 합계가 660m² **이하**이고 주택으로 쓰는 층수가 **3개 층 이하**일 것

04 **다가구주택**은 다음의 요건을 모두 갖춘 주택으로서 공동주택에 해당하지 아니하는 것을 말한다.

① 주택으로 쓰는 층수가 **3개 층 이하**일 것

② 1개 동의 주택으로 쓰이는 바닥면적의 합계가 660m² **이하**일 것

③ **19세대 이하**가 거주할 수 있을 것

빈칸으로 키워드 암기

1 용어정의

01 **주택**이란 세대의 구성원이 장기간 독립된 주거생활을 할 수 있는 구조로 된 건축물의 [   ] 또는 [   ] 및 그 부속토지를 [   ] 하는 개념을 말하며, 단독주택과 공동주택으로 구분한다.

30회

02 **주택법령상 주택분류**
① 단독주택의 종류는 [   ]독주택, [   ]중주택, [   ]가구주택이 있다.
② 공동주택의 종류는 [   ]파트, [   ]주택, [   ]립주택이 있다.
③ 건축법령상 단독주택의 종류에는 [   ]이 추가되고, 공동주택의 종류에는 [   ]가 추가된다.

30 · 34회

03 **다중주택**은 다음의 요건을 모두 갖춘 주택을 말한다.
① 학생 또는 직장인 등 여러 사람이 장기간 거주할 수 있는 구조로 되어 있는 것
② 독립된 주거의 형태를 갖추지 [   ] 것
③ 1개 동의 주택으로 쓰이는 바닥면적의 합계가 [   ] m² [   ] 이고 주택으로 쓰는 층수가 [   ] 개 층 [   ] 일 것

04 **다가구주택**은 다음의 요건을 모두 갖춘 주택으로서 공동주택에 해당하지 아니하는 것을 말한다.
① 주택으로 쓰는 층수가 [   ] 개 층 [   ] 일 것
② 1개 동의 주택으로 쓰이는 바닥면적의 합계가 [   ] m² [   ] 일 것
③ [   ] 세대 [   ] 가 거주할 수 있을 것

DAY 13

05 공동주택의 분류

① **다세대주택**은 주택으로 쓰는 1개 동의 바닥면적 합계가 660m² **이하**이고, 층수가 **4개 층 이하**인 주택을 말한다.

② **연립주택**은 주택으로 쓰는 1개 동의 바닥면적 합계가 660m²를 **초과**하고, 층수가 **4개 층 이하**인 주택을 말한다.

③ **아파트**는 주택으로 쓰는 층수가 **5개 층 이상**인 주택을 말한다.

06 **준주택**이란 주택 외의 건축물과 그 부속토지로서 주거시설로 이용 가능한 시설로, 그 종류에는 **오피스텔**, **노인복지주택**, **다중생활시설**, **기숙사**가 있다.   21 · 29 · 31 · 34회

07 국민주택

① **국민주택**이란 '국가 · 지방자치단체, 한국토지주택공사 또는 지방공사가 건설하는 주택 / 국가 · 지방자치단체의 재정 또는 주택도시기금으로부터 자금을 지원받아 건설되거나 개량되는 주택'으로서 **국민주택규모** 이하인 주택을 말한다.

② 국민주택규모란 주거전용면적이 1호 또는 1세대당 **85m² 이하**인 주택(수도권을 제외한 도시지역이 아닌 읍 또는 면 지역은 1호 또는 1세대당 주거전용면적이 **100m² 이하인 주택**)을 말한다.

③ **민영주택**은 국민주택을 제외한 주택을 말한다.   22 · 29 · 31 · 32회

08 **세대구분형 공동주택**이란 공동주택의 내부 공간의 일부를 세대별로 구분하여 생활이 가능한 구조로 하되, 그 구분된 공간의 일부를 구분소유할 수 **없는** 주택으로서 다음의 요건을 모두 충족하여야 한다.

① 세대별로 구분된 각각의 공간마다 별도의 **현관**, **부엌**과 **욕실**을 설치할 것

② 하나의 세대가 통합하여 사용할 수 있도록 세대 간에 연결문 또는 경량구조의 경계벽 등을 설치할 것

③ 세대구분형 공동주택의 세대수가 해당 주택단지 안의 공동주택 전체 세대수의 **1/3**을 넘지 않을 것

④ 세대별로 구분된 각각의 공간의 주거전용면적 합계가 해당 주택단지 전체 주거전용면적 합계의 **1/3**을 넘지 않는 등 국토교통부장관이 정하여 고시하는 주거전용면적의 비율에 관한 기준을 충족할 것   27 · 28회

05 공동주택의 분류

① **다세대주택**은 주택으로 쓰는 1개 동의 바닥면적 합계가   m²   이고, 층수가   개 층   인 주택을 말한다.

② **연립주택**은 주택으로 쓰는 1개 동의 바닥면적 합계가   m²를   하고, 층수가   개 층   인 주택을 말한다.

③ **아파트**는 주택으로 쓰는 층수가   개 층   인 주택을 말한다.

06 준주택이란 주택 외의 건축물과 그 부속토지로서 주거시설로 이용 가능한 시설로, 그 종류에는   피스텔,   복지주택,   생활시설,   숙사가 있다.   21 · 29 · 31 · 34회

07 국민주택

①   이란 '국가 · 지방자치단체, 한국토지주택공사 또는 지방공사가 건설하는 주택 / 국가 · 지방자치단체의 재정 또는 주택도시기금으로부터 자금을 지원받아 건설되거나 개량되는 주택'으로서   이하인 주택을 말한다.

② 국민주택규모란 주거전용면적이 1호 또는 1세대당   m² 이하인 주택(수도권을 제외한 도시지역이 아닌 읍 또는 면 지역은 1호 또는 1세대당 주거전용면적이   m² 이하인 주택)을 말한다.

③   은 국민주택을 제외한 주택을 말한다.   22 · 29 · 31 · 32회

08 세대구분형 공동주택이란 공동주택의 내부 공간의 일부를 세대별로 구분하여 생활이 가능한 구조로 하되, 그 구분된 공간의 일부를 구분소유할 수   주택으로서 다음의 요건을 모두 충족하여야 한다.

① 세대별로 구분된 각각의 공간마다 별도의   ,   과   을 설치할 것

② 하나의 세대가 통합하여 사용할 수 있도록 세대 간에 연결문 또는 경량구조의 경계벽 등을 설치할 것

③ 세대구분형 공동주택의 세대수가 해당 주택단지 안의 공동주택 전체 세대수의   을 넘지 않을 것

④ 세대별로 구분된 각각의 공간의 주거전용면적 합계가 해당 주택단지 전체 주거전용면적 합계의   을 넘지 않는 등 국토교통부장관이 정하여 고시하는 주거전용면적의 비율에 관한 기준을 충족할 것   27 · 28회

DAY 13

09 「공동주택관리법」에 따른 세대구분형 공동주택의 요건

    ① 구분된 공간의 세대수는 기존 세대를 포함하여 2세대 이하일 것

    ② 세대별로 구분된 각각의 공간마다 별도의 욕실, **부엌**과 구분 출입문을 설치할 것

    ③ 세대구분형 공동주택의 세대수가 해당 주택단지 안의 공동주택 전체 세대수의 **1/10**과 해당 동의 전체 세대수의 **1/3**을 각각 넘지 않을 것

    ④ 구조, 화재, 소방 및 피난안전 등 관계 법령에서 정하는 안전 기준을 충족할 것   34회

10 **도시형 생활주택**이란 **300**세대 **미만**의 **국민주택**규모에 해당하는 주택으로서 도시지역에 건설하는 아파트형 주택, 단지형 연립주택, 단지형 다세대주택을 말한다.   22 · 23 · 28 · 32 · 33회

11 **도시형 생활주택의 아파트형 주택**은 다음의 요건을 모두 갖춘 공동주택을 말한다.

    ① 세대별로 독립된 주거가 가능하도록 **욕실** 및 **부엌**을 설치할 것

    ② 지하층에는 세대를 설치하지 **않을** 것   21 · 23 · 28 · 32 · 33회

12 하나의 건축물에는 도시형 생활주택과 그 밖의 주택을 함께 건축할 수 **없지만**, '도시형 생활주택과 주거전용면적이 85m²를 초과하는 주택 1세대를 함께 건축하는 경우 / **준주거지역** 또는 **상업**지역에서 아파트형 주택과 도시형 생활주택 외의 주택을 함께 건축하는 경우'는 할 수 **있다**.   23회

13 **부대시설**이란 주택에 딸린 시설 또는 설비인 주택단지 안의 도로, 담장, 주차장, 관리사무소, 건축설비, 방범설비를 말한다.   22 · 30 · 31 · 32 · 34회

14 **복리시설**이란 주택단지의 입주자 등의 생활복리를 위한 공동시설인 어린이놀이터, 근린생활시설, 유치원, 주민운동시설, 주민공동시설 및 경로당을 말한다.   22 · 30 · 31 · 32회

15 **간선시설**이란 도로 · 상하수도 · 전기시설 · 가스시설 · 통신시설 및 지역난방시설 등 주택단지 안의 **기간**시설을 그 주택단지 밖에 있는 같은 종류의 **기간**시설에 연결시키는 시설을 말한다.   31 · 34 · 35회

09 「공동주택관리법」에 따른 세대구분형 공동주택의 요건

① 구분된 공간의 세대수는 기존 세대를 포함하여   세대 이하일 것

② 세대별로 구분된 각각의 공간마다 별도의 욕실,   과 구분 출입문을 설치할 것

③ 세대구분형 공동주택의 세대수가 해당 주택단지 안의 공동주택 전체 세대수의   과 해당 동의 전체 세대수의   을 각각 넘지 않을 것

④ 구조, 화재, 소방 및 피난안전 등 관계 법령에서 정하는 안전 기준을 충족할 것   34회

10 **도시형 생활주택**이란   세대   의   규모에 해당하는 주택으로서 도시지역에 건설하는 아파트형 주택, 단지형 연립주택, 단지형 다세대주택을 말한다. 22 · 23 · 28 · 32 · 33회

11 **도시형 생활주택의 아파트형 주택**은 다음의 요건을 모두 갖춘 공동주택을 말한다.

① 세대별로 독립된 주거가 가능하도록   및   을 설치할 것

② 지하층에는 세대를 설치하지   것   21 · 23 · 28 · 32 · 33회

12 하나의 건축물에는 도시형 생활주택과 그 밖의 주택을 함께 건축할 수   , '도시형 생활주택과 주거전용면적이 85m²를 초과하는 주택   세대를 함께 건축하는 경우 /   지역 또는   지역에서 아파트형 주택과 도시형 생활주택 외의 주택을 함께 건축하는 경우'는 할 수   .   23회

13   이란 주택에 딸린 시설 또는 설비인 주택단지 안의 도로, 담장, 주차장, 관리사무소, 건축설비, 방범설비를 말한다.   22 · 30 · 31 · 32 · 34회

14   이란 주택단지의 입주자 등의 생활복리를 위한 공동시설인 어린이놀이터, 근린생활시설, 유치원, 주민운동시설, 주민공동시설 및 경로당을 말한다.   22 · 30 · 31 · 32회

15   이란 도로 · 상하수도 · 전기시설 · 가스시설 · 통신시설 및 지역난방시설 등 주택단지 안의   시설을 그 주택단지 밖에 있는 같은 종류의   시설에 연결시키는 시설을 말한다.   31 · 34 · 35회

DAY 13

16 주택단지란 주택건설사업계획 또는 대지조성사업계획의 승인을 받아 주택과 그 부대시설 및 복리시설을 건설하거나 대지를 조성하는 데 사용되는 일단의 토지를 말한다. 다만, 다음의 시설로 분리된 토지는 각각 **별개**의 주택단지로 본다.

① 철도 · 고속도로 · 자동차전용도로

② 폭 **20**m 이상인 일반도로

③ 폭 **8**m 이상인 도시계획예정도로

④ 보행자 및 자동차의 통행이 가능한 도로로서 일반국도 · 특별시도 · 광역시도 또는 지방도

21 · 27 · 28 · 30 · 32 · 34회

17 **공공택지**란 다음의 어느 하나에 해당하는 공공사업에 의하여 개발 · 조성되는 **공동**주택이 건설되는 용지를 말한다.

① 국민주택건설사업 또는 대지조성사업

② 택지개발사업

③ 산업단지개발사업

④ 공공주택지구조성사업

⑤ 공공지원민간임대주택 공급촉진지구 조성사업 ⇨ 환지방식 ✕

⑥ 도시개발사업 ⇨ 도시개발조합이 시행하는 도시개발사업 ✕

⑦ 경제자유구역개발사업

⑧ 혁신도시개발사업

⑨ 행정중심복합도시건설사업

⑩ 공익사업으로서 대통령령으로 정하는 사업

28회

18 **리모델링**이란 사용검사일부터 **10**년이 경과된 공동주택의 대수선, 사용검사일 또는 사용승인일부터 **15**년이 경과된 공동주택을 증축하는 행위를 말한다. 수직으로 증축하는 행위(수직증축형 리모델링)는 다음의 요건을 모두 충족하는 경우로 한정한다.

① 수직증축형 리모델링의 대상이 되는 기존 건축물의 층수가 **15**층 이상인 경우: **3개 층**

② 수직증축형 리모델링의 대상이 되는 기존 건축물의 층수가 **14**층 이하인 경우: **2개 층**

③ 수직증축형 리모델링의 대상이 되는 기존 건축물의 신축 당시 구조도를 보유하고 있을 것

25 · 28 · 31 · 33 · 35회

16 **주택단지**란 주택건설사업계획 또는 대지조성사업계획의 승인을 받아 주택과 그 부대시설 및 복리시설을 건설하거나 대지를 조성하는 데 사용되는 일단의 토지를 말한다. 다만, 다음의 시설로 분리된 토지는 각각 _____의 주택단지로 본다.

① 철도 · 고속도로 · 자동차전용도로

② 폭 _____ m 이상인 일반도로

③ 폭 _____ m 이상인 도시계획예정도로

④ 보행자 및 자동차의 통행이 가능한 도로로서 일반국도 · 특별시도 · 광역시도 또는 지방도

21 · 27 · 28 · 30 · 32 · 34회

17 **공공택지**란 다음의 어느 하나에 해당하는 공공사업에 의하여 개발 · 조성되는 _____ 주택이 건설되는 용지를 말한다.

① 국민주택건설사업 또는 대지조성사업

② 택지개발사업

③ 산업단지개발사업

④ 공공주택지구조성사업

⑤ 공공지원민간임대주택 공급촉진지구 조성사업 ⇨ <u>환지방식</u>

⑥ 도시개발사업 ⇨ <u>도시개발조합이 시행하는 도시개발사업</u>

⑦ 경제자유구역개발사업

⑧ 혁신도시개발사업

⑨ 행정중심복합도시건설사업

⑩ 공익사업으로서 대통령령으로 정하는 사업

28회

18 **리모델링**이란 사용검사일부터 _____ 년이 경과된 공동주택의 대수선, 사용검사일 또는 사용승인일부터 _____ 년이 경과된 공동주택을 증축하는 행위를 말한다. 수직으로 증축하는 행위(수직증축형 리모델링)는 다음의 요건을 모두 충족하는 경우로 한정한다.

① 수직증축형 리모델링의 대상이 되는 기존 건축물의 층수가 _____ 층 이상인 경우: _____ 개 층

② 수직증축형 리모델링의 대상이 되는 기존 건축물의 층수가 _____ 층 이하인 경우: _____ 개 층

③ 수직증축형 리모델링의 대상이 되는 기존 건축물의 신축 당시 구조도를 보유하고 있을 것

25 · 28 · 31 · 33 · 35회

DAY 13

19 공구란 하나의 주택단지에서 대통령령으로 정하는 기준에 따라 둘 이상으로 구분되는 일단의 구역으로, 착공신고 및 사용검사를 별도로 수행할 수 **있는** 구역을 말한다. 공구별 세대수는 **300** 세대 이상으로 하여야 하며, 전체 세대수는 **600**세대 이상으로 한다.   26 · 28 · 32 · 35회

2 등록사업자

01 **등록사업자**: 연간 '**20호 이상의 단독주택 / 20세대 이상의 공동주택**'의 주택건설사업을 시행하려는 자 또는 연간 **1만**㎡ 이상의 대지조성사업을 시행하려는 자는 **국토교통부장관**에게 등록하여야 한다. 다만, 사업주체가 '**국가 / 지방자치단체 / 한국토지주택공사 / 지방공사 / 공익법인 / 주택조합(등록사업자와 공동) / 근로자를 고용하는 자(등록사업자와 공동)**'의 경우에는 국토교통부장관에게 등록하지 **않아도** 된다.   23 · 24 · 25 · 26 · 31 · 34회

02 **등록말소 등을 받은 등록사업자**

① 국토교통부장관은 등록사업자가 타인에게 등록증을 대여한 경우에는 그 등록을 **말소**하여야 한다.

② 등록말소 또는 영업정지 처분을 받은 등록사업자는 그 처분 전에 사업계획승인을 받은 사업은 계속 수행할 수 **있다**.   34회

03 주택건설공사를 시공할 수 있는 등록사업자가 최근 3년간 300세대 이상의 공동주택을 건설한 실적이 있는 경우에는 주택으로 쓰는 층수가 6개 층 이상인 주택을 건설할 수 있다.   31회

04 **공동사업주체**

① 토지소유자가 주택을 건설하는 경우에는 등록사업자와 공동으로 사업을 시행할 **수** 있으며, 이 경우 토지소유자와 등록사업자를 공동사업주체로 **본다**.

② 주택조합(세대수를 증가하지 아니하는 리모델링주택조합은 **제외**)이 그 구성원의 주택을 건설하는 경우에는 등록사업자와 공동으로 사업을 시행할 **수** 있으며, 이 경우 주택조합과 등록사업자를 공동사업주체로 본다.

③ 고용자가 그 근로자의 주택을 건설하는 경우에는 등록사업자와 공동으로 사업을 시행**하여야** 하며, 이 경우 고용자와 등록사업자를 공동사업주체로 본다.   22 · 31 · 34회

19 **공구**란 하나의 주택단지에서 대통령령으로 정하는 기준에 따라 둘 이상으로 구분되는 일단의 구역으로, 착공신고 및 사용검사를 별도로 수행할 수   구역을 말한다. 공구별 세대수는   세대 이상으로 하여야 하며, 전체 세대수는   세대 이상으로 한다. 26 · 28 · 32 · 35회

---

2 **등록사업자**

01 **등록사업자**: 연간 '   호 이상의 단독주택 /   세대 이상의 공동주택'의 주택건설사업을 시행하려는 자 또는 연간   m² 이상의 대지조성사업을 시행하려는 자는   에게 등록하여야 한다. 다만, 사업주체가 '국가 / 지방자치단체 / 한국토지주택공사 / 지방공사 / 공익법인 / 주택조합(등록사업자와 공동) / 근로자를 고용하는 자(등록사업자와 공동)'의 경우에는 국토교통부장관에게 등록하지   된다. 23 · 24 · 25 · 26 · 31 · 34회

02 **등록말소 등을 받은 등록사업자**
① 국토교통부장관은 등록사업자가 타인에게 등록증을 대여한 경우에는 그 등록을   하여야 한다.
② 등록말소 또는 영업정지 처분을 받은 등록사업자는 그 처분 전에 사업계획승인을 받은 사업은 계속 수행할 수   . 34회

03 주택건설공사를 시공할 수 있는 등록사업자가 최근   년간   세대 이상의 공동주택을 건설한 실적이 있는 경우에는 주택으로 쓰는 층수가 6개 층 이상인 주택을 건설할 수 있다. 31회

04 **공동사업주체**
① 토지소유자가 주택을 건설하는 경우에는 등록사업자와 공동으로 사업을 시행   있으며, 이 경우 토지소유자와 등록사업자를 공동사업주체로   .
② 주택조합(세대수를 증가하지 아니하는 리모델링주택조합은   )이 그 구성원의 주택을 건설하는 경우에는 등록사업자와 공동으로 사업을 시행   있으며, 이 경우 주택조합과 등록사업자를 공동사업주체로 본다.
③ 고용자가 그 근로자의 주택을 건설하는 경우에는 등록사업자와 공동으로 사업을 시행   하며, 이 경우 고용자와 등록사업자를 공동사업주체로 본다. 22 · 31 · 34회

3 주택조합

01 주택조합 설립인가권자

> ① 원칙: 많은 수의 구성원이 주택을 마련하거나(지역주택조합 · 직장주택조합) 리모델링하기 (리모델링주택조합) 위하여 주택조합을 설립 · 변경 · 해산하려는 경우에는 관할 특별자치시장, 특별자치도지사, 시장, 군수 또는 구청장의 **인가**를 받아야 한다.
>
> ② 예외: 국민주택을 공급받기 위하여 직장주택조합을 설립 · 변경 · 해산하려는 자는 관할 시장 · 군수 · 구청장에게 **신고**하여야 한다.   22 · 25 · 27회

02 지역주택조합 또는 직장주택조합의 설립인가를 받으려는 자의 제출서류

> ① 창립총회 **회의록**   ② 조합장선출동의서
>
> ③ 조합원 전원이 자필로 연명한 조합**규약**   ④ 사업계획서
>
> ⑤ 조합원 **명부**
>
> ⑥ 조합원 **자격**이 있는 자임을 확인하는 서류
>
> ⑦ 해당 주택건설대지의 **80%** 이상에 해당하는 토지의 사용권원을 확보하였음을 증명하는 서류
>
> ⑧ 해당 주택건설대지의 **15%** 이상에 해당하는 토지의 소유권을 확보하였음을 증명하는 서류
>
>   28 · 30회

03 리모델링주택조합의 설립인가를 받으려는 자의 제출서류

> ① 창립총회 **회의록**   ② 조합장선출동의서
>
> ③ 조합원 전원이 자필로 연명한 조합**규약**   ④ 사업계획서
>
> ⑤ 조합원 **명부**
>
> ⑥ 조합원 자격이 있는 자임을 확인하는 서류 ✕
>
> ⑦ 주택단지 전체를 리모델링하고자 하는 경우에는 주택단지 전체의 구분소유자와 의결권의 각 **2/3** 이상의 결의 및 각 동의 구분소유자와 의결권의 각 **과반수**의 결의를 증명하는 서류
>
> ⑧ 동을 리모델링하고자 하는 경우에는 그 동의 구분소유자 및 의결권의 각 **2/3** 이상의 결의를 증명하는 서류
>
> ⑨ 해당 주택이 사용검사일부터 대수선인 리모델링은 **10년**, 증축인 리모델링은 **15년** 이상 경과하였음을 증명하는 서류
>
>   26 · 28 · 33회

3 주택조합

01 주택조합 설립인가권자

① 원칙: 많은 수의 구성원이 주택을 마련하거나(지역주택조합 · 직장주택조합) 리모델링하기 (리모델링주택조합) 위하여 주택조합을 설립 · 변경 · 해산하려는 경우에는 관할 특별자치시 장, 특별자치도지사, 시장, 군수 또는 구청장의   를 받아야 한다.

② 예외: 국민주택을 공급받기 위하여 직장주택조합을 설립 · 변경 · 해산하려는 자는 관할 시 장 · 군수 · 구청장에게   하여야 한다.   22 · 25 · 27회

02 지역주택조합 또는 직장주택조합의 설립인가를 받으려는 자의 제출서류

① 창립총회   의록   ② 조합장선출   의서

③ 조합원 전원이 자필로 연명한 조합   약   ④ 사업   획서

⑤ 조합원   부

⑥ 조합원   이 있는 자임을 확인하는 서류

⑦ 해당 주택건설대지의   % 이상에 해당하는 토지의 사용권원을 확보하였음을 증명하 는 서류

⑧ 해당 주택건설대지의   % 이상에 해당하는 토지의 소유권을 확보하였음을 증명하는 서류   28 · 30회

03 리모델링주택조합의 설립인가를 받으려는 자의 제출서류

① 창립총회   의록   ② 조합장선출   의서

③ 조합원 전원이 자필로 연명한 조합   약   ④ 사업   획서

⑤ 조합원   부

⑥ 조합원 자격이 있는 자임을 확인하는 서류

⑦ 주택단지 전체를 리모델링하고자 하는 경우에는 주택단지 전체의 구분소유자와 의결권의 각   이상의 결의 및 각 동의 구분소유자와 의결권의 각   의 결의를 증명 하는 서류

⑧ 동을 리모델링하고자 하는 경우에는 그 동의 구분소유자 및 의결권의 각   이상의 결 의를 증명하는 서류

⑨ 해당 주택이 사용검사일부터 대수선인 리모델링은   년, 증축인 리모델링은   년 이상 경과하였음을 증명하는 서류   26 · 28 · 33회

04 리모델링주택조합의 설립에 동의한 자로부터 건축물을 취득한 자는 리모델링주택조합의 설립에 동의한 것으로 **본다**. 33회

05 주택조합과 등록사업자가 공동으로 사업을 시행하면서 시공할 경우 등록사업자는 시공자로서의 책임뿐만 아니라 자신의 귀책사유로 사업 추진이 불가능하게 되거나 지연됨으로 인하여 조합원에게 입힌 손해를 배상할 책임이 **있다**. 24회

06 **주택 우선 공급**: 리모델링주택조합을 **제외**한 주택조합은 그 구성원을 위하여 건설하는 주택을 그 조합원에게 우선 공급할 수 **있으며**, 신고하고 설립한 직장주택조합에 대하여는 사업주체가 국민주택을 그 직장주택조합원에게 우선 공급할 수 **있다**. 28회

07 조합원은 조합규약으로 정하는 바에 따라 조합에 탈퇴 의사를 알리고 탈퇴할 수 **있으며**, 탈퇴한 조합원(제명된 조합원을 포함)은 조합규약으로 정하는 바에 따라 부담한 비용의 환급을 청구할 수 **있다**. 28 · 29회

08 **조합원 모집**
① 지역주택조합 또는 직장주택조합의 설립인가를 받기 위하여 조합원을 모집하려는 자는 시장 · 군수 · 구청장에게 **신고**하고, **공개모집**의 방법으로 조합원을 모집하여야 한다.
② 공개모집 이후 조합원의 사망 · 자격상실 · 탈퇴 등으로 인한 결원을 충원하거나 미달된 조합원을 재모집하는 경우에는 신고하지 **아니**하고 **선착순**의 방법으로 조합원을 모집할 수 있다. 28회

09 리모델링주택조합을 **제외**한 주택조합은 주택조합설립인가를 받는 날부터 사용검사를 받는 날까지 계속하여 주택건설예정세대수(임대주택으로 건설 · 공급하는 세대수는 **제외**)의 **50%** 이상의 조합원으로 구성하고, 조합원은 **20명** 이상을 충족해야 한다. 22 · 27 · 28회

10 **지역주택조합의 조합원이 될 수 있는 사람**은 조합설립인가 신청일부터 해당 조합주택의 입주가능일까지 주택을 소유하지 아니한 세대의 세대주(세대주를 포함한 세대원 **전원**이 주택을 소유하고 있지 아니한 세대의 세대주 / 세대주를 포함한 세대원 중 1명에 한정하여 주거전용면적 85m² 이하의 주택 1채를 소유한 세대의 세대주)에 해당하고, 조합설립인가 신청일 현재 지역주택조합의 지역에 6개월 이상 거주하여 온 자이어야 한다. 24 · 28회

04 리모델링주택조합의 설립에 동의한 자로부터 건축물을 취득한 자는 리모델링주택조합의 설립에 동의한 것으로 _____. _{33회}

05 주택조합과 등록사업자가 공동으로 사업을 시행하면서 시공할 경우 등록사업자는 시공자로서의 책임뿐만 아니라 자신의 귀책사유로 사업 추진이 불가능하게 되거나 지연됨으로 인하여 조합원에게 입힌 손해를 배상할 책임이 _____. _{24회}

06 **주택 우선 공급**: 리모델링주택조합을 _____ 한 주택조합은 그 구성원을 위하여 건설하는 주택을 그 조합원에게 우선 공급할 수 _____, 신고하고 설립한 직장주택조합에 대하여는 사업주체가 국민주택을 그 직장주택조합원에게 우선 공급할 수 _____. _{28회}

07 조합원은 조합규약으로 정하는 바에 따라 조합에 탈퇴 의사를 알리고 탈퇴할 수 _____, 탈퇴한 조합원(제명된 조합원을 포함)은 조합규약으로 정하는 바에 따라 부담한 비용의 환급을 청구할 수 _____. _{28 · 29회}

08 **조합원 모집**
① 지역주택조합 또는 직장주택조합의 설립인가를 받기 위하여 조합원을 모집하려는 자는 시장 · 군수 · 구청장에게 _____ 하고, _____ 모집의 방법으로 조합원을 모집하여야 한다.
② 공개모집 이후 조합원의 사망 · 자격상실 · 탈퇴 등으로 인한 결원을 충원하거나 미달된 조합원을 재모집하는 경우에는 신고하지 _____ 하고 _____ 의 방법으로 조합원을 모집할 수 있다. _{28회}

09 리모델링주택조합을 _____ 한 주택조합은 주택조합설립인가를 받는 날부터 사용검사를 받는 날까지 계속하여 주택건설예정세대수(임대주택으로 건설 · 공급하는 세대수는 _____)의 _____ % 이상의 조합원으로 구성하고, 조합원은 _____ 명 이상을 충족해야 한다. _{22 · 27 · 28회}

10 **지역주택조합의 조합원이 될 수 있는 사람**은 조합설립인가 신청일부터 해당 조합주택의 입주가능일까지 주택을 소유하지 아니한 세대의 세대주(세대주를 포함한 세대원 _____ 이 주택을 소유하고 있지 아니한 세대의 세대주 / 세대주를 포함한 세대원 중 _____ 명에 한정하여 주거전용면적 _____ m² 이하의 주택 _____ 채를 소유한 세대의 세대주)에 해당하고, 조합설립인가 신청일 현재 지역주택조합의 지역에 _____ 개월 이상 거주하여 온 자이어야 한다. _{24 · 28회}

11 **직장주택조합의 조합원이 될 수 있는 사람**은 지역주택조합의 조합원 자격(지역에 6개월 이상 거주하는 것은 제외)과 동일하지만, 국민주택을 공급받기 위한 직장주택조합의 경우에는 세대주를 포함한 세대원 전원이 주택을 소유하고 있지 **아니**한 세대의 세대주로 한정한다.   24회

12 **리모델링주택조합의 조합원이 될 수 있는 사람**은 '<u>사업계획승인을 받아 건설한 공동주택의 소유자 / 복리시설을 함께 리모델링하는 경우에는 복리시설의 소유자</u>'이어야 하며, 공동주택 또는 복리시설의 소유권이 여러 명의 공유에 속하는 경우에는 그 여러 명을 대표하는 **1인**을 조합원으로 본다.   27회

13 **공통적인 조합원의 자격**
① 조합원의 사망으로 그 지위를 상속받은 자는 무주택자(그 외 조합원이 되기 위한 여러 가지 요건)가 아니어도 조합원이 될 수 **있다**.
② 주택조합의 조합원이 근무 · 질병치료 · 유학 · 결혼 등 부득이한 사유로 세대주 자격을 일시적으로 상실한 경우로서 시장 · 군수 · 구청장이 인정하는 경우에는 조합원 자격이 있는 것으로 **본다**.   28회

14 지역주택조합 또는 직장주택조합은 설립인가를 받은 후에는 원칙적으로 해당 조합원을 교체하거나 신규로 가입하게 할 수 **없다**. 다만, 조합원 수가 주택건설예정세대수를 초과하지 아니하는 범위에서 시장 · 군수 · 구청장으로부터 조합원 추가모집의 승인을 받은 경우와 다음에 해당하는 사유로 결원이 발생한 범위에서 충원하는 경우 중 어느 하나에 해당하는 경우에는 예외로 한다.
① 조합원의 **사망**
② 조합원이 무자격자로 판명되어 자격을 상실하는 경우
③ 조합원의 탈퇴 등으로 조합원 수가 주택건설예정세대수의 **50% 미만**이 되는 경우
④ 사업계획승인 과정 등에서 주택건설예정세대수가 변경되어 조합원 수가 변경된 세대수의 **50% 미만**이 되는 경우   25 · 27 · 28 · 31회

15 조합원으로 추가모집되거나 충원되는 자가 조합원 자격 요건을 갖추었는지를 판단할 때에는 해당 **조합설립인가** 신청일을 기준으로 한다.
조합원 추가모집의 승인과 조합원 추가모집에 따른 주택조합의 변경인가 신청은 **사업계획승인** 신청일까지 하여야 한다. 주택조합은 설립인가를 받은 날부터 **2년** 이내에 사업계획승인을 신청하여야 한다.   24 · 27 · 28 · 29회

11 **직장주택조합의 조합원이 될 수 있는 사람**은 지역주택조합의 조합원 자격(지역에 6개월 이상 거주하는 것은 제외)과 동일하지만, 국민주택을 공급받기 위한 직장주택조합의 경우에는 세대주를 포함한 세대원 전원이 주택을 소유하고 있지 〔   〕한 세대의 세대주로 한정한다. 24회

12 **리모델링주택조합의 조합원이 될 수 있는 사람**은 '사업계획승인을 받아 건설한 공동주택의 소유자 / 복리시설을 함께 리모델링하는 경우에는 복리시설의 소유자'이어야 하며, 공동주택 또는 복리시설의 소유권이 여러 명의 공유에 속하는 경우에는 그 여러 명을 대표하는 〔   〕인을 조합원으로 본다. 27회

13 **공통적인 조합원의 자격**
　① 조합원의 사망으로 그 지위를 상속받은 자는 무주택자(그 외 조합원이 되기 위한 여러 가지 요건)가 아니어도 조합원이 될 수 〔   〕.
　② 주택조합의 조합원이 근무 · 질병치료 · 유학 · 결혼 등 부득이한 사유로 세대주 자격을 일시적으로 상실한 경우로서 시장 · 군수 · 구청장이 인정하는 경우에는 조합원 자격이 있는 것으로 〔   〕. 28회

14 지역주택조합 또는 직장주택조합은 설립인가를 받은 후에는 원칙적으로 해당 조합원을 교체하거나 신규로 가입하게 할 수 〔   〕. 다만, 조합원 수가 주택건설예정세대수를 초과하지 아니하는 범위에서 시장 · 군수 · 구청장으로부터 조합원 추가모집의 승인을 받은 경우와 다음에 해당하는 사유로 결원이 발생한 범위에서 충원하는 경우 중 어느 하나에 해당하는 경우에는 예외로 한다.
　① 조합원의 〔   〕
　② 조합원이 무자격자로 판명되어 자격을 상실하는 경우
　③ 조합원의 탈퇴 등으로 조합원 수가 주택건설예정세대수의 〔   〕% 〔   〕이 되는 경우
　④ 사업계획승인 과정 등에서 주택건설예정세대수가 변경되어 조합원 수가 변경된 세대수의 〔   〕% 〔   〕이 되는 경우 25 · 27 · 28 · 31회

15 조합원으로 추가모집되거나 충원되는 자가 조합원 자격 요건을 갖추었는지를 판단할 때에는 해당 〔   〕 신청일을 기준으로 한다.
조합원 추가모집의 승인과 조합원 추가모집에 따른 주택조합의 변경인가 신청은 〔   〕 신청일까지 하여야 한다. 주택조합은 설립인가를 받은 날부터 〔   〕년 이내에 사업계획승인을 신청하여야 한다. 24 · 27 · 28 · 29회

DAY 13

4 주택상환사채

01 발행권자

① 한국토지주택공사 및 법인으로서 자본금이 **5억원 이상**인 등록사업자는 주택상환사채를 발행할 수 있다.

② 등록사업자는 자본금 · 자산평가액 및 기술인력 등 기준에 맞고 금융기관 또는 주택도시보증공사의 **보증**을 받은 경우에만 주택상환사채를 발행할 수 있다.

③ 주택상환사채를 발행하려는 자는 주택상환사채발행계획을 수립하여 **국토교통부장관**의 승인을 받아야 한다.
27 · 31 · 33회

02 **주택상환사채의 상환기간은 3년**을 초과할 수 없으며, 주택상환사채를 발행한 자는 발행조건에 따라 주택을 건설하여 사채권자에게 상환하여야 한다.

03 주택상환사채의 납입금은 '**주택건설자**재의 구입 / **택지**의 구입 및 조성 / 건설**공사비**에의 충당 / 그 밖에 국토교통부장관의 승인을 받은 비용에의 충당'의 용도로만 사용할 수 있다.
32회

04 주택상환사채는 양도하거나 중도에 해약할 수 **없다**. 다만, 다음의 경우에는 양도하거나 중도에 해약할 수 있다.

① 세대원의 근무 또는 생업상의 사정이나 질병치료, 취학 또는 결혼으로 세대원 **전원**이 다른 행정구역으로 이전하는 경우

② 세대원 전원이 **상속**으로 취득한 주택으로 이전하는 경우

③ 세대원 전원이 해외로 이주하거나 **2년 이상** 해외에 체류하려는 경우
23회

05 주택상환사채의 발행자는 주택상환사채대장을 갖추어 두고 주택상환사채권의 발행 및 상환에 관한 사항을 적어야 **한다**. 사채권자의 명의변경은 취득자의 성명과 주소를 사채원부에 기록하는 방법으로 하며, 취득자의 성명을 채권에 기록하지 아니하면 사채발행자 및 제3자에게 대항할 수 **없다**.
27 · 31회

06 주택상환사채는 **기명증권**으로 하고, 액면 또는 할인의 방법으로 발행하며, 발행조건은 주택상환사채권에 적어야 하는 사항에 포함**된다**.
27 · 33회

07 등록사업자의 등록이 말소된 경우에도 등록사업자가 발행한 주택상환사채의 효력에는 영향을 미치지 **아니한다**.
27 · 31회

4 주택상환사채

01 발행권자

① 한국토지주택공사 및 법인으로서 자본금이 [   ] 억원 이상인 등록사업자는 주택상환사채를 발행할 수 [   ].

② 등록사업자는 자본금·자산평가액 및 기술인력 등 기준에 맞고 금융기관 또는 주택도시보증공사의 [   ]을 받은 경우에만 주택상환사채를 발행할 수 있다.

③ 주택상환사채를 발행하려는 자는 주택상환사채발행계획을 수립하여 [   ]의 승인을 받아야 한다.

27·31·33회

02 주택상환사채의 상환기간은 [   ]년을 초과할 수 없으며, 주택상환사채를 발행한 자는 발행조건에 따라 주택을 건설하여 사채권자에게 상환하여야 한다.

03 주택상환사채의 납입금은 '주택건설 [   ]재의 구입 / [   ]지의 구입 및 조성 / 건설 [   ]에의 충당 / 그 밖에 국토교통부장관의 승인을 받은 비용에의 충당'의 용도로만 사용할 수 있다.

32회

04 주택상환사채는 양도하거나 중도에 해약할 수 [   ]. 다만, 다음의 경우에는 양도하거나 중도에 해약할 수 있다.

① 세대원의 근무 또는 생업상의 사정이나 질병치료, 취학 또는 결혼으로 세대원 [   ]이 다른 행정구역으로 이전하는 경우

② 세대원 전원이 [   ]으로 취득한 주택으로 이전하는 경우

③ 세대원 전원이 해외로 이주하거나 [   ]년 이상 해외에 체류하려는 경우

23회

05 주택상환사채의 발행자는 주택상환사채대장을 갖추어 두고 주택상환사채권의 발행 및 상환에 관한 사항을 적어야 [   ]. 사채권자의 명의변경은 취득자의 성명과 주소를 사채원부에 기록하는 방법으로 하며, 취득자의 성명을 채권에 기록하지 아니하면 사채발행자 및 제3자에게 대항할 수 [   ].

27·31회

06 주택상환사채는 [   ]증권으로 하고, 액면 또는 할인의 방법으로 발행 [   ], 발행조건은 주택상환사채권에 적어야 하는 사항에 포함 [   ].

27·33회

07 등록사업자의 등록이 말소된 경우에도 등록사업자가 발행한 주택상환사채의 효력에는 영향을 미치지 [   ] 한다.

27·31회

핵심지문으로 키워드 학습

5 주택사업계획승인

01 **주택사업계획승인 대상:** '단독주택은 30호(한옥인 경우에는 50호) 또는 공동주택은 30세대 이상의 주택건설사업, 면적 1만㎡ 이상의 대지조성사업'을 시행하려는 자는 사업계획승인신청서에 주택과 그 부대시설 및 복리시설의 배치도, 대지조성공사 설계도서 및 조성한 대지의 공급계획서를 첨부하여 사업계획승인권자에게 제출하고 사업계획승인을 받아야 한다. 28·31·35회

02 **사업계획승인권자(원칙)**
① 주택건설사업 또는 대지조성사업으로서 대지면적이 10만㎡ 이상인 경우에는 **시·도지사 또는 대도시 시장**이 된다.
② 대지면적이 10만㎡ 미만인 경우에는 특별시장·광역시장·특별자치시장·특별자치도지사 또는 **시장·군수**가 된다. 26회

03 **사업계획승인권자(예외): 국토교통부장관**
① **국가 및 한국토지주택공사**가 시행하는 경우
② 330만㎡ 이상의 택지개발사업 또는 도시개발사업을 추진하는 지역 중 국토교통부장관이 지정·고시하는 지역에서 주택건설사업을 시행하는 경우
③ 수도권 또는 광역시 지역의 긴급한 주택난 해소가 필요하거나 지역균형개발 또는 광역적 차원의 조정이 필요하여 국토교통부장관이 지정·고시하는 지역에서 주택건설사업을 하는 경우 26회

04 한국토지주택공사, 지방공사 또는 등록사업자는 동일한 규모의 주택을 대량으로 건설하려는 경우에는 **국토교통부장관**에게 주택의 형별로 표본설계도서를 작성·제출하여 승인을 받을 수 있다. 31회

빈칸으로 키워드 암기

5 주택사업계획승인

01 **주택사업계획승인 대상**: '단독주택은 ____ 호(한옥인 경우에는 ____ 호) 또는 공동주택은 ____ 세대 이상의 주택건설사업, 면적 ____ m² 이상의 대지조성사업'을 시행하려는 자는 사업계획승인신청서에 주택과 그 부대시설 및 복리시설의 배치도, 대지조성공사 설계도서 및 조성한 대지의 공급계획서를 첨부하여 사업계획승인권자에게 제출하고 사업계획승인을 받아야 한다.

28 · 31 · 35회

02 **사업계획승인권자(원칙)**

① 주택건설사업 또는 대지조성사업으로서 대지면적이 10만m² 이상인 경우에는 ____ 또는 ____ 이 된다.

② 대지면적이 10만m² 미만인 경우에는 특별시장 · 광역시장 · 특별자치시장 · 특별자치도지사 또는 ____ · ____ 가 된다.

26회

03 **사업계획승인권자(예외)**: ____

① ____ 및 ____ 가 시행하는 경우

② ____ 만m² 이상의 택지개발사업 또는 도시개발사업을 추진하는 지역 중 국토교통부장관이 지정 · 고시하는 지역에서 주택건설사업을 시행하는 경우

③ 수도권 또는 광역시 지역의 긴급한 주택난 해소가 필요하거나 지역균형개발 또는 광역적 차원의 조정이 필요하여 국토교통부장관이 지정 · 고시하는 지역에서 주택건설사업을 하는 경우

26회

04 한국토지주택공사, 지방공사 또는 등록사업자는 동일한 규모의 주택을 대량으로 건설하려는 경우에는 ____ 에게 주택의 형별로 표본설계도서를 작성 · 제출하여 승인을 받을 수 있다.

31회

DAY 14

05 주택건설사업계획의 승인을 받으려는 자는 해당 주택건설대지의 소유권을 확보하여야 **한다**. 다만, '사업주체가 주택건설대지의 소유권을 확보하지 못하였으나 그 대지를 사용할 수 있는 권원을 확보한 경우, 국가 · 지방자치단체 · 한국토지주택공사 또는 지방공사가 주택건설사업을 하는 경우'에는 해당 주택건설대지의 소유권을 확보하지 않아도 사업계획의 승인을 받을 수 **있다**.

29 · 35회

06 사업계획승인권자는 사업계획을 승인할 때 사업주체가 제출하는 사업계획에 해당 주택건설사업 또는 대지조성사업과 직접적으로 관련이 없거나 과도한 기반시설의 기부채납을 요구하여서는 **아니** 된다.

30회

07 사업계획승인권자는 사업계획승인의 신청을 받았을 때에는 정당한 사유가 없으면 신청받은 날부터 **60일** 이내에 사업주체에게 승인 여부를 통보하여야 한다.

28 · 30 · 32회

08 승인받은 사업계획을 변경하려면 사업계획승인권자로부터 변경승인을 받아야 하지만, 다음의 경미한 사항을 변경하는 경우에는 변경승인을 받지 않아도 된다(단, ①~③은 사업주체가 국가, 지방자치단체, 한국토지주택공사 또는 지방공사인 경우로 한정).
① 총사업비의 **20%**의 범위에서의 사업비 **증감**
② 대지면적의 **20%**의 범위에서의 면적 **증감**
③ 건축물의 설계와 용도별 위치를 변경하지 **아니**하는 범위에서의 건축물의 배치조정 및 주택단지 안 도로의 선형변경
④ 사업계획승인의 조건으로 부과된 사항을 이행함에 따라 발생되는 변경(단, 공공시설 설치계획의 변경이 필요한 경우는 **제외**)

29 · 31 · 35회

09 사업주체는 입주자 모집공고를 한 후 사업계획변경승인을 받은 경우에는 **14일** 이내에 문서로 입주예정자에게 그 내용을 통보하여야 한다.

35회

05 주택건설사업계획의 승인을 받으려는 자는 해당 주택건설대지의 소유권을 확보하여야 ▨▨▨. 다만, '사업주체가 주택건설대지의 소유권을 확보하지 못하였으나 그 대지를 사용할 수 있는 권원을 확보한 경우, 국가 · 지방자치단체 · 한국토지주택공사 또는 지방공사가 주택건설사업을 하는 경우'에는 해당 주택건설대지의 소유권을 확보하지 않아도 사업계획의 승인을 받을 수 ▨▨▨.

29 · 35회

06 사업계획승인권자는 사업계획을 승인할 때 사업주체가 제출하는 사업계획에 해당 주택건설사업 또는 대지조성사업과 직접적으로 관련이 없거나 과도한 기반시설의 기부채납을 요구하여서는 ▨▨ 된다.

30회

07 사업계획승인권자는 사업계획승인의 신청을 받았을 때에는 정당한 사유가 없으면 신청받은 날부터 ▨▨ 일 이내에 사업주체에게 승인 여부를 통보하여야 한다.

28 · 30 · 32회

08 승인받은 사업계획을 변경하려면 사업계획승인권자로부터 변경승인을 받아야 하지만, 다음의 경미한 사항을 변경하는 경우에는 변경승인을 받지 않아도 된다(단, ①~③은 사업주체가 국가, 지방자치단체, 한국토지주택공사 또는 지방공사인 경우로 한정).
① 총사업비의 ▨▨▨ %의 범위에서의 사업비 ▨▨▨
② 대지면적의 ▨▨▨ %의 범위에서의 면적 ▨▨
③ 건축물의 설계와 용도별 위치를 변경하지 ▨▨▨ 하는 범위에서의 건축물의 배치조정 및 주택단지 안 도로의 선형변경
④ 사업계획승인의 조건으로 부과된 사항을 이행함에 따라 발생되는 변경(단, 공공시설 설치계획의 변경이 필요한 경우는 ▨▨▨)

29 · 31 · 35회

09 사업주체는 입주자 모집공고를 한 후 사업계획변경승인을 받은 경우에는 ▨▨▨ 일 이내에 문서로 입주예정자에게 그 내용을 통보하여야 한다.

35회

DAY 14

10 사업계획승인권자는 사업계획을 승인하였을 때에는 이에 관한 사항을 **고시**하여야 한다. 사업계획승인을 받은 사업주체가 공사를 시작하려는 경우에는 사업계획승인권자에게 **신고**하여야 하며, 사업계획승인권자는 착공신고를 받은 날부터 **20일** 이내에 신고수리 여부를 신고인에게 통지하여야 한다.
26 · 29 · 32회

11 공사착수기간: 사업주체는 승인받은 사업계획대로 사업을 시행하여야 하고, 다음의 구분에 따라 공사를 시작하여야 한다.
① 일반사업 시행 시 사업계획승인을 받은 경우에는 승인받은 날부터 **5년** 이내
② 분할 시행 시 사업계획승인을 받은 경우에는 최초로 공사를 진행하는 공구는 승인받은 날부터 **5년** 이내 및 최초로 공사를 진행하는 공구 외의 공구는 해당 주택단지에 대한 최초 착공신고일부터 **2년** 이내
26 · 28회

12 사업계획승인 취소조건: 사업계획승인권자는 다음의 경우 그 사업계획승인을 취소**할 수** 있다.
① 기간 내 공사를 시작하지 아니한 경우(단, 최초 공구 외의 공구의 경우는 **제외**)
② 사업주체가 경매 · 공매 등으로 인하여 대지소유권을 상실한 경우
③ 사업주체의 부도 · 파산 등으로 공사의 완료가 불가능한 경우
26 · 28회

13 공사착수기간 연장조건: 사업계획승인권자는 다음의 경우에는 사업주체의 신청을 받아 그 사유가 없어진 날부터 **1년**의 범위에서 공사의 착수기간을 연장할 수 **있다.**
① 국가유산청장의 매장유산 발굴허가를 받은 경우
② 해당 사업시행지에 대한 소유권 분쟁 소송절차가 **진행 중**으로 인하여 공사착수가 지연되는 경우
③ 사업계획승인의 조건으로 부과된 사항을 이행함에 따라 공사착수가 지연되는 경우
④ 천재지변 또는 사업주체에게 책임이 없는 불가항력적인 사유로 공사착수가 지연되는 경우
⑤ 공공택지의 개발 · 조성을 위한 계획에 포함된 기반시설의 설치 지연으로 공사착수가 지연되는 경우
26 · 28 · 30회

10 사업계획승인권자는 사업계획을 승인하였을 때에는 이에 관한 사항을 [   ] 하여야 한다. 사업계획승인을 받은 사업주체가 공사를 시작하려는 경우에는 사업계획승인권자에게 [   ] 하여야 하며, 사업계획승인권자는 착공신고를 받은 날부터 [   ] 일 이내에 신고수리 여부를 신고인에게 통지하여야 한다.

26 · 29 · 32회

11 **공사착수기간**: 사업주체는 승인받은 사업계획대로 사업을 시행하여야 하고, 다음의 구분에 따라 공사를 시작하여야 한다.

① 일반사업 시행 시 사업계획승인을 받은 경우에는 승인받은 날부터 [   ] 년 이내

② 분할 시행 시 사업계획승인을 받은 경우에는 최초로 공사를 진행하는 공구는 승인받은 날부터 [   ] 년 이내 및 최초로 공사를 진행하는 공구 외의 공구는 해당 주택단지에 대한 최초 착공신고일부터 [   ] 년 이내

26 · 28회

12 **사업계획승인 취소조건**: 사업계획승인권자는 다음의 경우 그 사업계획 승인을 취소 [   ] 있다.

① 기간 내 공사를 시작하지 아니한 경우(단, 최초 공구 외의 공구의 경우는 [   ])

② 사업주체가 경매 · 공매 등으로 인하여 대지소유권을 상실한 경우

③ 사업주체의 부도 · 파산 등으로 공사의 완료가 불가능한 경우

26 · 28회

13 **공사착수기간 연장조건**: 사업계획승인권자는 다음의 경우에는 사업주체의 신청을 받아 그 사유가 없어진 날부터 [   ] 년의 범위에서 공사의 착수기간을 연장할 수 [   ] .

① 국가유산청장의 매장유산 발굴허가를 받은 경우

② 해당 사업시행지에 대한 소유권 분쟁 소송절차가 [   ] 으로 인하여 공사착수가 지연되는 경우

③ 사업계획승인의 조건으로 부과된 사항을 이행함에 따라 공사착수가 지연되는 경우

④ 천재지변 또는 사업주체에게 책임이 없는 불가항력적인 사유로 공사착수가 지연되는 경우

⑤ 공공택지의 개발 · 조성을 위한 계획에 포함된 기반시설의 설치 지연으로 공사착수가 지연되는 경우

26 · 28 · 30회

DAY 14

14 주택의 건설

① 「주택법」에 따라 건설사업자로 간주하는 등록사업자는 주택건설사업계획승인을 받은 주택의 건설공사를 시공할 수 **있다.**

② 국토교통부장관은 적정한 주택수급을 위하여 필요하다고 인정하는 경우, 사업주체가 건설하는 주택의 75%(주택조합이나 고용자가 건설하는 주택은 100%) 이하의 범위에서 일정 비율 이상을 국민주택규모로 건설하게 할 수 있다.

③ 하나의 건축물에는 단지형 연립주택 또는 단지형 다세대주택과 아파트형 주택을 함께 건축할 수 **없다.**

④ 장수명 주택의 인증기준 · 인증절차 및 수수료 등은 **국토교통부령**으로 정한다.

⑤ 국토교통부장관은 바닥충격음 성능등급을 인정받은 제품이 인정받은 내용과 다르게 판매 · 시공한 경우에 해당하면 그 인정을 취소할 수 **있다.**

⑥ 사업주체는 사용검사를 받기 전에 입주예정자가 해당 주택을 방문하여 공사 상태를 미리 점검(사전방문)할 수 있게 하여야 하며, 사전방문을 주택공급계약에 따라 정한 입주지정기간 시작일 **45일** 전까지 **2일** 이상 실시해야 한다. 35회

15 사용검사

① 공구별로 분할하여 사업계획을 승인받은 경우에는 완공된 주택에 대하여 공구별로 사용검사를 받을 수 있고, '사업계획승인 조건의 미이행 / 하나의 주택단지의 입주자를 분할 모집하여 전체 단지의 사용검사를 마치기 전에 입주가 필요한 경우 등'의 사유가 있는 경우에는 공사가 완료된 주택에 대하여 동별로 사용검사를 받을 수 있다.

② 사용검사권자(**시장 · 군수 · 구청장**)는 임시사용승인의 대상이 공동주택인 경우에는 세대별로 임시사용승인을 할 수 **있다.**

③ 사용검사권자는 사용검사의 대상인 주택 또는 대지가 사업계획의 내용에 적합한지 여부를 확인하여야 하며, 이에 따른 사용검사는 그 신청일부터 **15일** 이내에 하여야 한다.

④ 사업주체가 파산 등으로 주택건설사업을 계속할 수 없는 경우에는 해당 주택의 **시공보증자**가 잔여공사를 시공하고 사용검사를 받아야 한다. 다만, 시공보증자가 없거나 파산 등으로 시공을 할 수 없는 경우에는 **입주예정자대표회의**가 시공자를 정하여 잔여공사를 시공하고 사용검사를 받아야 한다.

⑤ 사업주체는 건축물의 동별로 공사가 완료된 경우로서 사용검사권자의 임시사용승인을 받은 경우에는 사용검사를 받기 전에 주택을 사용하게 할 수 **있다.**

⑥ 사업주체의 파산 등으로 입주예정자가 사용검사를 받을 때에는 **입주예정자대표회의**가 사용검사권자에게 사용검사를 신청할 때 하자보수보증금을 예치하여야 한다. 24 · 32 · 34회

14 주택의 건설

① 「주택법」에 따라 건설사업자로 간주하는 등록사업자는 주택건설사업계획승인을 받은 주택의 건설공사를 시공할 수 ____.

② 국토교통부장관은 적정한 주택수급을 위하여 필요하다고 인정하는 경우, 사업주체가 건설하는 주택의 ____%(주택조합이나 고용자가 건설하는 주택은 ____%) 이하의 범위에서 일정 비율 이상을 국민주택규모로 건설하게 할 수 있다.

③ 하나의 건축물에는 단지형 연립주택 또는 단지형 다세대주택과 아파트형 주택을 함께 건축할 수 ____.

④ 장수명 주택의 인증기준·인증절차 및 수수료 등은 ____으로 정한다.

⑤ 국토교통부장관은 바닥충격음 성능등급을 인정받은 제품이 인정받은 내용과 다르게 판매·시공한 경우에 해당하면 그 인정을 취소 ____.

⑥ 사업주체는 사용검사를 받기 전에 입주예정자가 해당 주택을 방문하여 공사 상태를 미리 점검(사전방문)할 수 있게 하여야 하며, 사전방문을 주택공급계약에 따라 정한 입주지정기간 시작일 ____일 전까지 ____일 이상 실시해야 한다.   35회

15 사용검사

① 공구별로 분할하여 사업계획을 승인받은 경우에는 완공된 주택에 대하여 공구별로 사용검사를 받을 수 ____, '사업계획승인 조건의 미이행 / 하나의 주택단지의 입주자를 분할 모집하여 전체 단지의 사용검사를 마치기 전에 입주가 필요한 경우 등'의 사유가 있는 경우에는 공사가 완료된 주택에 대하여 동별로 사용검사를 받을 수 ____.

② 사용검사권자(____)는 임시사용승인의 대상이 공동주택인 경우에는 세대별로 임시사용승인을 할 수 ____.

③ 사용검사권자는 사용검사의 대상인 주택 또는 대지가 사업계획의 내용에 적합한지 여부를 확인하여야 하며, 이에 따른 사용검사는 그 신청일부터 ____일 이내에 하여야 한다.

④ 사업주체가 파산 등으로 주택건설사업을 계속할 수 없는 경우에는 해당 주택의 ____ 가 잔여공사를 시공하고 사용검사를 받아야 한다. 다만, 시공보증자가 없거나 파산 등으로 시공을 할 수 없는 경우에는 ____ 가 시공자를 정하여 잔여공사를 시공하고 사용검사를 받아야 한다.

⑤ 사업주체는 건축물의 동별로 공사가 완료된 경우로서 사용검사권자의 임시사용승인을 받은 경우에는 사용검사를 받기 전에 주택을 사용하게 할 수 ____.

⑥ 사업주체의 파산 등으로 입주예정자가 사용검사를 받을 때에는 ____ 가 사용검사권자에게 사용검사를 신청할 때 하자보수보증금을 예치하여야 한다.   24·32·34회

DAY14

6 주택사업 시 매도청구

01 **사업계획 승인 후 매도청구조건**: 사업계획승인을 받은 사업주체는 다음에 따라 그 대지를 **시가**로 매도할 것을 청구할 수 있다. 이 경우 매도청구대상이 되는 대지의 소유자와 매도청구를 하기 전에 **3개월** 이상 협의를 하여야 한다.

① 주택건설대지면적의 **95% 이상**의 사용권원을 확보한 경우에는 사용권원을 확보하지 못한 대지(건축물 **포함**)의 모든 소유자에게 매도청구 가능

② 주택건설대지면적의 **80%** 이상 **95% 미만**의 사용권원을 확보한 경우에는 사용권원을 확보하지 못한 대지의 소유자 중 지구단위계획구역 결정고시일 10년 이전에 해당 대지의 소유권을 취득하여 계속 보유하고 있는 자를 **제외**한 소유자에게 매도청구 가능   21 · 26회

02 리모델링의 허가를 신청하기 위한 동의율을 확보한 경우 리모델링 결의를 한 리모델링주택조합은 그 리모델링 결의에 찬성하지 아니하는 자의 주택 및 토지에 대하여 매도청구를 할 수 **있다.**

22 · 25 · 26회

03 **사용검사 후 매도청구조건**

① 주택(복리시설 포함)의 소유자들은 주택단지 전체 대지에 속하는 일부의 토지에 대한 소유권이전등기 말소소송 등에 따라 사용검사(동별 사용검사 포함)를 받은 이후에 해당 토지의 소유권을 회복한 자(실소유자)에게 해당 토지를 **시가**로 매도할 것을 청구할 수 있다.

② 매도청구를 하려는 경우에는 해당 토지의 면적이 주택단지 전체 대지면적의 **5% 미만**이어야 한다.   27 · 29 · 30회

04 사용검사 후 매도청구 시 주택의 소유자들은 대표자를 선정하여 매도청구에 관한 소송을 제기할 수 **있다.** 이 경우 대표자는 주택의 소유자 전체의 **3/4** 이상의 동의를 받아 선정하며, 매도청구에 관한 소송에 대한 판결은 주택의 소유자 **전체**에 대하여 효력이 있다.   29회

05 사용검사 후 매도청구 시 매도청구의 의사표시는 실소유자가 해당 토지소유권을 회복한 날부터 **2년** 이내에 해당 실소유자에게 송달되어야 한다.   29 · 30회

06 주택의 소유자들은 매도청구로 인하여 발생한 비용의 전부를 **사업주체**에게 구상할 수 있다.

29 · 30회

6 주택사업 시 매도청구

01 **사업계획 승인 후 매도청구조건**: 사업계획승인을 받은 사업주체는 다음에 따라 그 대지를 [   ]로 매도할 것을 청구할 수 있다. 이 경우 매도청구대상이 되는 대지의 소유자와 매도청 구를 하기 전에 [   ] 이상 협의를 하여야 한다.

① 주택건설대지면적의 [   ]% [   ]의 사용권원을 확보한 경우에는 사용권원을 확보하 지 못한 대지(건축물 [   ])의 모든 소유자에게 매도청구 가능

② 주택건설대지면적의 [   ]% 이상 [   ]% [   ]의 사용권원을 확보한 경우에는 사 용권원을 확보하지 못한 대지의 소유자 중 지구단위계획구역 결정고시일 10년 이전에 해당 대지의 소유권을 취득하여 계속 보유하고 있는 자를 [   ]한 소유자에게 매도청구 가능

21 · 26회

02 리모델링의 허가를 신청하기 위한 동의율을 확보한 경우 리모델링 결의를 한 리모델링주택조 합은 그 리모델링 결의에 찬성하지 아니하는 자의 주택 및 토지에 대하여 매도청구를 할 수 [   ].

22 · 25 · 26회

03 **사용검사 후 매도청구조건**

① 주택(복리시설 포함)의 소유자들은 주택단지 전체 대지에 속하는 일부의 토지에 대한 소유권 이전등기 말소소송 등에 따라 사용검사(동별 사용검사 포함)를 받은 이후에 해당 토지의 소유 권을 회복한 자(실소유자)에게 해당 토지를 [   ]로 매도할 것을 청구할 수 있다.

② 매도청구를 하려는 경우에는 해당 토지의 면적이 주택단지 전체 대지면적의 [   ]% [   ]이어야 한다.

27 · 29 · 30회

04 사용검사 후 매도청구 시 주택의 소유자들은 대표자를 선정하여 매도청구에 관한 소송을 제기 할 수 [   ]. 이 경우 대표자는 주택의 소유자 전체의 [   ] 이상의 동의를 받아 선정하며, 매도청구에 관한 소송에 대한 판결은 주택의 소유자 [   ]에 대하여 효력이 있다.

29회

05 사용검사 후 매도청구 시 매도청구의 의사표시는 실소유자가 해당 토지소유권을 회복한 날부터 [   ]년 이내에 해당 실소유자에게 송달되어야 한다.

29 · 30회

06 주택의 소유자들은 매도청구로 인하여 발생한 비용의 전부를 [   ]에게 구상할 수 있다.

29 · 30회

DAY 14

7 주택의 공급

01 공공주택사업자를 **제외**한 사업주체가 입주자를 모집하려는 경우 시장·군수·구청장의 **승인** (복리시설의 경우에는 **신고**)을 받아야 한다. 22·23·26·27회

02 사업주체가 건설하는 주택을 공급하려는 경우에는 벽지·바닥재·주방용구·조명기구 등을 제 외한 부분의 가격을 **따로** 제시하고, 이를 입주자가 **선택**할 수 있도록 한다. 22·23·26·27회

03 공공주택사업자를 제외한 사업주체가 시장·군수·구청장의 승인을 받으려는 경우(사업주체가 국가·지방자치단체·한국토지주택공사 및 지방공사인 경우에는 견본주택을 건설하는 경우)에 는 견본주택에 사용되는 마감자재의 규격·성능 및 재질을 적은 마감자재 목록표와 견본주택의 각 실의 내부를 촬영한 영상물 등을 제작하여 **시장·군수·구청장**에게 제출하여야 한다. 26회

04 시장·군수·구청장은 마감자재 목록표와 영상물 등을 사용검사가 있은 날부터 **2년** 이상 보관 하여야 하며, 입주자가 열람을 요구하는 경우에는 이를 공개**하여야** 한다. 28회

05 사업주체가 마감자재 생산업체의 부도 등으로 인한 제품의 품귀 등 부득이한 사유로 인하여 사 업계획승인 또는 마감자재 목록표의 마감자재와 다르게 마감자재를 시공·설치하려는 경우에 는 당초의 마감자재와 같은 질 **이상**으로 설치하여야 한다. 사업주체가 마감자재 목록표의 자재 와 다른 마감자재를 시공·설치하려는 경우에는 그 사실을 입주예정자에게 알려야 **한다.** 28회

06 사업계획승인권자가 임대주택의 건설을 이유로 용적률을 완화하는 경우 사업주체는 완화된 용 적률의 **30%** 이상 **60%** 이하의 범위에 해당하는 면적을 임대주택으로 공급하여야 한다. 임대주 택의 공급가격은 임대주택의 매각 시 적용하는 공공건설임대주택의 분양전환가격 산정기준에 서 정하는 건축비로 하고, 그 부속토지는 인수자에게 **기부채납**한 것으로 본다. 29회

07 사업주체는 임대주택을 국토교통부장관, 시·도지사, 한국토지주택공사 또는 지방공사에 공급 하여야 하며 **시·도지사**가 우선 인수할 수 있다. 다만, 시·도지사가 임대주택을 인수하지 아니 하는 경우에는 **국토교통부장관**에게 인수자 지정을 요청하여야 한다. 29·30회

7 주택의 공급

01 공공주택사업자를 [   ] 한 사업주체가 입주자를 모집하려는 경우 시장·군수·구청장의 [   ](복리시설의 경우에는 [   ])을 받아야 한다. 22·23·26·27회

02 사업주체가 건설하는 주택을 공급하려는 경우에는 벽지·바닥재·주방용구·조명기구 등을 제외한 부분의 가격을 [   ] 제시하고, 이를 입주자가 [   ] 할 수 있도록 한다.
22·23·26·27회

03 공공주택사업자를 제외한 사업주체가 시장·군수·구청장의 승인을 받으려는 경우(사업주체가 국가·지방자치단체·한국토지주택공사 및 지방공사인 경우에는 견본주택을 건설하는 경우)에는 견본주택에 사용되는 마감자재의 규격·성능 및 재질을 적은 마감자재 목록표와 견본주택의 각 실의 내부를 촬영한 영상물 등을 제작하여 [   ]·[   ]·[   ]에게 제출하여야 한다. 26회

04 시장·군수·구청장은 마감자재 목록표와 영상물 등을 사용검사가 있은 날부터 [   ] 년 이상 보관하여야 하며, 입주자가 열람을 요구하는 경우에는 이를 공개 [   ] 한다. 28회

05 사업주체가 마감자재 생산업체의 부도 등으로 인한 제품의 품귀 등 부득이한 사유로 인하여 사업계획승인 또는 마감자재 목록표의 마감자재와 다르게 마감자재를 시공·설치하려는 경우에는 당초의 마감자재와 같은 질 [   ] 으로 설치하여야 한다. 사업주체가 마감자재 목록표의 자재와 다른 마감자재를 시공·설치하려는 경우에는 그 사실을 입주예정자에게 알려야 [   ]. 28회

06 사업계획승인권자가 임대주택의 건설을 이유로 용적률을 완화하는 경우 사업주체는 완화된 용적률의 [   ] % 이상 [   ] % 이하의 범위에 해당하는 면적을 임대주택으로 공급하여야 한다. 임대주택의 공급가격은 임대주택의 매각 시 적용하는 공공건설임대주택의 분양전환가격 산정기준에서 정하는 건축비로 하고, 그 부속토지는 인수자에게 [   ] 한 것으로 본다. 29회

07 사업주체는 임대주택을 국토교통부장관, 시·도지사, 한국토지주택공사 또는 지방공사에 공급하여야 하며 [   ] 가 우선 인수할 수 있다. 다만, 시·도지사가 임대주택을 인수하지 아니하는 경우에는 [   ] 에게 인수자 지정을 요청하여야 한다. 29·30회

DAY 14

08 **주택공급질서 교란행위**: 주택법령상 건설·공급되는 주택을 공급받거나 공급받게 하기 위하여
다음의 어느 하나에 해당하는 증서 또는 지위를 양도·양수(매매·증여는 포함하되, **상속·저당**의
경우는 제외) 또는 이를 알선하거나, 양도·양수 또는 이를 알선할 목적으로 하는 광고(전화·
인터넷)는 주택의 공급질서 **교란**행위에 해당한다.

> ① 주택을 공급받을 수 있는 지위
>
> ② 입주자저축 증서
>
> ③ 주택상환사채 ⇨ 도시개발채권 ✕
>
> ④ 시장·군수·구청장이 발행한 무허가건물확인서·건물철거예정증명서 또는 건물철거확인서
>
> ⑤ 공공사업의 시행으로 인한 이주대책에 따라 주택을 공급받을 수 있는 지위 또는 이주대책
> 대상자 확인서
>
> 23·24·25·32회

09 **입주자저축**: 입주자저축정보를 제공한 입주자저축취급기관의 장은 「금융실명거래 및 비밀보장
에 관한 법률」에도 불구하고 입주자저축정보의 제공사실을 명의인에게 통보하지 **아니할** 수 있
다. 다만, 입주자저축정보를 제공하는 입주자저축취급기관의 장은 입주자저축정보의 명의인이
요구할 때에는 입주자저축정보의 제공사실을 통보**하여야** 한다. 35회

10 「**주택공급에 관한 규칙**」**으로 정하는 사항**: 주택의 공급 / 입주자저축 / 견본주택의 건축기준 /
입주자격 제한 / 분양가격 산정방식 ✕ 35회

8 분양가상한제

01 **분양가상한제 적용주택**은 사업주체가 일반인에게 공급하는 공동주택 중 다음의 지역에서 공급
하는 주택에 적용하며, 이 경우 적용주택은 「주택법」에서 정하는 기준에 따라 산정되는 분양가격
이하로 공급하여야 한다.

> ① **공공택지**
>
> ② 공공택지 외의 택지에서 주택가격 상승 우려가 있어 **국토교통부장관**이 「주거기본법」에 따
> 른 주거정책심의회의 심의를 거쳐 지정하는 지역 28회

02 **지정권자**: **국토교통부장관**은 주택가격상승률이 물가상승률보다 현저히 높은 지역으로서 그 지
역의 주택가격·주택거래 등과 지역 주택시장 여건 등을 고려하였을 때 주택가격이 급등하거나
급등할 우려가 있는 지역 중 대통령령으로 정하는 기준을 충족하는 지역은 주거정책심의위원회
심의를 **거쳐** 분양가상한제 적용 지역으로 지정할 수 있다. 27·30회

08 **주택공급질서 교란행위**: 주택법령상 건설 · 공급되는 주택을 공급받거나 공급받게 하기 위하여
다음의 어느 하나에 해당하는 증서 또는 지위를 양도 · 양수(매매 · 증여는 포함하되, ⬚⬚⬚⬚⬚ ·
⬚⬚⬚⬚⬚의 경우는 제외) 또는 이를 알선하거나, 양도 · 양수 또는 이를 알선할 목적으로 하는 광
고(전화 · 인터넷)는 주택의 공급질서 ⬚⬚⬚⬚ 행위에 해당한다.

① 주택을 공급받을 수 있는 지위

② 입주자저축 증서

③ 주택상환사채 ⇨ 도시개발채권

④ 시장 · 군수 · 구청장이 발행한 무허가건물확인서 · 건물철거예정증명서 또는 건물철거확인서

⑤ 공공사업의 시행으로 인한 이주대책에 따라 주택을 공급받을 수 있는 지위 또는 이주대책대
상자 확인서

23 · 24 · 25 · 32회

09 **입주자저축**: 입주자저축정보를 제공한 입주자저축취급기관의 장은 「금융실명거래 및 비밀보장
에 관한 법률」에도 불구하고 입주자저축정보의 제공사실을 명의인에게 통보하지 ⬚⬚⬚⬚⬚
수 있다. 다만, 입주자저축정보를 제공하는 입주자저축취급기관의 장은 입주자저축정보의 명의
인이 요구할 때에는 입주자저축정보의 제공사실을 통보 ⬚⬚⬚⬚⬚ 한다.

35회

10 **「주택공급에 관한 규칙」으로 정하는 사항**: 주택의 공급 / 입주자저축 / 견본주택의 건축기준 /
입주자자격 제한 / 분양가격 산정방식

35회

---

8 **분양가상한제**

01 **분양가상한제 적용주택**은 사업주체가 일반인에게 공급하는 공동주택 중 다음의 지역에서 공급
하는 주택에 적용하며, 이 경우 적용주택은 「주택법」에서 정하는 기준에 따라 산정되는 분양가격
⬚⬚⬚⬚ 로 공급하여야 한다.

①⬚⬚⬚⬚⬚⬚⬚

② 공공택지 외의 택지에서 주택가격 상승 우려가 있어 ⬚⬚⬚⬚⬚⬚ 이 「주거기본법」에 따른
주거정책심의회의 심의를 거쳐 지정하는 지역

28회

02 **지정권자**: ⬚⬚⬚⬚⬚⬚ 은 주택가격상승률이 물가상승률보다 현저히 높은 지역으로서 그 지
역의 주택가격 · 주택거래 등과 지역 주택시장 여건 등을 고려하였을 때 주택가격이 급등하거나
급등할 우려가 있는 지역 중 대통령령으로 정하는 기준을 충족하는 지역은 주거정책심의위원회
심의를 ⬚⬚⬚⬚ 분양가상한제 적용 지역으로 지정할 수 있다.

27 · 30회

03 분양가격의 제한을 적용하지 않는 대상

① **도시형 생활주택**

② 관광특구에서 건설·공급하는 공동주택으로서 해당 건축물의 층수가 **50층** 이상이거나 높이가 **150m** 이상인 경우

③ 주거환경개선사업 및 공공재개발사업에서 건설·공급하는 주택

④ 주거재생혁신지구에서 시행하는 혁신지구재생사업에서 건설·공급하는 주택

⑤ 도심 공공주택 복합사업에서 건설·공급하는 주택　　　21 · 22 · 23 · 26 · 27 · 28 · 33회

04 분양가상한제 적용주택의 분양가격은 **택지비**와 **건축비**로 구성(토지임대부 분양주택의 경우에는 **건축비**만 해당)된다. 이 경우 택지비는 공공택지에서 주택을 공급하는 경우 해당 택지의 공급가격에 국토교통부령으로 정하는 택지와 관련된 비용을 **가산**한 금액에 따라 산정한 금액으로 한다.　　　23 · 33회

05 건축비는 기본형건축비(국토교통부장관이 정하여 고시하는 건축비)에 국토교통부령으로 정하는 금액을 **더한** 금액으로 하며, 기본형건축비는 시장·군수·구청장이 해당 지역의 특성을 고려하여 따로 정하여 고시할 수 **있다.**　　　23 · 33회

06 사업주체는 분양가상한제 적용주택으로서 공공택지(공공택지 외의 택지는 시장·군수·구청장)에서 공급하는 주택에 대하여 입주자모집 승인을 받았을 때에는 입주자 모집공고에 택지비, 공사비, **간접비**에 대하여 분양가격을 공시**하여야 한다.**　　　21 · 23 · 33회

07 **시장·군수·구청장**은 분양가격의 제한 및 공시에 관한 사항을 심의하기 위하여 분양가심사위원회를 설치·운영하여야 한다.　　　21 · 26회

03 분양가격의 제한을 적용하지 않는 대상

① [   ] 주택

② 관광특구에서 건설 · 공급하는 공동주택으로서 해당 건축물의 층수가 [   ] 층 이상이거나 높이가 [   ] m 이상인 경우

③ 주거환경개선사업 및 공공재개발사업에서 건설 · 공급하는 주택

④ 주거재생혁신지구에서 시행하는 혁신지구재생사업에서 건설 · 공급하는 주택

⑤ 도심 공공주택 복합사업에서 건설 · 공급하는 주택   21 · 22 · 23 · 26 · 27 · 28 · 33회

04 **분양가상한제 적용주택의 분양가격**은 [   ] 와 [   ] 로 구성(토지임대부 분양주택의 경우에는 [   ] 만 해당)된다. 이 경우 택지비는 공공택지에서 주택을 공급하는 경우 해당 택지의 공급가격에 국토교통부령으로 정하는 택지와 관련된 비용을 [   ] 한 금액에 따라 산정한 금액으로 한다.   23 · 33회

05 건축비는 기본형건축비(국토교통부장관이 정하여 고시하는 건축비)에 국토교통부령으로 정하는 금액을 [   ] 한 금액으로 하며, 기본형건축비는 시장 · 군수 · 구청장이 해당 지역의 특성을 고려하여 따로 정하여 고시할 수 [   ].   23 · 33회

06 사업주체는 분양가상한제 적용주택으로서 공공택지(공공택지 외의 택지는 시장 · 군수 · 구청장)에서 공급하는 주택에 대하여 입주자모집 승인을 받았을 때에는 입주자 모집공고에 택지비, 공사비, [   ] 에 대하여 분양가격을 공시 [   ].   21 · 23 · 33회

07 [   ] · [   ] · [   ] 은 분양가격의 제한 및 공시에 관한 사항을 심의하기 위하여 분양가심사위원회를 설치 · 운영하여야 한다.   21 · 26회

9 투기과열지구

01 지정권자: **국토교통부장관** 또는 **시·도지사**는 주택가격의 안정을 위하여 필요한 경우에는 주 거정책심의위원회의 심의를 **거쳐** 일정한 지역(주택가격상승률이 물가상승률보다 현저히 높은 지역으로서 그 지역의 청약경쟁률·주택가격·주택보급률 및 주택공급계획 등과 지역 주택시 장 여건 등을 고려하였을 때 주택에 대한 투기가 성행하고 있거나 성행할 우려가 있는 지역 중 대통령령으로 정하는 기준을 충족하는 곳)을 투기과열지구로 지정하거나 이를 해제할 수 있다.

25·28·29·30·32회

02 **투기과열지구의 지정기준**을 충족하는 곳은 다음에 해당하는 곳을 말한다.

① 투기과열지구지정 직전월부터 소급하여 주택공급이 있었던 **2개월** 동안 해당 지역에서 공 급되는 주택의 월평균 청약경쟁률이 모두 **5대 1**을 초과하였거나 국민주택규모 주택의 월 평균 청약경쟁률이 모두 **10대 1**을 초과한 곳

② 투기과열지구지정 직전월의 **주택분양실적**이 전달보다 **30% 이상 감소**한 곳

③ 시·도의 주택보급률이 전국 평균 **이하**인 곳

④ 시·도의 자가주택비율이 전국 평균 **이하**인 곳

⑤ 해당 지역의 분양주택의 수가 입주자저축에 가입한 사람으로서 국토교통부령으로 정하는 사람의 수보다 현저히 적은 곳 25·28·29·32회

03 국토교통부장관이 투기과열지구를 지정하거나 해제할 경우에는 미리 **시·도지사**의 의견을 듣 고 그 의견에 대한 검토의견을 회신하여야 하며, 시·도지사가 투기과열지구를 지정하거나 해 제할 경우에는 **국토교통부장관**과 협의하여야 한다.

21·25회

04 국토교통부장관은 **반기**마다 주거정책심의위원회의 회의를 소집하여 투기과열지구로 지정된 지 역별로 해당 지역의 주택가격 안정 여건의 변화 등을 고려하여 투기과열지구 지정의 유지 여부 를 재검토하여야 한다.

21회

05 투기과열지구로 지정된 지역의 **시·도지사, 시장, 군수** 또는 **구청장**은 투기과열지구 지정 후 해 당 지역의 주택가격이 안정되는 등 지정 사유가 없어졌다고 인정되는 경우에는 국토교통부장관 또는 시·도지사에게 투기과열지구 지정의 해제를 요청할 수 있다.

21회

9 투기과열지구

01 **지정권자**: [   ] 또는 [   ] 는 주택가격의 안정을 위하여 필요한 경우에는 주거정책심의위원회의 심의를 [   ] 일정한 지역(주택가격상승률이 물가상승률보다 현저히 높은 지역으로서 그 지역의 청약경쟁률·주택가격·주택보급률 및 주택공급계획 등과 지역 주택시장 여건 등을 고려하였을 때 주택에 대한 투기가 성행하고 있거나 성행할 우려가 있는 지역 중 대통령령으로 정하는 기준을 충족하는 곳)을 투기과열지구로 지정하거나 이를 해제할 수 있다.

25 · 28 · 29 · 30 · 32회

02 **투기과열지구의 지정기준**을 충족하는 곳은 다음에 해당하는 곳을 말한다.
① 투기과열지구지정 직전월부터 소급하여 주택공급이 있었던 [   ] 개월 동안 해당 지역에서 공급되는 주택의 월평균 청약경쟁률이 모두 [   ] 대 1을 초과하였거나 국민주택규모 주택의 월평균 청약경쟁률이 모두 [   ] 대 1을 초과한 곳
② 투기과열지구지정 직전월의 [   ] 이 전달보다 [   ]% 이상 [   ] 한 곳
③ 시·도의 주택보급률이 전국 평균 [   ] 인 곳
④ 시·도의 자가주택비율이 전국 평균 [   ] 인 곳
⑤ 해당 지역의 분양주택의 수가 입주자저축에 가입한 사람으로서 국토교통부령으로 정하는 사람의 수보다 현저히 적은 곳

25 · 28 · 29 · 32회

03 국토교통부장관이 투기과열지구를 지정하거나 해제할 경우에는 미리 [   ] 의 의견을 듣고 그 의견에 대한 검토의견을 회신하여야 하며, 시·도지사가 투기과열지구를 지정하거나 해제할 경우에는 [   ] 과 협의하여야 한다.

21 · 25회

04 국토교통부장관은 [   ] 마다 주거정책심의위원회의 회의를 소집하여 투기과열지구로 지정된 지역별로 해당 지역의 주택가격 안정 여건의 변화 등을 고려하여 투기과열지구 지정의 유지 여부를 재검토하여야 한다.

21회

05 투기과열지구로 지정된 지역의 [   ], [   ], [   ] 또는 [   ] 은 투기과열지구 지정 후 해당 지역의 주택가격이 안정되는 등 지정 사유가 없어졌다고 인정되는 경우에는 국토교통부장관 또는 시·도지사에게 투기과열지구 지정의 해제를 요청할 수 있다.

21회

10 조정대상지역

01 **지정권자**: **국토교통부장관**은 '주택 분양 등이 과열되어 있거나 과열될 우려가 있는 지역 / 주택의 분양 · 매매 등 거래가 위축되어 있거나 위축될 우려가 있는 지역'을 주거정책심의위원회의 심의를 **거쳐** 조정대상지역으로 지정할 수 있다.   29회

02 **지정대상지역(위축지역)**: 조정대상지역지정 직전월부터 소급하여 6개월간의 평균 주택가격상승률이 마이너스 1% 이하인 지역으로서 다음에 해당하는 지역

① 조정대상지역지정 직전월부터 소급하여 **3개월** 연속 주택매매거래량이 직전 연도의 같은 기간보다 **20%** 이상 감소한 지역

② 조정대상지역지정 직전월부터 소급하여 **3개월간**의 평균 미분양주택의 수가 직전 연도의 같은 기간보다 **2배** 이상인 지역

③ 해당 지역이 속하는 시 · 도의 주택보급률 또는 자가주택비율이 전국 평균을 **초과**하는 지역

34회

03 조정대상지역으로 지정된 지역의 시 · 도지사 또는 시장 · 군수 · 구청장은 조정대상지역 지정 후 해당 지역의 주택가격이 안정되는 등 조정대상지역으로 유지할 필요가 없다고 판단되는 경우에는 **국토교통부장관**에게 그 지정의 해제를 요청할 수 있다.   29회

11 전매행위제한

01 **전매행위제한 대상**: 사업주체가 건설 · 공급하는 주택(해당 주택의 입주자로 선정된 지위 포함)으로서 '투기과열지구에서 건설 · 공급되는 주택(기존주택의 전매행위제한 ×) / 조정대상지역에서 건설 · 공급되는 주택 / 분양가상한제 적용주택 / 공공택지 외의 택지에서 건설 · 공급되는 주택 / 공공재개발사업에서 건설 · 공급하는 주택 / 토지임대부 분양주택'에 해당하는 경우에는 10년 이내의 범위에서 대통령령으로 정하는 기간이 지나기 전에는 그 주택을 전매(매매 · 증여나 그 밖에 권리의 변동을 수반하는 모든 행위를 포함하되, **상속**의 경우는 제외)하거나 이의 전매를 알선할 수 **없다**.   21 · 25 · 27 · 29회

02 **주택의 전매제한기간**은 주택의 수급 상황 및 투기 우려 등을 고려하여 대통령령으로 지역별로 달리 정할 수 **있다**. 투기과열지구에서 건설 · 공급되는 주택의 전매제한기간은 해당 주택의 입주자로 선정된 날부터 수도권은 **3년**, 수도권 외의 지역은 **1년**으로 한다.   25회

10 조정대상지역

01 **지정권자**: 은 '주택 분양 등이 과열되어 있거나 과열될 우려가 있는 지역 / 주택의 분양 · 매매 등 거래가 위축되어 있거나 위축될 우려가 있는 지역'을 주거정책심의위원회의 심의를 조정대상지역으로 지정할 수 있다.   29회

02 **지정대상지역(위축지역)**: 조정대상지역지정 직전월부터 소급하여 6개월간의 평균 주택가격상승률이 마이너스 % 이하인 지역으로서 다음에 해당하는 지역
　① 조정대상지역지정 직전월부터 소급하여 개월 연속 주택매매거래량이 직전 연도의 같은 기간보다 % 이상 감소한 지역
　② 조정대상지역지정 직전월부터 소급하여 개월간의 평균 미분양주택의 수가 직전 연도의 같은 기간보다 배 이상인 지역
　③ 해당 지역이 속하는 시 · 도의 주택보급률 또는 자가주택비율이 전국 평균을 하는 지역   34회

03 조정대상지역으로 지정된 지역의 시 · 도지사 또는 시장 · 군수 · 구청장은 조정대상지역 지정 후 해당 지역의 주택가격이 안정되는 등 조정대상지역으로 유지할 필요가 없다고 판단되는 경우에는 에게 그 지정의 해제를 요청할 수 있다.   29회

11 전매행위제한

01 **전매행위제한 대상**: 사업주체가 건설 · 공급하는 주택(해당 주택의 입주자로 선정된 지위 포함)으로서 '투기과열지구에서 건설 · 공급되는 주택(기존주택의 전매행위제한) / 조정대상지역에서 건설 · 공급되는 주택 / 분양가상한제 적용주택 / 공공택지 외의 택지에서 건설 · 공급되는 주택 / 공공재개발사업에서 건설 · 공급하는 주택 / 토지임대부 분양주택'에 해당하는 경우에는 10년 이내의 범위에서 대통령령으로 정하는 기간이 지나기 전에는 그 주택을 전매(매매 · 증여나 그 밖에 권리의 변동을 수반하는 모든 행위를 포함하되, 의 경우는 제외)하거나 이의 전매를 알선할 수 .   21 · 25 · 27 · 29회

02 **주택의 전매제한기간**은 주택의 수급 상황 및 투기 우려 등을 고려하여 대통령령으로 지역별로 달리 정할 수 . 투기과열지구에서 건설 · 공급되는 주택의 전매제한기간은 해당 주택의 입주자로 선정된 날부터 수도권은 년, 수도권 외의 지역은 년으로 한다.   25회

03 **전매행위 허용**: 주택의 전매행위제한을 받는 경우에도 불구하고 다음의 어느 하나에 해당하는 경우에는 한국토지주택공사의 동의를 받아서 전매할 수 있다.

① 세대원이 근무 또는 생업상의 사정이나 질병치료 · 취학 · 결혼으로 인하여 세대원 **전원**이 다른 광역시, 특별자치시, 특별자치도, 시 또는 군으로 이전하는 경우(수도권 안에서 이전하는 경우는 **제외**)

② 상속에 따라 취득한 주택으로 세대원 **전원**이 이전하는 경우

③ 세대원 **전원**이 해외로 이주하거나 **2년** 이상의 기간 동안 해외에 체류하려는 경우

④ 이혼으로 인하여 입주자로 선정된 지위 또는 주택을 **배우자**에게 이전하는 경우

⑤ 주택의 소유자가 국가 · 지방자치단체 및 금융기관에 대한 채무를 이행하지 못하여 경매 또는 공매가 시행되는 경우

⑥ 입주자로 선정된 지위 또는 주택의 **일부**를 배우자에게 증여하는 경우

⑦ 실직 · 파산 또는 신용불량으로 경제적 어려움이 발생한 경우 　　　21 · 22 · 24 · 25 · 27회

04 사업주체가 '분양가상한제 적용주택 / 공공택지 외의 택지에서 건설 · 공급되는 주택 / 토지임대부 분양주택'을 공급하는 경우에는 그 주택의 소유권을 제3자에게 이전할 수 **없음**을 소유권에 관한 등기에 부기등기하여야 한다. 　　　25 · 27회

05 전매제한을 위반(토지임대부 분양주택은 제외)하여 주택의 입주자로 선정된 지위의 전매가 이루어진 경우, 사업주체가 매입비용을 그 매수인에게 지급한 경우에는 그 지급한 날에 사업주체가 해당 입주자로 선정된 지위를 **취득**한 것으로 **본다**. 　　　25회

12 주택리모델링

01 특별시장 · 광역시장 및 대도시의 시장은 리모델링 기본계획을 수립하거나 변경하려면 **14일** 이상 주민에게 공람하고, 지방의회의 의견을 들어야 한다. 이 경우 지방의회는 의견제시를 요청받은 날부터 **30일** 이내에 의견을 제시하여야 한다. **증축형** 리모델링을 하려는 자는 시장 · 군수 · 구청장에게 안전진단을 요청하여야 한다. 　　　28 · 31 · 34회

02 공동주택의 입주자 · 사용자 또는 관리주체가 공동주택을 리모델링하려고 하는 경우에는 시장 · 군수 · 구청장의 **허가**를 받아야 한다. 　　　25 · 31 · 33회

03 **전매행위 허용**: 주택의 전매행위제한을 받는 경우에도 불구하고 다음의 어느 하나에 해당하는
경우에는 한국토지주택공사의 동의를 받아서 전매할 수 있다.

① 세대원이 근무 또는 생업상의 사정이나 질병치료 · 취학 · 결혼으로 인하여 세대원
이 다른 광역시, 특별자치시, 특별자치도, 시 또는 군으로 이전하는 경우(수도권 안에서 이전
하는 경우는   )

② 상속에 따라 취득한 주택으로 세대원   이 이전하는 경우

③ 세대원   이 해외로 이주하거나   년 이상의 기간 동안 해외에 체류하려는 경우

④ 이혼으로 인하여 입주자로 선정된 지위 또는 주택을   에게 이전하는 경우

⑤ 주택의 소유자가 국가 · 지방자치단체 및 금융기관에 대한 채무를 이행하지 못하여 경매 또
는 공매가 시행되는 경우

⑥ 입주자로 선정된 지위 또는 주택의   를 배우자에게 증여하는 경우

⑦ 실직 · 파산 또는 신용불량으로 경제적 어려움이 발생한 경우   21 · 22 · 24 · 25 · 27회

04 사업주체가 '분양가상한제 적용주택 / 공공택지 외의 택지에서 건설 · 공급되는 주택 / 토지임대
부 분양주택'을 공급하는 경우에는 그 주택의 소유권을 제3자에게 이전할 수   을 소유권
에 관한 등기에 부기등기하여야 한다.   25 · 27회

05 전매제한을 위반(토지임대부 분양주택은 제외)하여 주택의 입주자로 선정된 지위의 전매가 이
루어진 경우, 사업주체가 매입비용을 그 매수인에게 지급한 경우에는 그 지급한 날에 사업주체
가 해당 입주자로 선정된 지위를   한 것으로   .   25회

12 주택리모델링

01 특별시장 · 광역시장 및 대도시의 시장은 리모델링 기본계획을 수립하거나 변경하려면
일 이상 주민에게 공람하고, 지방의회의 의견을 들어야 한다. 이 경우 지방의회는 의견제시를 요
청받은 날부터   일 이내에 의견을 제시하여야 한다.   리모델링을 하려는 자는
시장 · 군수 · 구청장에게 안전진단을 요청하여야 한다.   28 · 31 · 34회

02 공동주택의 입주자 · 사용자 또는 관리주체가 공동주택을 리모델링하려고 하는 경우에는 시
장 · 군수 · 구청장의   를 받아야 한다.   25 · 31 · 33회

03 공동주택 리모델링의 허가기준

① 입주자 · 사용자 또는 관리주체의 경우: 공사기간, 공사방법 등이 적혀 있는 동의서에 입주자 **전체**의 동의를 받아야 한다.

② 입주자대표회의 경우: 리모델링 설계의 개요, 공사비, 소유자의 비용분담 명세가 적혀 있는 결의서에 주택단지 소유자 **전원**의 동의를 받아야 한다.

③ 리모델링주택조합의 경우: 주택단지 전체를 리모델링하는 경우에는 주택단지 전체 구분소유자 및 의결권의 각 **75%** 이상의 동의와 각 동별 구분소유자 및 의결권의 각 **50%** 이상의 동의를 받아야 하고, 동을 리모델링하는 경우에는 그 동의 구분소유자 및 의결권의 각 **75%** 이상의 동의를 받아야 한다. 25 · 28 · 31회

04 리모델링에 동의한 소유자는 리모델링주택조합 또는 입주자대표회의가 시장 · 군수 · 구청장에게 허가신청서를 제출하기 전까지 서면으로 동의를 철회할 수 **있다.** 28 · 34회

05 사업비에 관한 사항은 세대수가 증가되는 리모델링을 하는 경우 수립하여야 하는 권리변동계획에 포함**된다.** 시공자를 선정하는 경우에는 국토교통부장관이 정하는 **경쟁**입찰의 방법으로 하여야 한다. 31회

06 세대수 증가형 리모델링으로 인한 도시과밀, 이주수요 집중 등을 체계적으로 관리하기 위하여 수립하는 계획을 리모델링 **기본**계획이라 한다. 34회

07 **특별시장 · 광역시장** 및 **대도시의 시장**은 리모델링 기본계획을 수립하거나 변경한 때에는 이를 지체 없이 해당 지방자치단체의 공보에 고시하여야 한다. 34회

03 공동주택 리모델링의 허가기준

① 입주자·사용자 또는 관리주체의 경우: 공사기간, 공사방법 등이 적혀 있는 동의서에 입주자   의 동의를 받아야 한다.

② 입주자대표회의 경우: 리모델링 설계의 개요, 공사비, 소유자의 비용분담 명세가 적혀 있는 결의서에 주택단지 소유자   의 동의를 받아야 한다.

③ 리모델링주택조합의 경우: 주택단지 전체를 리모델링하는 경우에는 주택단지 전체 구분소유자 및 의결권의 각   % 이상의 동의와 각 동별 구분소유자 및 의결권의 각   % 이상의 동의를 받아야 하고, 동을 리모델링하는 경우에는 그 동의 구분소유자 및 의결권의 각   % 이상의 동의를 받아야 한다.   25·28·31회

04 리모델링에 동의한 소유자는 리모델링주택조합 또는 입주자대표회의가 시장·군수·구청장에게 허가신청서를 제출하기 전까지 서면으로 동의를 철회할 수   .   28·34회

05 사업비에 관한 사항은 세대수가 증가되는 리모델링을 하는 경우 수립하여야 하는 권리변동계획에 포함   . 시공자를 선정하는 경우에는 국토교통부장관이 정하는   입찰의 방법으로 하여야 한다.   31회

06 세대수 증가형 리모델링으로 인한 도시과밀, 이주수요 집중 등을 체계적으로 관리하기 위하여 수립하는 계획을 리모델링   계획이라 한다.   34회

07   ·   및   은 리모델링 기본계획을 수립하거나 변경한 때에는 이를 지체 없이 해당 지방자치단체의 공보에 고시하여야 한다.   34회

농지법

핵심지문으로 키워드 학습

1 용어정의

01 농지란 다음의 어느 하나에 해당하는 토지를 말한다.

① 전 · 답, **과수원**, 그 밖에 법적 지목을 불문하고 실제로 농작물 경작지 또는 다년생식물 재배지[목초 · 종묘 · 인삼 · 약초 · 잔디 및 조림용 묘목 / 과수 · 뽕나무 · 유실수 그 밖의 생육기간이 2년 이상인 식물 / 조경 또는 관상용 수목과 그 묘목(조경목적으로 식재한 것 **제외**)]로 이용되는 토지

② 토지의 개량시설인 유지(웅덩이), 양 · 배수시설, 수로, 농로, 제방의 부지

③ 토지에 설치하는 축사 · 고정식온실 · 버섯재배사 및 비닐하우스와 그 부속시설의 부지

④ 농막(연면적 20㎡ 이하) · 농촌체류형 쉼터 · 간이저온저장고(연면적 33㎡ 이하) 및 간이액비저장조(저장용량이 200톤 이하) 중 농림축산식품부령으로 정하는 시설　27 · 30 · 35회

02 농지에서 제외되는 경우는 다음의 어느 하나에 해당하는 토지이다.

① 「초지법」에 따라 조성된 **초지**

② 「공간정보의 구축 및 관리 등에 관한 법률」에 따른 지목이 전 · 답, 과수원이 **아닌** 토지로서 농작물 경작지 또는 다년생식물 재배지로 계속하여 이용되는 기간이 3년 미만인 토지이다.

03 농업인이란 농업에 종사하는 개인으로서 다음의 어느 하나에 해당하는 자를 말한다.

① 1천㎡ 이상의 농지에서 농작물 또는 다년생식물을 경작 또는 재배하거나 1년 중 90일 이상 농업에 종사하는 자

② 농지에 330㎡ 이상의 고정식온실 · 버섯재배사 · 비닐하우스, 그 밖의 농림축산식품부령으로 정하는 농업생산에 필요한 시설을 설치하여 농작물 또는 다년생식물을 경작 또는 재배하는 자

③ 대가축 2두, 꿀벌 10군, 중가축 10두, 소가축 100두, 가금 1천수 이상을 사육하거나 1년 중 120일 이상 축산업에 종사하는 자

④ 농업경영을 통한 농산물의 연간 판매액이 120만원 이상인 자　27 · 28회

빈칸으로 키워드 암기

1 용어정의

01 **농지**란 다음의 어느 하나에 해당하는 토지를 말한다.

① 전·답,   , 그 밖에 법적 지목을 불문하고 실제로 농작물 경작지 또는 다년생식물 재배지[목초·종묘·인삼·약초·잔디 및 조림용 묘목 / 과수·뽕나무·유실수 그 밖의 생육기간이 2년 이상인 식물 / 조경 또는 관상용 수목과 그 묘목(조경목적으로 식재한 것   )]로 이용되는 토지

② 토지의 개량시설인 유지(웅덩이), 양·배수시설, 수로, 농로, 제방의 부지

③ 토지에 설치하는 축사·고정식온실·버섯재배사 및 비닐하우스와 그 부속시설의 부지

④ 농막(연면적   m² 이하)·농촌체류형 쉼터·간이저온저장고(연면적   m² 이하) 및 간이액비저장조(저장용량이   톤 이하) 중 농림축산식품부령으로 정하는 시설 27·30·35회

02 **농지에서 제외**되는 경우는 다음의 어느 하나에 해당하는 토지이다.

① 「초지법」에 따라 조성된

② 「공간정보의 구축 및 관리 등에 관한 법률」에 따른 지목이 전·답, 과수원이   토지로서 농작물 경작지 또는 다년생식물 재배지로 계속하여 이용되는 기간이   년 미만인 토지이다.

03 **농업인**이란 농업에 종사하는 개인으로서 다음의 어느 하나에 해당하는 자를 말한다.

①   m² 이상의 농지에서 농작물 또는 다년생식물을 경작 또는 재배하거나 1년 중   일 이상 농업에 종사하는 자

② 농지에   m² 이상의 고정식온실·버섯재배사·비닐하우스, 그 밖의 농림축산식품부령으로 정하는 농업생산에 필요한 시설을 설치하여 농작물 또는 다년생식물을 경작 또는 재배하는 자

③ 대가축   두, 꿀벌   군, 중가축   두, 소가축   두, 가금   수 이상을 사육하거나 1년 중   일 이상 축산업에 종사하는 자

④ 농업경영을 통한 농산물의 연간 판매액이   만원 이상인 자 27·28회

04 **농업법인**이란 「농어업경영체 육성 및 지원에 관한 법률」에 따라 설립된 영농조합법인과 같은 법에 따라 설립되고 업무집행권을 가진 자 중 **1/3** 이상이 농업인인 농업회사법인을 말한다. 23회

05 **위탁경영**이란 농지소유자가 타인에게 일정한 보수를 지급하기로 약정하고 농작업의 **전부** 또는 **일부**를 위탁하여 행하는 농업경영을 말한다. 27회

2 농지의 소유

01 **농지의 소유제한**: 농지는 자기의 농업경영에 이용하거나 이용할 자가 아니면 소유하지 못한다. 다만, 다음의 경우에는 농지를 소유할 수 있으므로, 농업인이 아닌 개인도 농지를 소유할 수 **있다.**

① **국가**나 **지방자치단체**가 농지를 소유하는 경우

② 학교가 그 목적사업을 수행하기 위하여 필요한 연구지 · 실습지로 쓰기 위하여 농림축산식품부령으로 정하는 바에 따라 농지를 취득하여 소유하는 경우

③ 상속으로 농지를 취득하여 소유하는 경우

④ 8년 이상 농업경영을 하던 사람이 이농한 후에도 이농 당시 소유하고 있던 농지를 계속 소유하는 경우

⑤ 주말 · 체험영농을 하려고 농업진흥지역 **외**의 농지를 소유하는 경우

⑥ 「공유수면 관리 및 매립에 관한 법률」에 따라 매립농지를 취득하여 소유하면서 농업경영에 이용되도록 하는 경우

⑦ 농림축산식품부장관과 협의를 마치고 「공익사업을 위한 토지 등의 취득 및 보상에 관한 법률」에 따라 농지를 취득하여 소유하면서 농업경영에 이용되도록 하는 경우 26 · 27 · 33회

02 **농지의 소유상한**

① 국가나 지방자치단체가 농지를 소유하는 경우에는 소유상한의 제한을 받지 **않는다.**

② 상속으로 농지를 취득한 사람으로서 농업경영을 하지 아니하는 사람은 그 상속 농지 중에서 총 **1만**m^2까지만 소유할 수 있고, 8년 이상 농업경영을 한 후 이농한 사람은 이농 당시 소유 농지 중에서 총 **1만**m^2까지만 소유할 수 있으며, 주말 · 체험영농을 하려는 사람은 총 **1천**m^2 **미만**의 농지를 소유(세대원 **전부**가 소유하는 총면적)할 수 있다. 21 · 26회

04 **농업법인**이란 「농어업경영체 육성 및 지원에 관한 법률」에 따라 설립된 영농조합법인과 같은 법에 따라 설립되고 업무집행권을 가진 자 중 ⬜⬜⬜ 이상이 농업인인 농업회사법인을 말한다.

23회

05 **위탁경영**이란 농지소유자가 타인에게 일정한 보수를 지급하기로 약정하고 농작업의 ⬜⬜⬜ 또는 ⬜⬜⬜ 를 위탁하여 행하는 농업경영을 말한다.

27회

2 농지의 소유

01 **농지의 소유제한**: 농지는 자기의 농업경영에 이용하거나 이용할 자가 아니면 소유하지 못한다. 다만, 다음의 경우에는 농지를 소유할 수 있으므로, 농업인이 아닌 개인도 농지를 소유할 수 ⬜⬜⬜.

① ⬜⬜⬜ 나 ⬜⬜⬜⬜⬜ 가 농지를 소유하는 경우

② 학교가 그 목적사업을 수행하기 위하여 필요한 연구지 · 실습지로 쓰기 위하여 농림축산식품부령으로 정하는 바에 따라 농지를 취득하여 소유하는 경우

③ 상속으로 농지를 취득하여 소유하는 경우

④ 8년 이상 농업경영을 하던 사람이 이농한 후에도 이농 당시 소유하고 있던 농지를 계속 소유하는 경우

⑤ 주말 · 체험영농을 하려고 농업진흥지역 ⬜⬜ 의 농지를 소유하는 경우

⑥ 「공유수면 관리 및 매립에 관한 법률」에 따라 매립농지를 취득하여 소유하면서 농업경영에 이용되도록 하는 경우

⑦ 농림축산식품부장관과 협의를 마치고 「공익사업을 위한 토지 등의 취득 및 보상에 관한 법률」에 따라 농지를 취득하여 소유하면서 농업경영에 이용되도록 하는 경우 26 · 27 · 33회

02 **농지의 소유상한**

① 국가나 지방자치단체가 농지를 소유하는 경우에는 소유상한의 제한을 받지 ⬜⬜⬜⬜.

② 상속으로 농지를 취득한 사람으로서 농업경영을 하지 아니하는 사람은 그 상속 농지 중에서 총 ⬜⬜⬜ m²까지만 소유할 수 있고, 8년 이상 농업경영을 한 후 이농한 사람은 이농 당시 소유 농지 중에서 총 ⬜⬜⬜ m²까지만 소유할 수 있으며, 주말 · 체험영농을 하려는 사람은 총 ⬜⬜⬜ m² ⬜⬜⬜ 의 농지를 소유(세대원 ⬜⬜⬜ 가 소유하는 총면적)할 수 있다. 21 · 26회

03 농지를 취득하려는 자는 농지 소재지를 관할하는 **시장, 구청장, 읍장** 또는 **면장**에게서 농지취득 자격증명을 발급받아야 한다. 26회

04 농지취득자격증명을 발급받지 아니하고 농지를 취득할 수 있는 경우
① **국**가나 지방자치단체가 농지를 소유하는 경우
② **상속**으로 농지를 취득하여 소유하는 경우
③ 한국**농어촌**공사가 농지를 취득하여 소유하는 경우
④ 농업법인의 **합병**으로 농지를 취득하는 경우
⑤ 공유 농지의 **분할**로 농지를 취득하는 경우
⑥ **시효**의 완성으로 농지를 취득하는 경우 26·32회

05 농지소유자가 소유 농지를 위탁경영할 수 있는 경우
① 「병역법」에 따라 **징집** 또는 소집된 경우
② 3개월 이상의 **국외**여행 중인 경우
③ 농업법인이 **청산** 중인 경우
④ 질병, 취학, 선거에 따른 공직 취임, 부상으로 **3**월 이상의 치료가 필요한 경우, 교도소·구 치소 또는 보호감호시설에 수용 중인 경우로 자경할 수 없는 경우, 임신 중이거나 분만 후 6개월 미만인 경우
⑤ 자기의 농업경영에 관련된 가지치기 또는 열매솎기, 재배관리 및 수확에 해당하는 농작업 에 1년 중 **30**일 이상 직접 종사하는 경우 25·29·30·34회

06 **농지의 처분의무**: 농지소유자는 다음의 어느 하나에 해당하게 되면 그 사유가 발생한 날부터 1년 이내에 해당 농지를 그 사유가 발생한 날 당시 세대를 같이하는 세대원이 아닌 자, 그 밖에 농림축산식품부령으로 정하는 자에게 처분하여야 한다.
① 주말·체험영농을 하고자 농지를 취득한 자가 자연재해·농지개량·질병 등 정당한 사유 없이 그 농지를 주말·체험영농에 이용하지 아니하게 되었다고 시장·군수·구청장이 인 정한 경우
② 농지전용허가를 받거나 신고를 하여 농지를 취득한 자가 취득한 날부터 **2**년 이내에 그 목 적사업에 착수하지 아니한 경우
③ 농지 소유상한을 초과하여 농지를 소유한 것이 밝혀진 경우 ⇨ 농지 중 농지 소유상한을 초과하는 면적만 해당 25·26회

03 농지를 취득하려는 자는 농지 소재지를 관할하는 ▨▨▨, ▨▨▨, ▨▨▨ 또는 ▨▨▨에게서 농지취득자격증명을 발급받아야 한다. 26회

04 농지취득자격증명을 발급받지 아니하고 농지를 취득할 수 있는 경우

① ▨▨▨ 가나 지방자치단체가 농지를 소유하는 경우

② ▨▨▨ 속으로 농지를 취득하여 소유하는 경우

③ 한국 ▨▨▨▨ 공사가 농지를 취득하여 소유하는 경우

④ 농업법인의 ▨▨▨ 으로 농지를 취득하는 경우

⑤ 공유 농지의 ▨▨▨ 로 농지를 취득하는 경우

⑥ ▨▨▨ 효의 완성으로 농지를 취득하는 경우 26 · 32회

05 농지소유자가 소유 농지를 위탁경영할 수 있는 경우

① 「병역법」에 따라 ▨▨▨ 또는 소집된 경우

② ▨▨▨ 개월 이상의 ▨▨▨ 여행 중인 경우

③ 농업법인이 ▨▨▨ 중인 경우

④ 질병, 취학, 선거에 따른 공직 취임, 부상으로 ▨▨▨ 월 이상의 치료가 필요한 경우, 교도소 · 구치소 또는 보호감호시설에 수용 중인 경우로 자경할 수 없는 경우, 임신 중이거나 분만 후 6개월 미만인 경우

⑤ 자기의 농업경영에 관련된 가치치기 또는 열매솎기, 재배관리 및 수확에 해당하는 농작업에 1년 중 ▨▨▨ 일 이상 직접 종사하는 경우 25 · 29 · 30 · 34회

06 **농지의 처분의무**: 농지소유자는 다음의 어느 하나에 해당하게 되면 그 사유가 발생한 날부터 ▨▨▨ 년 이내에 해당 농지를 그 사유가 발생한 날 당시 세대를 같이하는 세대원이 아닌 자, 그밖에 농림축산식품부령으로 정하는 자에게 처분하여야 한다.

① 주말 · 체험영농을 하고자 농지를 취득한 자가 자연재해 · 농지개량 · 질병 등 정당한 사유 없이 그 농지를 주말 · 체험영농에 이용하지 아니하게 되었다고 시장 · 군수 · 구청장이 인정한 경우

② 농지전용허가를 받거나 신고를 하여 농지를 취득한 자가 취득한 날부터 ▨▨▨ 년 이내에 그 목적사업에 착수하지 아니한 경우

③ 농지 소유상한을 초과하여 농지를 소유한 것이 밝혀진 경우 ⇨ 농지 중 농지 소유상한을 ▨▨▨ 하는 면적만 해당 25 · 26회

07 농지소유자가 정당한 사유인 「병역법」에 따라 징집 또는 소집 / 질병 또는 취학 / 선거에 따른 공직취임'으로 휴경하는 경우에는 소유 농지를 자기의 농업경영에 이용하지 아니하더라도 농지 처분의무가 **면제**된다. 25회

08 농지소유자는 처분명령을 받으면 **한국농어촌공사**에 그 농지의 매수를 청구할 수 있다. 25회

09 시장·군수 또는 구청장은 농지처분사유에 따라 처분명령을 받은 후 정당한 사유 없이 지정기간까지 그 처분명령을 이행하지 아니한 자에게 해당 농지의 감정평가법인등이 감정평가한 감정가격 또는 개별공시지가 중 더 높은 가액의 **25/100**에 해당하는 이행강제금을 부과한다. 28회

3 농지의 이용

01 대리경작자 지정
① 시장·군수 또는 구청장은 유휴농지에 대하여 그 농지의 **소유권자**나 **임차권자**를 대신하여 농작물을 경작할 자(대리경작자)를 **직권**으로 지정하거나 농림축산식품부령으로 정하는 바에 따라 유휴농지를 경작하려는 자의 **신청**을 받아 대리경작자를 지정할 수 있다.
② 지력의 증진이나 토양의 개량·보전을 위하여 필요한 기간 동안 휴경하는 농지 등에 대하여는 대리경작자를 지정할 수 **없다**. 21·32회

02 대리경작기간은 따로 정하지 아니하면 **3년**으로 한다. 21·23·28·32회

03 유휴농지의 대리경작자는 수확량의 **10/100**을 수확일부터 2월 이내에 그 농지의 소유권자나 임차권자에게 토지사용료로 지급하여야 한다. 21·23·28·32회

04 시장·군수 또는 구청장은 대지경작자가 경작을 게을리하는 경우 등 대리경작기간이 끝나기 전이라도 대리경작 지정을 **해지**할 수 있다. 32회

07 농지소유자가 정당한 사유인 「병역법」에 따라 징집 또는 소집 / 질병 또는 취학 / 선거에 따른 공직취임'으로 휴경하는 경우에는 소유 농지를 자기의 농업경영에 이용하지 아니하더라도 농지 처분의무가 ▇▇▇ 된다. 25회

08 농지소유자는 처분명령을 받으면 ▇▇▇▇▇▇ 에 그 농지의 매수를 청구할 수 있다. 25회

09 시장 · 군수 또는 구청장은 농지처분사유에 따라 처분명령을 받은 후 정당한 사유 없이 지정기간까지 그 처분명령을 이행하지 아니한 자에게 해당 농지의 감정평가법인등이 감정평가한 감정가격 또는 개별공시지가 중 더 높은 가액의 ▇▇▇▇ 에 해당하는 이행강제금을 부과한다. 28회

3 농지의 이용

01 **대리경작자 지정**
① 시장 · 군수 또는 구청장은 유휴농지에 대하여 그 농지의 ▇▇▇▇▇ 나 ▇▇▇ 를 대신하여 농작물을 경작할 자(대리경작자)를 ▇▇▇ 으로 지정하거나 농림축산식품부령으로 정하는 바에 따라 유휴농지를 경작하려는 자의 ▇▇▇ 을 받아 대리경작자를 지정할 수 있다.
② 지력의 증진이나 토양의 개량 · 보전을 위하여 필요한 기간 동안 휴경하는 농지 등에 대하여는 대리경작자를 지정할 수 ▇▇▇. 21 · 32회

02 대리경작기간은 따로 정하지 아니하면 ▇▇ 년으로 한다. 21 · 23 · 28 · 32회

03 유휴농지의 대리경작자는 수확량의 ▇▇▇▇ 을 수확일부터 2월 이내에 그 농지의 소유권자나 임차권자에게 토지사용료로 지급하여야 한다. 21 · 23 · 28 · 32회

04 시장 · 군수 또는 구청장은 대지경작자가 경작을 게을리하는 경우 등 대리경작기간이 끝나기 전이라도 대리경작 지정을 ▇▇▇ 할 수 있다. 32회

05 농지의 임대차 또는 사용대차할 수 있는 경우: **'3월** 이상 국외여행을 하는 경우로 인하여 일시적으로 농업경영에 종사하지 아니하게 된 자가 소유하고 있는 농지 / **60세** 이상 농업인은 자신이 거주하는 시 · 군에 있는 소유 농지 중에서 자기의 농업경영에 이용한 기간이 **5년**이 넘은 농지 / 개인이 소유하고 있는 농지 중 3년 이상 소유한 농지를 주말 · 체험영농을 하려는 자에게 또는 주말 · 체험영농을 하려는 자에게 임대하는 것을 업으로 하는 자'에게 임대하거나 무상사용하게 할 수 있다.   21 · 31 · 34회

06 농지를 임차한 임차인 또는 무상사용하게 한 사용대차인이 그 농지를 정당한 사유 없이 농업경영에 사용하지 아니할 때에는 **시장 · 군수 · 구청장**이 농림축산식품부령으로 정하는 바에 따라 임대차 또는 사용대차의 종료를 명할 수 **있다.**   21 · 27 · 31회

07 임대차계약(농업경영을 하려는 자에게 임대하는 경우)과 사용대차계약(농업경영을 하려는 자에게 무상사용하게 하는 경우)은 **서면**계약을 원칙으로 한다. 임대차계약은 그 등기가 **없는** 경우에도 임차인이 농지소재지를 관할하는 시 · 구 · 읍 · 면의 장의 확인을 받고, 해당 농지를 인도받은 경우에는 그 **다음 날**부터 제3자에 대하여 효력이 생긴다.   21 · 27 · 31회

08 임대차기간은 **3년** 이상으로 하여야 하지만, 다년생식물 재배지 등 농지의 임차인이 농작물의 재배시설로서 고정식온실 또는 비닐하우스를 설치한 농지의 경우에는 **5년** 이상으로 하여야 한다.   31회

09 임대차기간을 정하지 아니하거나 3년 미만으로 정한 경우에는 3년, 다년생식물 재배지의 경우에는 **5년**으로 약정된 것으로 본다. 다만, 임대인은 질병, 징집, 취학의 경우에는 임대차기간을 3년 미만으로 정할 수 있으며, 국유재산과 공유재산인 농지에 대하여는 이 모든 기간을 적용하지 **아니한다.**   24 · 27회

10 임대차기간은 임대차계약을 연장 또는 갱신하거나 재계약을 체결하는 경우에도 **동일하게** 적용한다. 농지임대차조정위원회에서 작성한 조정안을 임대차계약 당사자가 수락한 때에는 이를 해당 임대차의 당사자 간에 체결된 계약의 내용으로 **본다.**   27 · 31회

11 임대 농지의 양수인은 「농지법」에 따른 임대인의 지위를 승계한 것으로 **본다.** 「농지법」에 위반된 약정으로서 임차인에게 불리한 것은 그 효력이 **없다.**   21 · 24회

05 **농지의 임대차 또는 사용대차할 수 있는 경우:** '_____ 이상 국외여행을 하는 경우로 인하여 일
시적으로 농업경영에 종사하지 아니하게 된 자가 소유하고 있는 농지 / _____ 세 이상 농업인
은 자신이 거주하는 시 · 군에 있는 소유 농지 중에서 자기의 농업경영에 이용한 기간이
_____ 년이 넘은 농지 / 개인이 소유하고 있는 농지 중 _____ 년 이상 소유한 농지를 주말 · 체험영농
을 하려는 자에게 또는 주말 · 체험영농을 하려는 자에게 임대하는 것을 업으로 하는 자'에게 임
대하거나 무상사용하게 할 수 있다. 21 · 31 · 34회

06 농지를 임차한 임차인 또는 무상사용하게 한 사용대차인이 그 농지를 정당한 사유 없이 농업경
영에 사용하지 아니할 때에는 _____ · _____ · _____ 이 농림축산식품부령으로 정하는
바에 따라 임대차 또는 사용대차의 종료를 명할 수 _____ . 21 · 27 · 31회

07 임대차계약(농업경영을 하려는 자에게 임대하는 경우)과 사용대차계약(농업경영을 하려는 자에
게 무상사용하게 하는 경우)은 _____ 계약을 원칙으로 한다. 임대차계약은 그 등기가
_____ 경우에도 임차인이 농지소재지를 관할하는 시 · 구 · 읍 · 면의 장의 확인을 받고, 해당 농지를
인도받은 경우에는 그 _____ 부터 제3자에 대하여 효력이 생긴다. 21 · 27 · 31회

08 임대차기간은 _____ 년 이상으로 하여야 하지만, 다년생식물 재배지 등 농지의 임차인이 농작
물의 재배시설로서 고정식온실 또는 비닐하우스를 설치한 농지의 경우에는 _____ 년 이상으로
하여야 한다. 31회

09 임대차기간을 정하지 아니하거나 _____ 년 미만으로 정한 경우에는 _____ 년, 다년생식물 재
배지의 경우에는 _____ 년으로 약정된 것으로 본다. 다만, 임대인은 질병, 징집, 취학의 경우에
는 임대차기간을 _____ 년 미만으로 정할 수 있으며, 국유재산과 공유재산인 농지에 대하여는
이 모든 기간을 적용하지 _____ 한다. 24 · 27회

10 임대차기간은 임대차계약을 연장 또는 갱신하거나 재계약을 체결하는 경우에도 _____ 하게 적
용한다. 농지임대차조정위원회에서 작성한 조정안을 임대차계약 당사자가 수락한 때에는 이를
해당 임대차의 당사자 간에 체결된 계약의 내용으로 _____ . 27 · 31회

11 임대 농지의 양수인은 「농지법」에 따른 임대인의 지위를 승계한 것으로 _____ . 「농지법」에 위
반된 약정으로서 임차인에게 불리한 것은 그 효력이 _____ . 21 · 24회

4 농지의 보전

01 농업진흥지역의 지정

> ① **시 · 도지사**는 농지를 효율적으로 이용하고 보전하기 위하여 시 · 도 농업 · 농촌 및 식품산
> 업정책 심의회의 심의를 거쳐 **농림축산식품부장관**의 승인을 받아 농업진흥지역을 지정한다.
> ② **시 · 도지사**는 사유가 있을 때에는 농업진흥지역 또는 용도구역을 변경 또는 해제할 수 있다.
>
> 22회

02 **농림축산식품부장관**은 녹지지역이나 계획관리지역이 농업진흥지역에 포함되면 농업진흥지역
지정을 승인하기 전에 **국토교통부장관**과 협의하여야 한다. 22회

03 농업진흥지역은 농업진흥구역(농지가 집단화되어 농업목적으로 이용할 필요가 있는 지역)과 농
업보호구역으로 구분하여 지정할 수 있다. **농업보호구역**은 **농업진흥구역**의 용수원 확보, 수질
보전 등 농업 환경을 보호하기 위하여 필요한 지역을 말한다. 22회

04 농업진흥지역 지정은 녹지지역 · 관리지역 · **농림지역** 및 **자연환경보전지역**을 대상으로 한다.
다만, 특별시의 녹지지역은 제외한다. 22 · 31회

05 **농지의 전용**이란 농지를 농작물의 경작 · 다년생식물의 재배 등 농업생산 또는 농지개량(과수원
인 토지를 재해로 인한 농작물의 피해를 방지하기 위한 방풍림 부지로 사용하는 것) **외**의 목적
에 사용하는 것을 말한다. 29회

06 **농지의 전용허가**: 농지를 전용하려는 자는 전용허가를 받은 농지의 위치를 동일 필지 안에서 변
경하는 경우 **농림축산식품부장관**의 **허가**를 받아야 한다. 하지만 다음의 어느 하나에 해당하는
경우에는 허가를 받을 필요가 없다.

> ① 도시지역 또는 계획관리지역에 있는 농지로서 주무부장관 또는 지방자치단체의 장이 농
> 림축산식품부장관과 **협의**를 거친 농지나 협의대상에서 **제외**되는 농지를 전용하는 경우
> ② 산지전용허가를 받지 아니하거나 산지전용신고를 하지 아니하고 **불법**으로 개간한 농지를
> 산림으로 **복구**하는 경우
>
> 23 · 29회

07 **벌칙**: 농업진흥지역 밖의 농지를 농지전용허가를 받지 아니하고 전용하거나 거짓이나 그 밖의
부정한 방법으로 농지전용허가를 받은 자는 **3년** 이하의 징역 또는 해당 토지가액의 **50/100**에
해당하는 금액 이하의 벌금에 처한다. 28회

4 농지의 보전

01 **농업진흥지역의 지정**
① ____는 농지를 효율적으로 이용하고 보전하기 위하여 시 · 도 농업 · 농촌 및 식품산
업정책 심의회의 심의를 거쳐 ____의 승인을 받아 농업진흥지역을 지정한다.
② ____는 사유가 있을 때에는 농업진흥지역 또는 용도구역을 변경 또는 해제할 수 있다.

22회

02 ____은 녹지지역이나 계획관리지역이 농업진흥지역에 포함되면 농업진흥지역
지정을 승인하기 전에 ____과 협의하여야 한다.

22회

03 농업진흥지역은 농업진흥구역(농지가 집단화되어 농업목적으로 이용할 필요가 있는 지역)과 농
업보호구역으로 구분하여 지정할 수 있다. ____은 ____의 용수원 확보, 수
질 보전 등 농업 환경을 보호하기 위하여 필요한 지역을 말한다.

22회

04 농업진흥지역 지정은 ____지지역 · ____리지역 · ____림지역 및 ____연환경보전지
역을 대상으로 한다. 다만, ____의 ____지역은 제외한다.

22 · 31회

05 **농지의 전용**이란 농지를 농작물의 경작 · 다년생식물의 재배 등 농업생산 또는 농지개량(과수원
인 토지를 재해로 인한 농작물의 피해를 방지하기 위한 방풍림 부지로 사용하는 것) ____의
목적에 사용하는 것을 말한다.

29회

06 **농지의 전용허가**: 농지를 전용하려는 자는 전용허가를 받은 농지의 위치를 동일 필지 안에서 변
경하는 경우 ____의 ____를 받아야 한다. 하지만 다음의 어느 하나에 해당하
는 경우에는 허가를 받을 필요가 없다.
① 도시지역 또는 계획관리지역에 있는 농지로서 주무부장관 또는 지방자치단체의 장이 농림
축산식품부장관과 ____를 거친 농지나 협의대상에서 ____되는 농지를 전용하는 경우
② 산지전용허가를 받지 아니하거나 산지전용신고를 하지 아니하고 ____으로 개간한 농지를
산림으로 ____하는 경우

23 · 29회

07 **벌칙**: 농업진흥지역 밖의 농지를 농지전용허가를 받지 아니하고 전용하거나 거짓이나 그 밖
의 부정한 방법으로 농지전용허가를 받은 자는 ____년 이하의 징역 또는 해당 토지가액의
____에 해당하는 금액 이하의 벌금에 처한다.

28회

08 **농지의 전용신고**: 농지를 다음의 부지로 전용하려는 자는 **시장 · 군수** 또는 **자치구구청장**에게 **신고**하여야 한다.

① 농업(어업)인 주택

② 농축산업용 시설(개량시설과 농축산물 생산시설은 제외)

③ 농림수산물 유통 · 가공시설

④ 어린이놀이터 · 마을회관 등 농업인의 공동생활 편의시설

⑤ 농수산 관련 연구시설과 양어장 · 양식장 등 어업용 시설   24 · 26 · 29회

09 **타용도 일시사용허가**: 농지를 다음의 용도로 일시사용하려는 자는 일정기간 사용한 후 농지로 복구한다는 조건으로 시장 · 군수 또는 자치구구청장의 **허가**를 받아야 한다.

① 「건축법」에 따른 건축허가 또는 건축신고 대상시설이 아닌 간이 농수축산업용 시설을 설치하는 경우

② 해당 농지에서 허용되는 주목적사업을 위하여 현장 사무소를 설치하는 경우

③ 농지를 토목공사용으로 사용하거나 공업용 원료로 사용하기 위한 토석과 광물을 채굴하는 경우

④ 「건축법」에 따른 건축허가 또는 건축신고 대상시설이 아닌 작물재배사(고정식온실 · 버섯재배사 및 비닐하우스는 제외) 중 농업생산성 제고를 위하여 정보통신기술을 결합한 시설로서 대통령령으로 정하는 요건을 모두 갖춘 시설을 설치하는 경우

⑤ 「전기사업법」상 전기사업을 영위하기 위한 목적으로 「신에너지 및 재생에너지 개발 · 이용 · 보급 촉진법」에 따른 태양에너지 발전설비를 설치하는 경우   23 · 24 · 35회

10 농림축산식품부장관, 시장 · 군수 또는 자치구구청장은 농지전용허가 또는 농지의 타용도 일시사용허가를 받은 자가 관계 공사의 중지명령을 위반한 경우에는 허가를 취소**하여야** 한다.

23 · 24회

11 **농지보전부담금 납입**: 농지전용허가를 받은 자(농지의 타용도 일시사용허가를 받은 자 ✕)는 농지보전부담금(농지의 보전 · 관리 및 조성을 위한 부담금)을 농림축산식품부장관에게 내야한다. 농지를 전용하려는 자는 농지보전부담금의 전부 또는 일부를 농지전용허가 · 농지전용신고 **전**까지 납부하여야 한다.

23 · 24회

12 농지대장은 모든 농지에 대해 필지별로 작성하여야 **하며**, 시 · 구 · 읍 · 면의 장은 관할구역 안에 있는 농지가 농지전용허가로 농지에 해당하지 않게 된 경우에는 그 농지대장을 따로 편철하여 **10년간** 보존하여야 한다.

33회

08 **농지의 전용신고**: 농지를 다음의 부지로 전용하려는 자는 [   ] · [   ] 또는 [   ]
에게 [   ] 하여야 한다.
① 농업(어업)인 주택
② 농축산업용 시설(개량시설과 농축산물 생산시설은 제외)
③ 농림수산물 유통 · 가공시설
④ 어린이놀이터 · 마을회관 등 농업인의 공동생활 편의시설
⑤ 농수산 관련 연구시설과 양어장 · 양식장 등 어업용 시설   24 · 26 · 29회

09 **타용도 일시사용허가**: 농지를 다음의 용도로 일시사용하려는 자는 일정기간 사용한 후 농지로
복구한다는 조건으로 시장 · 군수 또는 자치구구청장의 [   ] 를 받아야 한다.
① 「건축법」에 따른 건축허가 또는 건축신고 대상시설이 아닌 간이 농수축산업용 시설을 설치
하는 경우
② 해당 농지에서 허용되는 주목적사업을 위하여 현장 사무소를 설치하는 경우
③ 농지를 토목공사용으로 사용하거나 공업용 원료로 사용하기 위한 토석과 광물을 채굴하는 경우
④ 「건축법」에 따른 건축허가 또는 건축신고 대상시설이 아닌 작물재배사(고정식온실 · 버섯재
배사 및 비닐하우스는 제외) 중 농업생산성 제고를 위하여 정보통신기술을 결합한 시설로서
대통령령으로 정하는 요건을 모두 갖춘 시설을 설치하는 경우
⑤ 「전기사업법」상 전기사업을 영위하기 위한 목적으로 「신에너지 및 재생에너지 개발 · 이
용 · 보급 촉진법」에 따른 태양에너지 발전설비를 설치하는 경우   23 · 24 · 35회

10 농림축산식품부장관, 시장 · 군수 또는 자치구구청장은 농지전용허가 또는 농지의 타용도 일시
사용허가를 받은 자가 관계 공사의 중지명령을 위반한 경우에는 허가를 취소 [   ] 한다.
                                                                            23 · 24회

11 **농지보전부담금 납입**: 농지전용허가를 받은 자(농지의 타용도 일시사용허가를 받은 자 [   ])
는 농지보전부담금(농지의 보전 · 관리 및 조성을 위한 부담금)을 농림축산식품부장관에게 내야
한다. 농지를 전용하려는 자는 농지보전부담금의 전부 또는 일부를 농지전용허가 · 농지전용신
고 [   ] 까지 납부하여야 한다.   23 · 24회

12 농지대장은 모든 농지에 대해 필지별로 작성하여야 [   ], 시 · 구 · 읍 · 면의 장은 관할구역
안에 있는 농지가 농지전용허가로 농지에 해당하지 않게 된 경우에는 그 농지대장을 따로 편철
하여 [   ] 년간 보존하여야 한다.   33회

삶의 순간순간이
아름다운 마무리이며
새로운 시작이어야 한다.

– 법정 스님

MEMO

2025 에듀윌 공인중개사 오시훈 키워드 암기장 부동산공법

발 행 일	2025년 3월 10일 초판
편 저 자	오시훈
펴 낸 이	양형남
펴 낸 곳	(주)에듀윌
I S B N	979-11-360-3667-4
등록번호	제25100-2002-000052호
주 소	08378 서울특별시 구로구 디지털로34길 55
	코오롱싸이언스밸리 2차 3층

www.eduwill.net

대표전화 1600-6700

여러분의 작은 소리
에듀윌은 크게 듣겠습니다.

본 교재에 대한 여러분의 목소리를 들려주세요.
공부하시면서 어려웠던 점, 궁금한 점,
칭찬하고 싶은 점, 개선할 점, 어떤 것이라도 좋습니다.

에듀윌은 여러분께서 나누어 주신 의견을
통해 끊임없이 발전하고 있습니다.

에듀윌 도서몰 book.eduwill.net
· 부가학습자료 및 정오표: 에듀윌 도서몰 → 도서자료실
· 교재 문의: 에듀윌 도서몰 → 문의하기 → 교재(내용, 출간) / 주문 및 배송

에듀윌 직영학원에서
합격을 수강하세요

언제나 전문 학습 매니저와 상담이 가능한 안내데스크

고품질 영상 및 음향 장비를 갖춘 최고의 강의실

재충전을 위한 카페 분위기의 아늑한 휴게실

에듀윌의 상징 노란색의 환한 학원 입구

에듀윌 공인중개사
동문회 특권

1. 에듀윌 공인중개사 합격자 모임

2. 앰배서더 가입 자격 부여

3. 동문회 인맥북

업계 최대 네트워크

4. 개업 축하 선물

5. 온라인 커뮤니티

부동산 정보
실시간 공유

6. 오프라인 커뮤니티

지부/기수 정기모임

7. 공인중개사 취업박람회

8. 동문회 주최 실무 특강

9. 프리미엄 복지혜택

숙박/자기계발/의료
및 소식지 무료 구독

10. 마이오피스

동문 사무소
등록/조회

11. 동문회와 함께하는 사회공헌활동

※ 본 특권은 회원별로 상이하며, 예고 없이 변경될 수 있습니다.